U0069627

蘇佳善·著

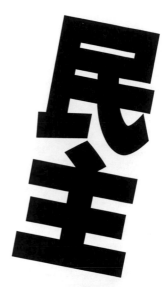

民主

兩岸三地的
公民社會

推進器

推薦序

張五岳[*]

　　自從2008年以來兩岸關係由形式嚴峻變成形式和緩，兩岸三地的各項交流也日益頻繁。在政治上，台灣的海基會與大陸的海協會已經舉行了九次高層會談，簽署了19項協議；在經濟上，去年兩岸之間的貿易金額已經達1600億美金之多，在社會上兩岸人民往返的人次已達八百萬左右，今年大陸與港澳來台的旅客已經佔台灣境外觀光客的半數以上。面對兩岸三地發展難得的新格局，強化政治互信與經貿互利，頓時成為三方推動關係發展的主旋律。個人認為，兩岸三地的和平與發展，如果沒有廣大人民的互信‧互助‧互諒與互解為基礎，是不可能建構起真正和平穩定與可持續發展的兩岸關係。

　　在1840年以前，兩岸三地擁有共同的血緣、歷史與文化，但一百多年來各自歷經了英國、日本的殖民統治與兩岸超過一甲子的分治，使得兩岸三地的政治、經濟、社會發展迥異。暫時擱置政治歧見、不同經濟發展模式，在社會與文化內涵上，如何真誠面對歷史所遺留下的若干差異，如何相互理解？相互觀摩？乃至相互借鏡，這是兩岸三地建構和平開創新局首先亟需面對與思索的第一要務。

---

[*] 淡江大學中國大陸研究所所長。

個人認為在兩岸三地的互動中，長期來台灣所發展出的公民社會與文化，可以說是中華文化在現代化實踐中，相當值得重視珍惜與發揚的可貴資產。台灣不僅保存最完整的中華文化，其更根基深入民間，並融合移民特色和西方元素，加上近年新移民帶進的東南亞文化，他們相互衝撞與影響，不僅呈現出多元且涵納百川的特色，更能和平共處。如全球三大宗教盛事之一的大甲媽祖遶境，吸引兩岸數十萬民眾參與，這些民眾也並非全數為媽祖的忠貞信徒。

台灣也有根基相當深厚且充滿活力的志工文化，從全球性的到村里社區性的處處可見。其中以慈濟功德會最為國際社會所贊譽。45年前，證嚴法師看到病患因無人救治流下的一攤血，毅然走出清修室內，發動30位家庭主婦每天以竹筒存5毛錢，創辦「克難慈濟功德會」；如今慈濟功德會散布全球72國，為中國人與華人社會最受全球肯定的慈善機構，TIME更票選證嚴法師為2011年世界百大影響人物之一。它也是第一個獲准在中國大陸成立的慈善事業基金會，2010年聯合國召開經濟及社會理事會大會，會中正式通過「佛教慈濟基金會」（Buddhist Tzu Chi Foundation）成為「聯合國經濟及社會理事會非政府組織的特殊諮詢委員」（NGO in Special Consultative Status with ECOSOC）。慈濟致力於社會服務、醫療、教育等，被譽為「台灣的良心」。

台灣不僅有慈濟服務遍及全球的慈善團體，也有如陳樹菊一樣獨自一人行善的案例。陳樹菊是台東中央市場菜販，多年來共捐出了近1000萬新台幣作為慈善用途，包括幫助兒童和孤兒，以及建立圖書館等，美國《時代》雜誌和《富

比士》雜誌分別將她選入了2010年最具影響力時代百大人物之「英雄」項目第八位和2010年亞洲慈善英雄人物第48位，2010年，她獲得了《讀者文摘》頒發的第4屆年度亞洲英雄獎。除了陳樹菊外，美國富比世雜誌2011年也公布，花蓮縣82歲榮民洪中海，榮登亞洲慈善英雄榜，因為他將畢生積蓄跟退休金600萬，捐給花蓮榮民服務處，照護花蓮地區的榮民遺孤，他說，錢夠用就好，這筆錢用在別人身上比在自己身上有用。富比世特別指出，此次評選不以捐贈金額多寡或在個人財產中所占百分比為標準，而是把目標擺在喚起大眾注意各種各樣的善人和義舉，從而鼓勵人們行善。

　　我多年來經常往返於兩岸三地，更經常接待來自大陸與港澳的各式各樣團體，走了不少地方，也接觸不少事務，對於台灣這塊土地或許有著濃厚複雜的情感，從大城市到偏遠山區，我經常因為這些默默耕耘的團體與個人而感動，也深感在兩岸三地互動中，他們不僅應該被重視，更應該發揮它應有的功能。如今長期以來擔負我們內政部主管與服務上萬個民間團體的蘇佳善君，有意將他的碩士論文出版，作為指導教授，我認為蘇君這本理論與實務兼具之大作，對於了解兩岸三地公民社會的特質與發展，可謂難得的入門書與工具書。是以特別予以推薦，也期待兩岸三地的公民社會對於兩岸關係的和平與發展，能扮演與擔負起更積極的功能角色。

2013.10

推薦序

蕭新煌 [*]

　　蘇佳善先生在撰寫這本書的前身碩士學位論文時，曾訪問過我，就兩岸三地「公民社會」的發展課題發表看法。現在蘇先生的論文將出版成書，我替他高興，也在此祝賀。

　　這本書的重點當然是在第三章和第四章，整理臺、港、中三地公民社會組織發展、特色以及透過三地相關學者意見對三地公民社會組織加以比較和檢討。

　　本書比較和檢討結論直指政府（包括黨）政治力的宰制的程度（負面）和自由化和民主化的程度（正面），當是公民社會組織是否自主、能否倡導和能否有影響的關鍵脈絡因素。

　　因此，從本書我們清楚目睹台灣的公民社會組織發展迄今最出色，也最讓人感動，其次是香港，中國則還很難讓人樂觀。

　　根據我個人長年對亞洲新民主的公民社會發展的研究心得，我認為蘇佳善此書的論述和結論可以站得住腳，而且也很有發展潛力。我希望他能繼續下功夫，對台、港、中公民社會運動和組織及其與民主鞏固（台灣）、民主轉型（中

[*] 中央研究院社會學研究所所長、特聘研究員，臺灣大學社會學系教授，台灣第三部門學會理事長。

國）和民主維護（香港）的三種辯證關係繼續給予關注和
剖析。

2013年8月

推薦序

江明修 [*]

　　初識佳善即能感受到其濃郁的學究味與學術精神，好像是久浸學術殿堂之唐吉珂德，為何是如此印象呢？緣於其訪談我時，即提出其論文主旨為縱論兩岸民社會之問題與發展方向，我聽完馬上感受到其雄心之浩瀚。其實，後來看了其論文結尾詞，引用了唐代黃檗禪師之「上堂開示頌」《宛陵錄》：「塵勞迴脫事非常，緊把繩頭做一場。不是一番寒澈骨，爭得梅花撲鼻香。」以表心志，更能體會其用心與用力之深。

　　此書係佳善在其碩士論文基礎上加工修改出版。為了使其更具有可讀性與學術性，佳善還增加許多新的文獻於其中資料，以增益其參考價值。例如有關最近新社會運動發展部分，像是白衫軍、都更抗爭、大埔事件等。難能可貴之處，在於其結論部分，能夠針對兩岸三地公民社會發展之困境，提出確實可行之對策，尤其提出政府之角色部分，更是令人心有戚戚焉。

　　誠如美國約翰霍普金斯大學教授薩拉蒙所觀察到的「全球結社革命」風潮，其主要現象即展現於全球各地風起雲湧的個人志工義舉與非政府組織的公益行動，其主要成因則是回應上世紀即已經開始啟動的民主化運動，尤其是在正值民

---

[*]　國立政治大學公共行政學系特聘教授。

主鞏固與民主深化階段的新興民主國家與地區尤其風行，如此潮流或許也可以命之為「全球公民社會萌生」。也正好呼應了美國克林頓前總統所看到的世界共同趨向與價值觀：民主與互賴。佳善的此本大作也是著眼於此，更是用心於此。

緣此，無怪乎佳善撰述此書之動機與目的，也必然不會抽離時空脈絡，而探討兩岸三地在政治、經濟及社會不同環境框架下，公民社會的發展歷程與異同，則是理所當然，也是此書殊勝之處。因為單獨針對兩岸各地之公民社會發展加以探究之著作，本來就不算多，而能就三地公民社會發展加以比較者，更屬鳳毛麟角，由此可見此書之價值甚高。

此外，本書在相關名詞界定、相關概念本土化，以及致力於跨學科整合部分，在在均有許多令人讚佩之貢獻與創見。再者，此書不只單就學術角度論述辯詰，更能結合佳善之豐富實務經驗，直指政策，試圖勾勒出公民社會發展之議題內涵，並進以就國家與社會互動發展之視角，進行詳實具體可行的政策規劃與相應環境營造之建言，當可為有心有識之士，提出具有啟示性與前瞻性的參考架構，此乃此書不同於一般教科書與學術論著之所在。秉此，深知此書當對學術界與實務界均有相當之參酌價值，乃為之喜，亦試為之序。

謹識於指南山城

2013 年 10 月

推薦序

顧忠華 *

　　《民主在美國》作者托克維爾（Alexis de Tocqueville）
說：「在民主國家中，結社的科學是一切科學之母，結社的
學問有進步，其他一切才有進步。」美國所以成為世界強盛
與文明的超級大國，主要歸功於實施民主政治的成果，而具
體的表現則是美國有一套健全的參與式民主機制及發達的公
民社會。

　　臺灣地區在1949年實施戒嚴後，人民集會、結社、言
論及出版等自由受到相當嚴格的限制與管制，相對影響社
會的正常發展。這種現象一直持續到1987年政府宣布解嚴
後，才獲得釋放，回歸憲法第14條規定：人民有集會及結
社之自由的常軌。

　　解嚴後，長期被壓抑的民間社會力，猶如雨後春筍般
的從萌芽到蓬勃發展，從內政部的官方統計觀察，短短20
年間臺灣從中央到地方的民間團體數（不含基金會），自解
嚴前的一萬多個發展到今天的五萬多個，成長了5倍，若單
就社會團體來看（不計其他團體如政黨、政團、農會、漁
會、工會及職業等團體，係因其有一定的身分與行業規定限
制，變動較小），則從七百多個成長到一萬多個，成長逾
10倍。從這些數字的變化來看，實施民主化與社會開放的

___

* 　國立政治大學社會學系特聘教授、前公民監督國會聯盟理事長。

結果，確實帶給臺灣豐厚的成果，深具意義。但即使結社生態已出現了大規模的變動，令人不解的是，政府在相關法規的管理上，仍然延續過去戒嚴時期的管理模式，而未作大幅度的鬆綁與簡化。

這一點至關重要，尤其是在民主化制度下，臺灣社會運動日趨頻繁，誠如英國社會學家安東尼・紀登斯認為：社會運動常常是就某一個公共議題推動變遷，法律或政策常常因為社會運動的行動結果而發生改變，這些變化可能產生深遠的結果，社會運動是集體運動最強而有力的形式，若持之以恆，可能會產生巨大的效果。社會力體現為「結社革命」，並促成蓬勃的社會運動，使得台灣邁向成熟的公民社會，老舊落後的管理模式必須予以揚棄，以今年（2013年）8月3日有25萬白衫軍自發走上街頭，迫使軍法審判在非戰爭時期走入歷史來看，這一點政府應有所體認才是！

另外，鑑於兩岸關係在2008年後政府政策出現重大轉折，這幾年經常成為社會熱門的議題與輿論的焦點。就此而言，作者選擇兩岸三地公民社會發展的議題，時機恰到好處，從作者的研究中，明顯發現在兩岸三地公民社會的發展中，臺灣是居於領先地位，其關鍵在於臺灣民主化的成就。

這本書不僅介紹公民社會與非營利組織的基本理論與概念，也讓讀者瞭解兩岸三地民間組織的發展過程，更引用兩岸三地學者對兩岸三地發展公民社會的觀點，我相信作者這本書能夠引起兩岸讀者朋友的關注與興趣，具有參考價值。

2013.09

推薦序

陳健民[*]

　　兩岸三地的管治都面對嚴峻挑戰，公民社會如何補充政府與市場的不足、如何發揮監督與社會創新的功能、如何促進公民參與和深化民主，都是建立善治必須思考的問題。

　　兩岸三地公民社會處於不同發展階段，卻可相互借鑑、互補長短。大陸公民社會環境惡劣、結構脆弱、卻吸收頗為先進的理念，但影響力始終有限。香港公民社會環境未臻理想（主要是未民主化）、結構尚可、理念先進，但影響力參差（服務非常專業但倡導力不足）。台灣公民社會環境寬鬆、但結構參差（如資源過份集中在宗教慈善團體、透明度不足）、理念先進（如強調社區營造）、影響力不俗。對此，此書不單有深入論述，更在法規、相關主管部門、專業人才訓練與公民性培育方面提出改革建議。

　　蘇佳善先生為民間組織主管部門的官員，卻虛心問學，為台灣公民社會發展尋找出路，令人欽佩。憑他實務背景和學術修養寫成此書，自然有很高參考價值。但最令我感動的，還是他字裡行間，流露出那份恨鐵不成鋼、對國家的深切關懷。

---

[*]　香港中文大學社會學系副教授，香港中文大學公民社會研究中心主任。

推薦序

陳錦棠[*]

　　十分高興及榮幸為蘇佳善先生寫序言。記得蘇先生年前正努力撰寫兩岸三地非營利組織發展的論文，當時十分高興地和他分享一些兩岸三地非營利組織發展的的一些看法。委實兩岸三地都是華人社會，應承傳中華的文化和傳統，但實際來說，中、港、台的政治、經濟和社會制度不一樣，三地的非營利組織發展也不一樣。台灣社會組織發展十分的迅速，地方特色較濃厚及社區營造方面尤為特出。香港的非營利組織自上世紀九十年代末的福利改革，漸趨向制度化和劃一化，成為管理主義的產品。至於中國內地則由於中央政府推出社會管理的政策，大力推動民間組織和政府購買服務。從這角度來看，除文化外，社會體制和政策對三地非營利組織有很大的影響。

　　蘇佳善先生出版的《民主推進器──兩岸三地的公民社會》一書可說是十分合時，更者，在這方面的學術研究資料亦十分缺乏。再次表示十分欣賞蘇先生著作的真知卓見，並恭賀他的著作出版和各同業分享研究成果！

2013年11月

---

[*]　香港理工大學應用社會科學系副教授、第三部門教研中心主任，中國民政部社會工作研究中心研究員。

推薦序

許水德 *

作者是個人在內政部部長服務時的隨扈,為人謙和有禮,處事內斂嚴謹,工作負責盡職,喜閱讀,工作之餘常把握機會進修。作者告訴我其要出版《民主推進器——兩岸三地的公民社會》一書,希望個人能為其寫序,個人欣然允諾!

從近代史以觀,兩岸三地受歷史發展因素與環境變遷的影響,使其各自選擇不同的現代化進程發展。惟兩岸關係在2008年之後進入前所未有的和諧與交流,不僅民間互動往來日益密切,雙方也經由海基會及海協會的交流平臺,簽訂各項相關合作協議,這對兩岸三地之間的人民,乃至於國外華人社會而言,都是樂見的事。畢竟在國際環境局勢詭譎多變的今天,兩岸關係合則兩利,不合則雙輸。作者選擇在這個時機以兩岸三地公民社會發展為題,恰到好處。

美國學者杭廷頓在其所著《第三波二十世紀末的民主化浪潮》一書中指出,近代以來曾經出現過三次世界範圍內的民主化浪潮,受這三波浪潮的影響,全球有逾60%的國家是通過某種形式公平、公開、和競爭性選舉來建立政府,也為全球公民社會的興起創造了有利的政治和法律環境。受第三波民主浪潮的影響,臺灣亦無法置身事外,在1987年7月15日宣布臺灣地區解除戒嚴。為因應解嚴後的社會需求,於民

---

* 前考試院院長、前內政部部長。

國77年1月20日制定公布集會遊行法,以保障人民集會、遊行之自由。翌年1月27日將於民國31年國民政府制定公布的「非常時期人民團體組織法」,修正為「動員戡亂時期人民團體法」同時放寬人民團體在同一組織區域內,除法律另有限制外,得組織二個以上同級同類之團體,但其名稱不得相同。

　　這些法規政策的改變,個人適擔任內政部長部長,身處社會轉型的歷史現場,見證社會的不變,一連串劇烈的社會轉型陣痛期,從1987年底到1988年,共發生了五次大規模的全國性抗議事件,時本人擔任臺北市長,所有抗議事件都集中在臺北(政治、農民、勞工、環保等問題),其中最大最激烈的社會運動莫過於1988年「五二〇農民運動」,簡稱「五二〇事件」,是解嚴後第一起造成警民激烈衝突的大規模社會群眾運動,示威群眾以石塊和汽油彈等做為抗爭工具,強烈對抗代表「公權力」的警棍與盾牌。舉國震驚!坊間議論紛紛,以為臺灣社會從此將進入一段無法預期的社會亂象,甚而質疑政府實施民主可能未蒙其利先受其害!但從西方國家施行民主的經驗與成果告訴我們,政府選擇民主這條路是一項明智的決定。果然不久,臺灣人民逐漸從這些社會群眾運動中學習和體認這是民主社會的常軌後,迄今許多社會運動已趨理性訴求,未再發生過像五二〇事件這麼激烈的社會運動,足見臺灣社會愈趨成熟,對社會運動早已司空見慣。

　　而受到政府開放政策的激勵,人民結社也如雨後春筍一般的朝蓬勃發展,全國性社會團體從解嚴前的七百多個發展到今天一萬多個,成長逾10倍,顯見人民藉籌組社團來

維護自身的權益愈加重視與需求，也凸顯民間蘊藏著一股
巨大的力量，正大量的釋放，尤其臺灣於1999年發生「九
二一」大地震及2009年的「八八水災」兩次嚴重的天然災
害，民間團體先後展現前所未有的組織動員力量，協助政府
參與救災行動，引起國內外輿論與社會大眾高度的肯定與關
注，更讓政府驚覺到隱藏在民間中不可忽視的一股力量。正
所謂：政府人力有限，民力無窮。民間組織的屬性亦從早期
的慈善救濟，逐漸轉向對公共政策的關心與參與，不僅是臺
灣民間社會力的展現，其對社會的影響與作用亦延伸至國
外，如2006年南亞大海嘯及2008年中國大陸四川省汶川大
地震協助國外救災等等。在這股強大社會力的驅動下，讓臺
灣繼創造經濟奇蹟之後，2000年的政權和平轉移，再創造
亞洲民主奇蹟，這是非常了不起的成就。傲視兩岸三地，讓
大陸與香港望塵莫及，這一切皆歸功於當時經國先生明智的
決定，及其繼承者前總統李登輝先生的政治智慧，以及臺灣
人民的理性與感性，讓臺灣在公民社會發展中成為兩岸三地
的先驅。

　　甘地說：「民主精神不能用外在的力量加諸人民，而是必
須發自內心。民主精神並不是機械式的廢止形式來調整制度，
而是必須改變人心。」臺灣民主發展歷經20多年，社會環
境發生許多的巨變，其中以政治改革最具成就，包括1992
年國會全面改選選出第二屆立法委員，終止萬年國會狀態；
1996年臺灣首度舉行總統、副總統由人民直接行使選舉；
2000年政黨首度輪替及2008年政黨再次輪替，兩岸關係開
啟和平交流等。換言之，沒有這些政治上的重大改革，就沒
有今天的民主成就，也就沒有發展公民社會的可能性。

作者際此時機完成這樣的著作，對兩岸三地及華人社會深具意義，值得肯定，也值得向讀者推薦。

2013.8.19.

推薦序

張博雅 *

很高興為內政部蘇佳善科長這本《民主推進器——兩岸三地的公民社會》的書寫序，作者是我擔任內政部長時的新聞科長，為人敦厚篤實，任事認真，實事求是，嚴守分際，曾寫過政府部門與媒體關係及新聞處理策略相關論述，非常實際。蘇科長工作表現十分稱職，是政府部門中的優秀新聞公關人才。

個人到中央選舉委員會服務後，有一天作者到我辦公室來送我一本他的碩士論文《臺灣、中國大陸暨香港公民社會發展之比較研究》，並表示這是國內第一本比較兩岸三地公民社會的論文，讓我非常好奇和感興趣。

公民社會發展歷史悠久，但在封建社會控制下，公民社會現象並不明顯，且大多隱於民間，甚少浮上臺面成為人們生活的一部分。直至20世紀80年代，一場東歐民族獨立運動及蘇聯解體，掀起公民意識的覺醒，從東歐蔓延至全球各個角落，蔚為一股全球性結社運動，公民社會躍居主流，成為廣泛討論的話題。

受到這股橫掃全球性結社運動風潮的影響，臺灣亦在1987年政府宣布解除近40年的戒嚴令，回歸憲法與民主，讓人民享有集會、結社、言論、新聞及出版的自由；長期被

---

* 前行政院衛生署署長、前內政部部長，現任中央選舉委員會主任委員。

壓抑的社會力量終於得以釋放，讓整個臺灣社會環境一夕間丕變，短短20餘年間，人民結社從萌芽成為蓬勃發展。猶記得個人在2000年任內政部長時，全國性社會團體約僅4,000個左右，這10餘年間已成長為三倍高達12,000個，代表在民主化社會下，人民愈加重視本身權益外，對於公共事務的參與越來越多，對社會的關心也越來越積極，這是一個好現象，值得觀察與探討，象徵我國已然進入現代公民社會之林，此於兩岸三地深具意義。

本書研究橫軸（範圍）跨越兩岸三地，縱軸（時間）跨及臺灣解嚴前後迄今、大陸改革開放前後迄今、香港1997年回歸大陸前後迄今。特別值得一提的是，作者還跨海親自訪問學者專家，自理論及實務面向，比較兩岸三地政治、經濟及社會環境變遷下NGO、NPO的發展，綜論對於兩岸三地公民社會發展之影響，最後並提出結論與多項具體建議。

蘇科長於忙碌的工作中完成本書，誠屬難得。書中對於公民社會概念性、理論性與兩岸三地民間組織歷史發展背景介紹外，更有兩岸三地學者對公民社會議題的精彩論述，於此兩岸互動頻繁的關鍵時刻，更顯現出本書之價值。

對一般人而言，這是一本簡淺易懂的好書，身處在公民社會，我們不能不知什麼是「公民社會」，個人願意向讀者推薦，特為之序。

2013.8.7.

目次

圖表目次

Chapter 1
導論

如果說代議制度是18世紀的偉大社會發明，
則官僚政治即是19世紀的偉大發明；
而大量的公民社會組織代表20世紀最偉大的創新。
　　　　　　　　　　　——Lester M. Salamon
（萊斯特‧薩拉蒙，美國約翰霍普金斯大學教授）

二十世紀受第三波民主化與全球化浪潮的衝擊與影響，為全球公民社會的興起創造了有利的政治和法律環境。[1]在這個基礎下，公共政策與市場經濟不再是政府獨任與市場支配的事，而是必須透過公民社會組織的公共參與形成決策的互動關係。誠如當代美國最著名的社會學家之一詹姆斯・S.科爾曼指出，社會科學的核心問題是解決社會系統的活動，社會科學的主要任務是解釋社會現象。[2]根據美國約翰霍普金斯大學教授萊斯特・薩拉蒙（Salamon）觀察研究，認為造成這股風氣的主要原因是非政府機構和社會運動的興起，讓「全球結社革命」（global associationl revolution），產生一種席捲全球的變革浪潮，在全球各個角落組織私人志願活動風起雲湧。[3]薩拉蒙（Salamon）研究結果顯示這是諸多因素作用的產物，包括新的通訊技術，大眾對更多機會的大量需求，對市場及政府在處理日趨繁雜的社會與經濟問題不力的不滿、外部援助的出現等。這股介於政府與市場之間的社會空間的各種社會組織，稱之為非營利組織、公民社會、第三部門、社會經濟、非政府組織、慈善、志願及獨立部門等；其內容包括醫院、大學、專業組織、草根發展組織、環境組織、自助組織、宗教團體、人權協會、社區協會、社交俱樂部、專業組織、日托中心、草根發展組織、健康醫療診所、家庭諮詢機構、運動俱樂部、職業培訓中心、食品配給所、

---

[1]　塞繆爾・杭廷頓著（Samuel P. Huntington），劉軍寧譯《第三波二十世紀末的民主化浪潮》（臺北：五南圖書出版公司，民國89年9月），頁，19-22。

[2]　詹姆斯・S.科爾曼（James S.Coleman）著，鄧方譯，社會理論的基礎，北京，社會科學文獻出版社，2008年8月，頁3-4。

[3]　趙可金著，《全球公民社會與民族國家》（上海：三聯書店，2008年1月），頁112-113。

無家可歸庇護所等；[4]其規模與影響力正持續擴大中。其實這些組織早已存在數千年，只是過去大多受到政府與市場的支配與抑制，以致這個領域隱而不見；直到二十世紀末東歐劇變及蘇聯解體等接二連三的民族運動，才引起政府、媒體與學術界的關注。畢竟公民社會的形成，除了來自政府制度變革外，主要還是源自民間由下而上的自主性力量。[5]

　　2005年2月27日美國前總統柯林頓接受台灣民主基金會的邀請，訪問台灣，在一場演講指出：「有兩件發生在九〇年代的大事，通常受到媒體的忽略，卻對民主發展特別地重要。第一，在九〇年代期間，半數的全球人口，得以經由自由選舉，產生他們的政府，這是我們人類歷史上首次出現的現象。第二，經由現在所通稱的NGO（非政府組織）的發展，世界各地公民社會急遽地擴張。不論是在富裕國家或貧困國家，社團組織提供了人們一個機會，使他們作為自由的人，能夠集結人民力量，來改善他們所關切的特定人們的生活。二十一世紀可以以一個字眼來做最好的概括；但這個字不是「全球化」（globalization），而是「互賴」（interdependence）。」[6]這正是對二十世紀末全球結社運動風起雲湧的最佳寫照。

　　從中華民族歷史發展的宏觀角度來看，台灣、中國大陸及香港（簡稱兩岸三地）雖然各有不同的現代化進程，但在

---

[4]　萊斯特・薩拉蒙等著，賈西津、魏玉等譯，《全球公民社會非營利部門視界》（北京：社會科學文獻出版社，2007年12月），頁3。

[5]　萊斯特・薩拉蒙，沃加斯・索可洛斯基等著，陳一梅等譯，全球公民社會非營利部門指數，2007年1月，頁5-6。

[6]　財團法人台灣民主基金會網站，摘自2005年2月27日美國前總統柯林頓訪臺演講文稿，http://www.tfd@taiwandemocracy.org.tw/

血統、語言、傳統文化及風俗習慣等各方面，都有許多相似
的淵源與發展背景；兩岸三地民間組織的發展過程中，無論
是發展的背景、概念、特徵、法規環境、治理模式，或者政
府與市場的關係，也都有許多相同之處。[7]本書探討兩岸三
地民間組織的發展歷程及其差異性之餘，也將展望其未來的
發展。以下先就幾個概念以及本書的架構略作說明。

「非營利組織」研究概況

　　非營利組織是普遍存在於世界各國社會的一種人群組
織，發展歷史非常悠久，兩千年多年前，古羅馬就出現了
「協會」這一類的組織，不僅定有章程，並對會員的入會
及權利義務加以規範。中國歷史上的民間社團興起於春秋以
後，其型態如興辦私學、秘密結社、民間工商結社等，與世
界各國的發展時間大致相同，唯一不同的是，中國社會長達
數千年的封建制度，對民間社團的發展產生極大的影響與限
制，延緩了中國古代民間社團向現代社團發展的進程。[8]因
此中國近代民間社團雖自1840年鴉片戰爭時已逐漸展開，
但真正蓬勃發展則要到二十世紀八〇年代之後。

　　非營利組織存在已久，隨著二十世紀八〇年代「全球公
民結社」風潮興起，並成為國際學者熱烈探討的議題後，國
外相關的文獻論述層出不窮，兩岸三地學者亦在九〇年代之
後逐漸隨之繼起，其中大陸的起步最慢，卻最為積極，特別

---

[7]　蕭新煌、官有垣、陸宛蘋主編，《非營利部門——組織與運作》（臺北：巨
　　流圖書公司印行，2009年2月），頁446。
[8]　古俊賢主編，《中國社團發展史》（北京：當代中國出版社，2001年11月），
　　頁1。

在二十一世紀後，無論是翻譯書籍、專著、學術論文、期刊等均呈現鉅量成長，相對的，台灣與香港在這方面的學術研究即明顯少很多。

　　目前學術界和市面上尚未發現關於兩岸三地公民社會發展的比較研究，至於探討「公民社會」的專書中，與本書關懷點較為相近的則有：台灣學者王振軒的《非政府組織的議題、發展與能力建構》（2006）。該書藉由國際、國家社會與組織自身等三個層次，從巨觀至微觀，層層探討非政府組織的發展，但該書雖介紹了台灣與中國大陸非政府組織的發展，並未比較兩者的差異；丘昌泰《非營利部門研究——治理、部門互動與社會創新》（2007）一書則從「治理架構」出發，討論兩岸三地六個非營利中介組織的治理研究；江明修《第三部門與政府跨部門治理》（2008）以環境結構、法制規範、政策倡議及資源運作這四大面向，析論第三部門與政府的關係；江明修隔年的論著《公民社會理論與實踐》（2009）則由公民社會指標觀點，探討相關的理論與實踐，並從「結構、環境、價值、影響」等四個面向分析公民社會；大陸學者俞可平《中國公民社會的興起與治理的變遷》（2003）主要研究改革開放後，民間組織的興起對社會政治生活的影響；王名《中國民間組織30年——走向公民社會》（2008）論述中國大陸社會從1978年改革開放以來，民間組織的歷史發展及其走向公民社會的挑戰；高丙中、袁瑞軍的《中國公民社會發展藍皮書》（2008），則是北京大學公民社會研究中心耗時三年，彙編多名大陸知名學者相關專論，試圖從中反映當前大陸公民社會發展的學術著作，此書重點在於大陸學者承認中國已經邁進公民社

會，但認為中國的公民社會還未發展到成熟的階段，深具意義；香港學者陳健民《走向公民社會——中港的經驗與挑戰》（2010）係由公民社會的理念闡釋中國大陸建構公民社會的意義，並透過歷史回顧，倡談香港公民社會的構成與發展；呂大樂《凝聚力量——香港非政府機構發展軌跡》（2010）一書研究香港社福機構在過去逾一世紀裡的歷史發展與建立的信譽。除了上述專書，在專論方面，另有香港學者陳錦棠〈台灣、香港與中國第三部門之比較〉，該文從發展背景、特徵、法規環境、治理模式、與政府和市場關係等，討論兩岸三地第三部門的發展[9]；陳錦棠與范明林兩人也合撰〈中國內地與香港第三部門比較研究〉（2006），此文透過政策環境、法規制度、治理制度、決策過程與問責制度這四個切入點加以探討。

「社會運動」研究概況

　　「社會運動」是公民社會中的重要特徵，在這方面，有徐正光、宋文里合編的《台灣新興社會運動》（1996），此書探討解嚴後，台灣社會轉型與新興社會運動的結構因素；張茂桂、鄭永年的《兩岸社會運動分析》（2003）則是兩岸第一本討論社會運動與大眾抗議的專著；蕭新煌、顧忠華於《台灣社會運動再出發》（2010）一書介紹台灣社會運動三十年的歷史意義與影響，以及台灣社會運動再出發的時代意義。在專論方面，有蕭新煌、魏樂伯、關信基、

---

[9]　同註7，頁446。

呂大樂、陳健民、丘海雄、楊國楨、黃順力等兩岸三地學者
（2004）合撰的〈「臺北、香港、廣州、廈門」的民間社
會組織：發展特色之比較〉，此文經過三年的察訪與調查，
於2004年正式對外發表，旨在探討四個當代華人城市中，
民間社會組織及發展特色，並比較四城市民間社會組織的興
起、發展和性格，及社會政治變遷的關係。官有垣〈台灣與
香港第三部門現況的比較研究：以福利服務類非營利組織為
探索對象〉（2006）探討台灣與香港社會福利組織之歷史
發展、與政府及市場的互動關係、組織經營與挑戰，並比較
臺港兩地社會福利服務部門。林淑馨的〈台灣與日本非營利
組織之比較〉認為台日兩國非營利組織發展背景具有相似
性，進而從組織規模、特性、法制比較兩國差異[10]；張英陣
〈台灣與英國非營利組織之比較〉討論台英兩國的志願服
務、慈善捐款及非營利組織與政府關係等相關面向及其未
來挑戰[11]；蕭新煌〈非營利部門在台灣發展的特色〉介紹台
灣非營利部門的歷史發展變遷[12]；馮燕〈非營利組織的法律
規範〉說明台灣非營利組織的法規、運作架構、管理與監
督[13]；王名、賈西津〈兩岸NGO發展與現況比較〉指出台灣
與大陸有相近的文化傳統和觀念旨在，NGO發展也有近似
的歷程，值得相互學習與借鏡；賈西津〈海峽兩岸暨香港公
民社會指數比較〉（2007），借助國際比較研究－公民社
會指數（Civil Society Index，CSI）的框架，對於兩岸三
地公民社會既有不同的歷史和發展道路，同時又具有共同的

---

[10] 同註7，頁422。

[11] 同註7，頁473。

[12] 同註7，頁36。

[13] 同註7，頁251。

文化背景與制度，進行比較分析，該文也簡要描繪了大陸公
民社會的發展圖景。

本書的切入點

　　從上述相關文獻中不難發現，無論是專著、專論或學術
研究均著重於特定議題，而研究論文也側重在個案分析，關
於比較兩岸三地公民社會發展之專書，目前尚乏研究文獻。
探其可能原因，首先是題目太大，聚焦不易，資料蒐集不
易，撰寫難度高，讓研究者望而怯步；其二是研究調查工程
相對浩大，非單一個人能力所及，尤其涉及比較性的題目，
可能還需要訪問兩岸三地學者，從中探討他們對兩岸三地公
民社會發展的觀察與見解，對研究者而言，也是難度較高的
挑戰；其三是兩岸三地歷史發展與文化背景異於西方，無法
對兩岸三地公民社會發展做客觀而有效的比較與檢視，尤其
大陸常以中國的特色觀點出發，或多或少會影響研究的客觀
性。然而在現今兩岸三地民間互動往來密切與和諧狀態下，
探討彼此公民社會的發展，不僅具有政治上的意義，也值得
我們瞭解、學習、借鏡與參考。因此本書鎖定兩岸三地的公
民社會，進行比較研究。

架構

　　本書進行兩岸三地公民社會發展的比較研究，因此公
民社會的概念與理論發展乃本書研究的主軸，惟鑒於兩岸
三地非營利組織的發展，皆由「民間組織」這個概念導入，
而「公民社會」或「非營利組織」等概念都是屬於二十世紀

七〇年代之後才從西方移入，並逐漸成為華人世界援引的名詞；因此為使研究更具連貫性，本書將先介紹非營利組織的概念、相關理論、特徵與功能，再剖析兩岸三地非營利組織的歷史發展與現況，進而導入主軸，探討兩岸三地公民社會現況與未來發展。

途徑

　　研究途徑（approach）是將一個組織過的概念作為引導研究的方向，將各種不同的資料綜合起來加以分析，使其具有啟發與解釋的功能。本書採用歷史研究途徑，從個別歷史的因果關聯，透過「回到過去，建構未來」的邏輯思維進行推演；其目的在於描述歷史事實，同時指出在某一特定時空內所發生的歷史事實有一些什麼前因後果，它是從個別歷史事實的因果關係去重建過去的一種工作模式，[14]以瞭解歷史對人類社會所具有的特殊意義。而歷史對社會學理論與方法的意義可歸為以下五點：

　　(1) 歷史時間的意義：布勞岱爾認為在歷史的研究中，時間是最為突出的一個面向，他將歷史時間分為三個不同的層次。第一層是「短程的」。其時間長度頂多是幾年。第二層是「時期」。通常所指涉的時間是十年，二十年或五十年。第三層是布勞岱爾所最重視的一層，他稱之為「長時期」。這一層的歷史時間是將整個歷史過程從一個長期，乃至於綿延幾世紀的觀點與視野來觀察，以瞭解掌握歷史過

---

[14] 易君博著，政治理論與研究方法（台北：三民書局，2006年5月），頁163-164。

程中不變或變化很少的因素。再從這些不變或變化很少的因素來看那些表面上看起來不斷改變的「事件」、「時期」或「循環」，以瞭解整個歷史的不同意義。作為一個社會學的研究者至少應該認識到歷史時間對整個社會學理論與方法的意義，而將之視為一個不可缺的部分。如果不能從一個長期的歷史系絡來考察的話，往往看不到關鍵的問題所在。

(2) 歷史空間的問題：在歷史系絡裡每一個社會的歷史空間都具有他的特殊性，各個地區社會在一個更廣闊的歷史空間而言，各自佔有其特定的相關位置，或是「中心」，或是「邊陲」或「半邊陲」。這種空間條件所形成的環境往往也是具有一種持續性，其對於整個歷史發展的影響絕不下於社會之內在因素。

(3) 歷史的多樣性與複雜性：每一個社會在特定時空的交織下是多樣而複雜的。在研究的過程中應是異中求同，自複雜性以及多樣性的認識中求其共通，而不是一種武斷地肯定其共通與普遍性。否則便是對於真實社會，歷史實體的一種扭曲。

(4) 因果解釋與意義瞭解的互補性：我們將因果的問題視為在歷史系絡中各因素間的一種有機的、辯證的相互關係，不再是客觀的法則，因果解釋不但不排斥意義的問題，甚至可以說因果解釋可以提供更佳的歷史意義的瞭解，以幫助我們對社會現象中因果關係的掌握。

(5) 歷史與理論：歷史研究必須要能夠掌握「歷史結構」，而歷史結構或「基礎模型」的掌握本身就是一種歷史解釋的理論形成。而這些經過「理念化」（idealization）之後的理論永遠不能取代真實的社會實體。他的主要作用是啟發性的（heuristic），藉著他，我們希望能對於人類的過去、現在、乃至於未來有一較佳的瞭解。面對歷史我們永遠是以有限的理論去面對無限的歷史，而歷史又永遠邁向無限。[15]

換言之，歷史研究途徑係指某一問題發生及演變沿革具有長時間性（longitudinal）研究的性質，藉由分析與該問題有關的文獻資料，歸納出可供解釋與預測的理論。歷史研究途徑的重點，不在於建立歷史演變的法則，而在於瞭解歷史時空背景、整體與結構，並對研究主題產生背景的因果關係探討。欲解釋某一現象的因果及未來發展趨勢，均可運用此一研究途徑。

方法

研究方法只是搜集及處理資料的技術。[16]本書採用文獻分析法、比較研究法及深度訪談法。針對兩岸三地從民間組織走向公民社會的相關問題進行系統化的客觀界定、評鑑與綜合證明，以確定過去歷史事件的真實性，從而瞭解過去、洞悉現在及預測未來。

---

[15] 以上參考蕭新煌、瞿海源主編，社會學理論與方法研討會論文集（台北；中央研究院民族學研究所，1984年），頁104-122。

[16] 易君博著，《政治理論與研究方法》（臺北：三民書局，2006年5月），頁97-98。

1.文獻分析法

文獻分析法是從文獻或以前的調查中蒐集現成的資訊進行分析，其來源包羅萬象，如政府部門的公文書、統計數據、出版品、研究報告、民間工商業界的研究成果、文件記錄資料庫、企業組織資料、圖書館藏書、專書、論文與期刊、報章雜誌、網站資料等等。其分析步驟有四，即閱覽與整理（reading and organlzmg）、描述（description）、分類（classijing）及詮釋（interpretation）。文獻分析法也是對某一個問題自過去的有關研究中蒐集其文獻，並加以分析而形成一研究內容，是研究工作最普遍方法，也是研究工作必須經過的步驟。[17]

英國歷史學家愛德華・卡耳對歷史下了一個的定義：「歷史是歷史學家跟他的事實之間，不斷交互作用的過程，是現在跟過去之間永無止境的對話。」[18]面對歷史我們永遠是以有限的理論去面對無限的歷史，而歷史又永遠邁向無限。[19]文獻分析法又稱歷史文獻法，是一種系統化的客觀界定、評鑑與綜合證明的研究方法，以確定過去歷史事件的真實性，其主要目的在於瞭解過去、洞悉現在及預測未來。是對社會現象的間接觀察方法，它包含對歷史文獻資料的蒐集、檢驗、分析等。並對各種文獻資料加以蒐集和分析，瞭

---

[17] 朱浤源主編，《撰寫博碩士論文實戰手冊》（臺北：正中書局，2007年3月），頁54。

[18] 愛德華・卡耳著，江政寬譯，《何謂歷史》（臺北：博雅書屋，2009年2月），頁126。

[19] 高承恕，〈歷史對社會學理論與方法的意義〉，發表於「社會科學理論與方法」研討會（臺北：中央研究院民族學研究所，民國70年5月29日），頁123。

解歷史的發展與演變過程，社會現象產生規律性，掌握社會在歷史時期所具有的準則和價值。

本書大量蒐集有關兩岸三地及國外具有代表性的非營利組織或公民社會相關理論與文獻資料，包括正式出版專書和政府有關部門出版品、統計資料及相關論文期刊等等，進行分析與整理，以勾勒出兩岸三地非營利組織的歷史發展及從民間組織走向公民社會的發展因素。

2.比較研究法

顧名思義，比較研究法強調「比較」，同時包括比較兩者的相異程度與相似程度。「比較差異」是要舉證不同的因會產生不同的果，不能將不同現象的因果關係混為一談：「比較相似」則要解釋或預測類似的因，應該產生相同的果，以俾作為「他山之石，可以攻錯」的援引或借鏡。

從事比較研究可透過實證法、文獻法、量化法及概念法等方式（Jones, J985:27-29），兼及量化及質化資料。不過，最常使用的則是統計研究與歷史研究兩種，兩者的差異頗大，統計研究主要針對大樣本，並根據研究對象的部分特質加以比較，其分析方法是聚集資料的分析；而歷史研究則是針對小樣本，逐一進行整體比較，並採用邏輯並列的分析方法。

就本書而言，可從不同的政策、問題、群體、費用、福利體系、概念議題、國家、時間序列等範疇進行比較（Higgins, 1981:29）。研究者可從不同的時間切入點作橫斷面的跨國性比較（cross-national study），或者從縱剖面作時間序列上的長期研究（longitude study）。從上述面向來看，兩岸

三地似有相近相通之處。如何透過比較研究尋求出影響社會政策的社會、政治、經濟、文化等決定性因素，並且選擇適當的理論來解釋比較的結果，則是本書的研究重點。

3.深度訪談法

深度訪談是社會科學中最廣為使用的研究工具之一，為彌補文獻資料分析上的不足，縮小理論與實務的偏差與印證，筆者特別設計訪談大綱，從公民社會的概念切入到兩岸三地在公民社會發展的挑戰，以探討和比較兩岸三地學者在不同的社會環境與學習背景下，對同一議題的觀點與論述之異同。訪談的議題如下：

(1) 公民社會的概念。

(2) 公民社會與市民社會在概念上的差異。

(3) 非營利組織、非政府組織、第三部門及民間組織概念上的差異。

(4) 兩岸三地公民社會發展的異同與特徵。

(5) 兩岸三地公民社會與政府和市場的關係。

(6) 公民社會崛起後，對政府公共政策及市場經濟的影響與作用。

(7) 兩岸三地公民社會發展的關鍵。

(8) 兩岸三地公民社會發展的困境與挑戰。

公民社會與非營利組織的定義，歷來意見紛紜，莫衷一是。其中，「公民社會」的定義以二十世紀九〇年代後戈登・懷特的說法較具代表性，他指出：「從公民社會這一術語的多數用法觀之，其主要思想是，公民社會是處於國家和家庭之間的大眾組織，它獨立於國家，享有對於國家的自主

性，它由眾多旨在保護和促進自身利益或價值的社會成員自願結合而成。」[20]至於「非營利組織」則以美國約翰霍普金斯大學萊斯特・薩拉蒙教授所給定的特徵較廣為引用，包括組織性、私有性、非利潤分配性、自治性及志願性等。在此前提下，筆者尋訪兩岸三地長期研究與觀察公民社會發展的學者與實務專家，進行深度訪談，從而剖析兩岸三地學者對此概念的詮釋，進一步延伸探討兩岸三地公民社會發展的差異及未來可來性。本書訪問的學者與實務專家名單如下：

表1　本書訪問的兩岸三地學者與實務專家

姓名	服務單位暨職稱	訪問地點	訪問時間
林淑馨	國立臺北大學公共行政暨政策學系副教授	國立臺北大學	2010.10.29.
顧忠華	國立政治大學社會學系教授	國立政治大學	2010.11.01.
徐世榮	國立政治大學地政學系系主任第三部門研究中心主任	國立政治大學	2010.11.05.
蕭新煌	中央研究院社會學研究所所長	中央研究院社會所	2010.11.11.
江明修	國立中央大學客家學院院長	國立政治大學	2010.11.19.
甲學者	上海某社科院副研究員	臺北市	2010.11.22.
乙小姐	香港社會福利署主任	香港社會福利署	2010.11.26.
陳健民	香港中文大學社會學系副教授公民社會研究中心主任	香港中文大學	2010.11.26.
陳錦棠	香港理工大學應用社會科學學系副教授第三部門教研中心負責人	香港理工大學	2010.11.26.
陸宛蘋	財團法人海棠文教基金會執行長	海棠文教基金會	2010.12.06.

---

[20] 俞可平等編，《中國公民社會的興起及其對治理的意義》（北京：社會科學文獻出版社，2002年11月），頁189。

範圍界定

　　揆諸兩岸三地非營利組織與公民社會的發展，皆與政府重大政策變革有關，只是在發展高峰的時間點不同。本書根據相關分析，以下列時間斷限作為主要的研究範圍：

台灣，1987年解嚴後至2008年政黨輪替。

　　1987年政府宣布解嚴後，台灣的非營利組織才開始走向蓬勃發展階段。

　　台灣在戒嚴時期，集會結社受到嚴格限制，影響了非營利組織的發展；解嚴後，由於人民對威權體制的不滿以及公民意識的覺醒，台灣社會逐漸擺脫威權政治的體制，走向民主化和社會多元化發展，將台灣帶入新的里程碑。非營利組織的形成和人民對權益的維護與爭取息息相關，台灣民主的發展、政治及社會結構和氛圍的轉變，更直接促使非營利組織快速成長。就從制定及修法等立法程序啟始；1992年國會全面改選，結束萬年國會並選出第二屆立法委員；1996年台灣首次辦理總統直接由人民選舉，取代過去數十年來由國民大會代表行使間接選舉總統的現象，是中國歷史上的第一次；2000年政黨第一次輪替，改寫由國民黨一黨長期執政的局勢，為台灣的民主社會帶來巨變與深遠的影響；2008年政黨再度輪替，更讓台灣政治民主化與社會多元化與西方民主先進國家併列，亦為台灣公民社會的發展奠定基礎。

中國大陸，1978年改革開放至今。

　　1978年實施改革開放後，伴隨經濟大幅成長，NGO的發展高潮迭起。

　　改革開放迄今三十年，非營利組織前後呈現出三個高峰。值得一提的是，2000年起，隨著政府改革提出對公共服務的需要、大陸入世後帶動一連串的發展行業協會及農村專業協會、互聯網提供前所未有的民主參與、社會分層和利益集團引發的公眾表達與宣導的需求，凡此種種，都使大陸非營利組織呈現活躍與強勁發展的景象。

香港，二戰後至1997年。

　　香港社會福利機構的兩次發展高峰主要是落在二次世界大戰後至1997年期間，自1997年後回歸中國大陸後，由於政權的移入，此一領域的發展並不明顯。香港是殖民地的社會，由於長期接受英國統治，深受英國的文化影響至深，在兩岸三地中其非營利組織的發展模式也最接近西方，其社會福利機構的發展高峰分別落在二次世界大戰後至七〇年代經濟起飛前，以及中、英為香港前途進行談判至1997年回歸大陸前。因此，本書研究的範圍涵括上述發展高峰及回歸大陸後第三部門的發展現況。

本書研究的限制

　　兩岸三地非營利組織的發展已經相當的活絡，相關研究論文、專書、學術論壇、期刊等等亦非常多，值得一提的是大陸在進入二十一世紀後，學術性方面的文獻可謂呈現鉅量成長，在兩岸三地中可謂大幅超前台灣與香港獨居領先

地位。儘管如此，研究者在蒐集資料過程中，發現目前有
關兩岸三地公民社會發展之比較研究論文、專書或學術性文
章、期刊等相關文獻可謂鳳毛麟角，相當匱乏。台灣大部分
的研究者均側重在財團法人基金會，以及非營利組織與社會
福利、行銷、會計制度、人力資源、募款、經營策略及個案
等領域的探討。凸顯以「人」為集合所組成的社會團體，以
及以「財產」為集合所成立的財團法人在基本立足點上的不
同，讓許多研究者在研究題目上提供了許多的選擇。因此，
在文獻參考上受到許多的限制。

　　中國大陸雖然從1978年實施改革開放，但對民間組織
發展的相關文獻，主要係受文化大革命的影響，讓民間組織
一度停滯發展，甚至呈現倒退現象。因此，改革之初期寥寥
可數，直到1995年世界婦女年會在北京召開，才第一次讓
中國大陸政府與民間驚覺到「NGO」這個在歐美先進國家
已發展相當成熟的領域對國家與社會發展的影響力，大陸學
界才開始注意到這個領域，除積極著手翻譯國外關於非營利
組織與公民社會相關書籍外，也積極發堀其實這些在中國
歷史上已存在幾千年的民間組織的歷史發展，但早期對於相
關的研究文獻有限，直到1998年中國大陸清華大學設立了
「NGO」研究中心，致力於對大陸NGO的發現與調查，對
非營利組織的發展才稍稍有些文獻出來，但在進入二十一世
紀之後，大陸有關非營利組織或公民社會之研究相關文獻卻
呈現爆量的產出。這部分提供研究者在蒐集西方非營利組織
與公民社會相關理論文獻上有所裨益。惟對於大陸官方資料
的取得及對學者訪談的配合度不易。

　　香港深受英國文化的影響很深，但在1997年回歸中國

大陸後，香港的民主與自由風氣，亦受大陸的政治制度的影響而受限制，作者在訪問學者時，學者亦表示97回歸後香港很多方面確實受到影響，作者在訪問香港政府社會福利署相關官員時，亦明顯感受到其回答問題的謹慎與顧忌。

章節導覽

　　章節的安排旨在清楚規劃本書的核心與架構，瞭解本書的思維邏輯，鑒於兩岸三地非營利組織的快速發展因素，均與政府的重大改革開放政策有關，本書除探討兩岸三地非營利組織之現代發展、法規制度及與政府關係外，主要是比較兩岸三地公民社會的現況及其未來可能的發展。本書分五章：

　　第一章：緒論。本章旨在說明本論文之研究動機與研究目的，文獻探討，並對研究途徑與研究方法、研究範圍與研究限制、研究架構與章節安排均在本章中明確地描述。

　　第二章：公民社會的概念、理論、發展、特徵與國家關係。本章主要在介紹公民社會的概念與相關理論，公民社會的發展與特徵，及公民社會與國家關係。以凸顯本論文研究核心，並舖陳第四章剖析兩岸三地公民社會現況與未來發展之論述。

　　第三章：兩岸三地非營利組織發展。本章旨探討非營利組織相關概念、特徵與功能。在傳統上兩岸三地中，台灣與大陸係大致上以「民間組織」這個概念，香港謂「社會福利慈善機構」。有關「NGO」、「NPO」、「第三部門」及「公民社會」等相關概念，皆係由西方社會引入。主要係受二十世紀七〇年代以來，非營利組織在許多國家均扮演著非常重要的角色，且在許多各種不同的領域，皆發揮其一定程

度的影響力與作用。隨著全球化的力量，社會多元化發展的推波助瀾下，非營利組織不啻成為政府及市場外，廣為社會大眾認同而不可忽視的第三勢力。且其活動的領域不再侷限於傳統的社會慈善公益活動，大凡健康照顧、教育、宗教、環保、文化、藝術、企業活動，乃至對人權與和平運動等等，都與非營利組織攸關。[21]這股勢力在進入九〇年代後，已然蔚為全球性風潮，誠為如美國約翰霍普金斯大學教授萊斯特‧薩拉蒙（Lester M. Salamon）指出，世界正在興起「全球結社革命」（Global associational revolution）在全球各個角落，有組織的私人志願活動風起雲湧。[22]引起各國政府的重視，亦引發諸多學者從不同的領域與角度去探討與研究。關於非利組織研究理論發展之學者日益增多，除從政治學、經濟學及社會學領域之外，學者亦陸續從法學、社會心理學、文化與社會人類學、哲學、宗教、歷史、社會行政、企業管理等各門科學中紛紛提出不同的學術觀點來探討非營利組織存在的內涵與意義。顯見非營利組織理論已朝多元化發展。因此，研究者以跨科際方式選擇較重要與新興的理論介紹非營利組織與公民社會，以提供讀者拓展視野。從而探討兩岸三地非營利組織的發展的歷史發展，特徵、法規環境、治理模式、以及非營利組織與政府及市場關係等等。並導出兩岸三地非營利組織在走向公民社會發展過程中的一些重要議題，做為第四章設計與兩岸三地學者與實務專家進行深度訪談之基本結構。

---

21 蕭新煌、官有垣、陸宛頻主編，《非營利部門──組織與運作》（臺北：巨流圖書公司印行，2009年2月），頁14。

22 萊斯特‧薩拉蒙，沃加斯‧索可洛斯基等著，陳一梅等譯，《全球公民社會非營利部門國際指數》（北京：北京大學出版社，2007年1月），頁5。

第四章：兩岸三地公民社會發展之比較。本章可謂係論文之核心所在，亦即係研究者想要探索兩岸三地公民社會發展之環境，藉由研究者設計相關議題親自訪問兩岸三地長期觀察研究兩岸三地公民社會發展的學者與具有豐富的實務經驗的專家進行深度訪談，剖析兩岸三地公民社會的現況與未來發展。

　　第五章：結論。對全文做綜合檢視、歸納與整理，剖析其意義與影響，並提出研究發現與建議，期政府能正視公民社會發展的重要性，為公民社會創造發展環境，使之成為政府和民眾之間的橋樑，安定社會與經濟發展的力量，以及提供後續有志研究者之參考。

Chapter 2
公民社會

社會先於國家。
——John Locke（約翰‧洛克，英國大哲學家）

觀念可以改變歷史的軌跡。
參與社團可以改變人的一生。
——John Maynard Keynes
（約翰‧梅納德‧凱因斯，英國經濟學家）

概念

　　從歷史起源來說，原始社會並沒有國家，當然也沒有相對於國家的民間和公民社會，只有作為自然人生活其中的部落社會或氏族社會。[1]

　　在西方公民社會概念，最早可溯自古希臘哲人亞里斯多德時代，在亞里斯多德的語意中指的是城邦國家或政治共體。亞里斯多德認為，城邦是一個公民群體，公民是城邦的主體，城邦的含義是為了維持自給生活而具有足夠人數的一個公民集團。一個人是否是該城邦的公民，並非以他的住所來認定，而是以他所享有的權利來認定。換言之，凡有權參加議事和審判職能的人，即可謂其是該城邦的公民。[2]公民社會的英文（Civil Society）源自拉丁文「Civilis Societas」原是古代羅馬法術中的一個術語，其含意在公元一世紀由西塞羅提出，意指當時已經發展起來的區別於部落和鄉村的文明共同體。它不僅指單個國家，而且係指業已發達到出現城市的文明政治共同體的生活狀況，有自己的法典、一定程度的禮儀和都市特性，它包含國家、擁有法律體系並實施法治的政治共同體及有一定都市特性和商業文化的文明社會。[3]公民社會常被譯為「市民社會」、「公民社

---

[1]　郭道暉著，《社會權力與公民社會》（南京：譯林出版社，2009年12月），頁364。

[2]　伍俊斌著，《公民社會基礎理論研究》（北京：人民出版社，2010年8月），頁22。

[3]　黃建榮等著，《公共管理新論》（北京：社會科學文獻出版社，2005年5月），頁189。

會」、「文明社會」、「民間社會」等[4]，意指相對獨立於
政治國家、有一定自主性或自治權的社會共同體。[5]西塞羅
是同時將上述意思使用這一概念理論家中最典型的代表。[6]

　　西方公民社會可溯自古希臘時代即存在，依其歷史發展
時期與背景，可區分為三種含義，即公民社會的古典含義、
公民社會的現代含義及公民社會的當代含義。十八世紀以
前，公民社會是古典意義上的概念，強調文明社會與原始
野蠻社會的區分。代表人物有：亞里斯多德、西塞羅等；
經中世紀至近代，稱為近代契約論，指公民社會是人們擺
脫自然狀態，訂立社會契約，建立國家後所進入的政治社
會狀態。代表人物有：洛克、盧梭、霍布斯、康德等思想
家。十八世紀初至二十世紀九〇年代，公民社會是現代意
義上的概念，主張現代公民社會理論是政治國家與公民社會
二分法。代表人物有：亞當‧弗格森、托馬斯‧潘思、黑格
爾、馬克思、托克維爾等思想家。二十世紀九〇年代後，公
民社會是當代意義上的概念，主要是建立在政治社會、經濟
社會、公民社會的三元基礎，強調公民社會的社會整合功能
和文化傳播與再生產功能。代表人物有：安東尼奧‧葛蘭
西、哈伯馬斯、柯亨、阿拉托、戈登‧懷特及約翰‧基恩等
思想家。[7]

---

[4] 何增科著，《公民社會與民主治理》（北京：中央編譯出版社，2007年11月），頁3。

[5] 郭道暉著，《社會權力與公民社會》（南京：譯林出版社，2009年12月），頁364。

[6] 何增科著，《公民社會與民主治理》（北京：中央編譯出版社，2007年11月），頁4。

[7] 何增科著，《公民社會與民主治理》（北京：中央編譯出版社，2007年11月），頁3-5。

公民社會組織所涵蓋的範圍比非營利組織要廣泛。英國大思想家約翰・洛克（John Locke）在其政府論次講中第一次將公民社會作為邏輯推演中的一個分析概念來使用，提出了「市民社會先於或外於國家」的理論架構。[8]洛克認為，人類最初生活的社會（指自然狀態）乃是一種完美無缺的自由狀態，人是理性的，他們與生具有生命、自由和財產的三大權利，為了約束所有的人不侵犯他人的權利，每個人都有權懲罰違反自然法的人。[9]洛克指出，不論在任何地方，只要是由人組成的社會，並且把自然法賦予自己的執行權交給政府。只有在那裡才會形成一個政治社會或是公民社會。[10]黑格爾則提出「國家高於公民社會」的學理架構，他認為公民社會乃是個人私利慾望驅動的非理性力量所致的狀態，是一個機械的必然性所支配的王國。其基本內容是第一公民社會與國家的關係是一種相別又相依的關係。「公民社會依靠從國家得到睿智的領導和道德的旨意，而國家也仰賴公民社會得到實現它所體現的道德宗旨所需的手段」。第二公民社會與國家相互依存。第三由於公民社會是由非道德的因果規律所支配，它以倫理層面上的表現為一種不自足的地位。為此默格提出國家干預公民社會為正當的兩個條件：一是當公民社會出現非正義或不平等現象時，國家即可透過干預予以救濟；二是為保護和促進國家自己界定的人民普遍利

---

[8] 黃建榮等著，《公共管理新論》（北京：社會科學文獻出版社，2005年5月），頁190。

[9] 鄧正來著，《國家與社會──中國市民社會研究》（北京：北京大學出版社，2008年1月），頁35。

[10] 約翰・洛克著，葉啟芳、瞿菊農等譯，《政府論次講》（臺北：唐山出版社，民國75年7月），頁53。

益，國家亦可以直接干預公民社會的事務。[11]黑格爾是第一個將公民社會作為政治社會相對概念進而與國家做出學理區分的思想家，他認為「公民社會」是處於家庭與國家之間的地帶，它不再只是野蠻或不安全的自然狀態相對概念，是同時與自然社會（家庭）和政治社會（國家）相對的概念。[12]他在《法哲學原理》一書中談到，公民社會是歷史過程的產物，是現代世界的產物。[13]黑格爾是最早提出現代公民社會概念理論觀點的學者。[14]馬克思肯定黑格爾市民社會與政治國家的分界，他認為市民社會與政治國家都是階級社會的產物，以階級對立為前提，當舊的生產關係被消滅、階級對立被消滅，階級本身存在的條件被消滅時，私人利益與公共利益的對立將不復存在，市民社會與政治國家將同時滅亡。[15]安東尼奧‧葛蘭西是西方馬克思早期的主要代表人物，他提出國家概念的著名公式：國家等於政治社會加市民社會。市民社會通常被稱為「民間的」，即不屬於政治社會的各種社會組織，有別於政治社會的傳統意義上的政治機器。[16]托克維爾對公民社會的闡釋是從兩個層面解讀，一是公民社會是自主性。社會中介團體、地方自治組織的廣泛存在可以有效

---

[11] 鄧正來著，《國家與社會——中國市民社會研究》（北京：北京大學出版社，2008年1月），頁40-41。

[12] 鄧正來著，《國家與社會——中國市民社會研究》（北京：北京大學出版社，2008年1月），頁30-31。

[13] 黃建榮等著，《公共管理新論》（北京：社會科學文獻出版社，2005年5月），頁189-190。

[14] 馬慶鈺主編，《非政府組織管理教程》（北京：中共中央黨校出版社，2006年6月），頁3。

[15] 伍俊斌著，《公民社會基礎理論研究》（北京：人民出版社，2010年8月），頁116-117。

[16] 伍俊斌著，《公民社會基礎理論研究》（北京：人民出版社，2010年8月），頁119-120。

的實現個人的努力和社會力量結合，常會完成最強權和最強大政府的行政當局所完不成的工作。二是公民社會是多元社會。托氏強調多元社會對實現民主和自由的重要性。他是最早意識到民主體制與多元社會具有親和力的思想家之一。[17]哈伯馬斯對黑格爾的公民社會進行分析，分為狹義的公民社會，即經濟領域和公共領域兩個領域，他強調所謂的公共領域是從私人領域裡劃分出來的，而非公共權力領域，是私人領域和公共領域的中間域。他把公共領域界定為一個私人集合而成的公眾的領域；但私人隨即要求這一受上層控制的公共領域反對公共權力機關自身，以便就基本上已屬於私人，但仍具有公共性質的商品交換和社會勞動領域中的一段交換規則等問題同公權力機關展開討論。[18]英國哲學家柯亨（J.L.Cohen）和阿拉托（A.Arato）也提出公民社會理論從公域和私域復加提出一種四元分析架構，即國家與社會、公域與私域之間存在的關係。提出四元分析模式還有托馬斯‧雅諾斯基，他將公民社會劃分為四個相互作用的組成部分，即國家領域、私人領域、市場領域與公眾領域。[19]為三元和四元分析模式奠定了理論基礎。第三部門理論的出現標榜著公民社會理論三元和四元分析模式的興起。美國約翰‧霍布金斯大學教授萊斯特‧薩拉蒙將社會結構分為政府部門、企業部門及非營利部門。[20]

---

[17] 托克維爾著，董果良譯《論美國的民主》（北京：商務印書館，1988年2月），頁287。

[18] 哈伯馬斯著，曹衛東、王曉珏、劉北城、宋偉杰合譯《公共領域的結構轉型》（臺北：聯經出版事業股份有限公司，2005年12月），頁35。

[19] 托馬斯‧雅諾斯基著，柯雄譯，《公民與文明社會》（遼寧：遼寧教育出版社，2002年2月），頁16。

[20] 唐娟著，《政府治理論》（北京：中國社會科學出版社，2006年3月），頁

聯合國開發計劃署將公民社會定義為：公民社會是建立在民主社會的過程中同國家、市場一起構成的相互關聯的三個領域之一。[21]

西方學者麥克爾‧愛德華茲（2004）在其公民社會一書中有系統討論學者們關於公民社會的各種觀點和分歧，他稱之為「公民社會之辯」。據他的分析，有關公民社會的主要觀點大致可分為三種模式，一為公民社會分析模式，強調公民社會是整體社會中的一個部門；二為公民社會的應然模式，強調公民社會是一種理想的社會形態；三為公民社會「公共領域」模式，強調公民社會是體現公民意識的公眾協商與理性對話的社會機制或平臺。[22]愛德華茲這一主張是將公民社會注入另一種新的詮釋與思考層次。

大陸學者王名（2008：9）認為公民社會是由民間組織的充分發展所帶來的社會狀態。他指出，在一個社會中，各種形式的民間組織都能得到較為充實的發展，它作為公民自發和自主的結社形式能較為容易地獲得支持，作為公民及群體的社會表達形式能多渠道地進行溝通、對話、協商與博奕，作為公民參與社會公共事務的組織制度形式能在公平競爭的條件下得到來自公共部門的資源；公民及其群體民間組織的存在而增加社會資本，企業等營利組織因民間組織的存在而富有社會責任，黨和政府等公共部門民間組織的存在而更民主、高效和擁有更高的問責能力，整個社會因民間組織

79-80。

[21] 羅中樞、王卓著，《公民社會與農村社區治理》（北京：社會科學文獻出版社，2010年7月），頁11。
[22] 王名主編，《中國民間組織30年——走向公民社會》（北京：社會科學文獻出版社，2008年10月），頁8。

的存在而富有和諧性、包容性、多樣性和承受力。[23]

　　大陸學者俞可平（2008：84）認為公民社會是國家或政府系統，市場或企業系統以外的所有民間組織或民間關係的總和。它是官方政治領域和市場經濟領域之外的民間公共領域。它既不屬於政府部門，也不屬於市場系統，而是介於政府與市場之間的第三部門。[24]

　　大陸學者鄧正來（2008：6-7）根據中國歷史的背景和環境的現實，認為，中國的市民社會係指社會成員按照契約性規則，以自願為前提和以自治為基礎進行經濟活動、社會活動的私域，以及進行議政參政活動的非官方公域。[25]

　　大陸學者何增科（2007：1）認為公民社會指的是公民們在官方政治領域和市場經濟領域之外自願結社、自由討論公共問題和自主從事社會活動而自發形成的民間公共領域。公民社會的主體是公民和他們所結成的公民社會組織或民間組織。作為一個法律概念，公民通常是指具有一國國籍，根據該國憲法享有權利和承擔義務的人。作為一個政治概念，公民是指有權利參加國家政治的政治人。[26]

　　香港學者王紹光（2009：112-113）認為公民社會的英文是（Civil Society）它並不是一個新的概念，霍布斯、盧梭、洛克、黑格爾、馬克斯、托克維爾、葛蘭西等都曾用過

---

[23] 王名主編，《中國民間組織30年——走向公民社會》（北京：社會科學文獻出版社，2008年10月），頁9。

[24] 俞可平著，《思想解放與政治進步》（北京：社會科學文獻出版社，2008年8月），頁84。

[25] 鄧正來著，《國家與社會——中國市民社會研究》（北京：北京大學出版社，2008年1月），頁6-7。

[26] 何增科著，《公民社會與民主治理》（北京：中央編譯出版社，2007年11月），頁1。

這個概念，但理解不同，他認為公民社會既不是家庭、也不是國家，更不是市場，而是介於家庭、國家與市場之間的一個空間。其中有一部分是「非政府組織」，有一部分是「非營利組織」包括環保團體、人權團體及社會服務組織、草根組織等，這些正式和非正式的組織在家庭、國家、市場以外佔據的空間謂之「公民社會」。[27]這是四元結構的觀點。

　　香港學者陳健民（2010：13）認為，公民社會是傳統向現代社會發展中「功能分化」的結果。他說傳統家族組織的功能慢慢被其它新興社會組織取代，現代公民的多重身份角色和參與眾多的社團，帶來一種社團會籍重疊效應，令個體不受單一組織宰制，除了個體主義提供了社會基礎外，也讓人們在不同組織中的汲取不同的觀點或「參考架構」，而變得更開放，最後有助理性溝通。[28]

　　當代西方自由主義的權威的學者希爾斯曾經對公民社會也下過定義，他認為，一個公民社會就是成員相互之間的行為體現公民精神的社會。[29]他把公民精神作為公民社會的定性要素來看待。認為不是由於有了結社自由的法律就有了公民社會，也不是由於有多少團體就有公民社會，他強調決定社會的性質的是個人、社團、國家相互間處理另一方的關係的特定價值，也就是公民精神。公民精神是社會集體自我意識，是公民社會運轉的主宰。[30]

---

[27] 王紹光著，《民主四講》（北京：三聯書店，2009年6月），頁112-113。
[28] 陳健民著，《走向公民社會》（香港：上書局，2010年6月），頁13。
[29] Shils, Edward,1997, The Virtue of Civility; Seleeted Essays on Liberalism,Tradition,and Civil Society, edited by Steven Grosby, Indianapolis; Liberty Fund, p.322.
[30] Ibid.,pp.338-339.

對於公民社會的定義學者意見不一，政治學意義的公民社會概念強調「公民性」，即公民社會係由保護公民權利與政治參與的民間組織；社會學意義的公民社會概念強調的是「中間性」，即公民社會係介於國家與企業間的民間組織。但自九〇年代以來，以三分法為基礎的公民社會定義逐漸被大多數學者所接受，其中戈登・懷特（Gordon White）的定義頗具代表性，他指出：「從公民社會這一術語的多數用法觀之，其主要思想是，公民社會是處於國家和家庭之間的大眾組織，它獨立於國家，享有對於國家的自主性，它由眾多旨在保護和促進自身利益或價值的社會成員自願結合而成。」[31]

理論

在西方思想史上，公民社會的概念曾經歷了多個階段的歷史演變。二十世紀七〇年代，公民社會概念因為民主思想與多元主義的影響，使得公民社會理論再度成為學術研究上的一個熱門課題，並在全球政治與公共領域中，形成一股不可忽視的力量。[32]何增科分析認為，公民社會理論主要是致力於公民社會結構性特徵和文化特徵，以及公民社會與國家之間的關係。

公民社會理論是西方政治學與社會學理中的一個重要內容，黑格爾在《法哲學原理》一書中即有對市民社會概念詳盡的論述。他認為倫理的發展即自由理念的實現又依次歷

---

[31] 俞可平等編，《中國公民社會的興起及其對治理的意義》（北京：社會科學文獻出版社，2002年11月），頁189。

[32] 王振軒著，《非政府組織的議題、發展與能力建構》（臺北：鼎茂圖書出版，2006年7月），頁31。

經三個環節：家庭、市民社會與國家，是一個由個別、特殊到普遍所構成的正、反、合的過程。[33]他指出市民社會既不同於家庭，又不同於國家，是市場得以運作及其成員得以保護所必需的制度和機構。是以自然社會與政治社會相對應的概念。黑格爾的論述奠定了市民社會概念的前馬克思主義的基礎，並成為馬克思思想的一部分。他認為市民社會的理論具有四個特徵。第一是現代市民社會是經濟社會中私人活動領域，其中物質交往關係或經濟交往關係領域具有決定性作用。第二精闢分析了市民社會與政治國家相互分離的政治意義。第三論證了市民社會與政治國家的實質統一性。第四市民社會概念具有多重含義，但它主要是一個現代分析範疇，即與政治國家相對應的市場經濟條件下的私人生活領域與社會組織。[34]在馬克思看來，隨著社會利益分化為私人利益與公共利益兩大體系，整個社會就分裂為市民社會與政治社會兩個領域。前者是特殊私人利益關係的總和，後者是普遍公共利益關係的總和。義大利著名的理論家安東尼奧·葛蘭西是西方馬克思主義早期主要代表人物。他認為市民社會不屬於經濟基礎領域，而屬於上層建築領域、國家領域，主要是資本主義國家已經有了整體的意義，它實際上由兩個部分構成，其一是政治社會，其二是市民社會。[35]他提出了國家概念是包括國家、政治社會與市民社會。[36]哈伯馬斯將公民社

[33] 黑格爾著，范揚、張企泰譯《法哲學原理》（北京：商務印書館，1961年），頁175。

[34] 伍俊斌著，《公民社會基礎理論研究》（北京：人民出版社，2010年8月），頁102-107。

[35] 伍俊斌著，《公民社會基礎理論研究》（北京：人民出版社，2010年8月），頁119-120。

[36] 安東尼奧·葛蘭西著，葆煦譯，《獄中札記》（北京：人民出版社，1983），

會理論往前推進一大步，認為公民社會是獨立於國家的私人領域和公共領域。私人領域是以市場為核心的經濟領域，公共領域是以社會文化生活為領域。哈伯馬斯特別強調公共領域的價值。[37]

　　公民社會的核心意涵在於強調社會對國家權力和市場獨占的制衡。在此意義上，公民社會的發展與民主程度關係密切。戴維・赫爾德在其《民主的模式》一書中提到：民主的發展是一種兩面的現象，一方面是國家權力的改革，一方面涉及公民社會的重構。只有認識「雙重民主化」過程的必要性，即國家與公民社會在相互依存中轉化，自主性原則才能實現。雙重民主化過程有兩個前提：一是承認劃分國家與公民社會的原則，這是民主生活的根本特徵；二是承認決策權必須擺脫私人占有資本所強加的不平等和約束。[38]當公民擁有作為公民而積極行動的實際權力。易言之，當公民享有一系列允許他們要求民主參與並把民主參與視為權利的時候，民主才是名符其實的民主。國家與公民社會的民主化發展必須互為條件。

　　香港大學陳弘毅教授研究分析，當代公民社會理論大約可以分為下列七種：

(1)歷史社會學的公民社會理論

　　以英國人類學家蓋爾涅（Ernest Gellner）為代表，蓋

頁222。

[37] 張勤著，《中國公民社會組織發展研究》（北京：人民出版社，2008年12月），頁2-3。

[38] 戴維・赫爾德著，李少軍、尚新建譯，《民主的模式》（臺北：桂冠圖書股份有限公司，2002年2月），頁337-338。

氏以反思的方式對公民社會的特徵、歷史背景到它與其它組織社會模式的差別，進行宏觀的比較歷史分析。他反對將豐富的公民社會意涵單純地與國家機器相對，而忽略了其它宰制關係，例如血緣、宗教、地區性的社群對成員的控制，蓋氏認為公民社會的精髓，是個人有自由去決定自己人生的未來，免除在專制獨裁權力下的恐懼中生活。公民社會是建構在一種多元的社會，沒有人可以阻止人們自由參加或退出社會團體。在西方社會公民社會、市場和政治相互獨立，不相隸屬。

(2)社群主義的公民社會理論

以英國學者泰勒（Charles Taylor）與美國學者瓦爾澤（Michael Walzer）為代表，泰氏強調公民社會與國家的區分，認為公民社會是否存在的標準有三：一是社會中存在著不受國家權力支配的民間社團自由活動的空間；二是整個社會可藉由民間團體自我組織、自我協調；三是民間團體能影響和參與決定國家的政策。他認為公民社會並非一種外在於政治權力的領域，而是深深穿透這種權力的一種力量，使權力處於分立與分散的狀態。瓦氏則進一步指出，個人同時是國家與其它團體的成員，但因為國家能挑戰公民社會中不平等的權力關係，因此公民身分相對於人作為其它團體的成員，具有優越性，是以公民社會有責培養出關心公共事務的公民。

(3)民主主義的公民社會理論

以英國著名的左翼學者柯恩（John Keane）為代表，他

認為民主是一種獨特的政治運作模式，在民主體制中，公民社會與國家一樣是必須的，公民社會的存在是民主化的必備要素，公民社會的核心特徵是多元主義、平等的多樣性和對於差異性的寬容，在民主社會中國家的權力是受公民社會監督的，政治權力應被多元地分享，民主化不意味者民主國家的權力無遠弗屆，乃至於凌駕於公民社會的領域，而公民社會中人民的自發參與以及自治關係，不表示公民社會可以取代民主國家的功能。他強調公民社會的存在與發展，有賴於若干程序上、法制上的保障。公民社會的存在是民主的必要條件，一方面它形塑民主政治，另一方面它監察著民主國家。

(4)以公共領域為核心的公民社會理論

以德國當代著名理論家哈伯瑪斯（Jürgen Hambermas）為代表，其早期著作《公共領域的結構變遷》對公民社會思想有巨大的影響。他認為公民社會是與國家相對的私人自主的領域；私人領域是從公共權力中解放形成的，市場經濟即為它的基礎。哈氏標舉「公共領域」來解決其著名的兩界說中「體系界」對「生活界」的殖民，公共領域是一個溝通架構，透過公民社會的網絡植根於生活世界，公民社會的核心架構包括非政府組織和非營利組織的聯繫和志願團體。公民社會其中一個重要的功能就是將私人領域中遇到的實際問題過濾與轉介至公共領域，成為公眾議題。把一些原被認為私人生活中的問題，帶進公共領域，引起公眾的關注以至政府的回應。

(5)保守主義色彩的公民社會理論

以美國社會學家席爾思（Edward Shils 1910-1995）

為代表，徐氏的洞見在於指出公民社會的首要特徵在於公民性（civility）的具備。這種公民性的核心就是公民集體自我意識（civil collective self-consciousness），從而促進了成員對社群的認同，成員彼此相互尊重守禮，重視社群的共同利益或整體利益，而願意妥協，他們能處理、克服、乃至超越了公民社會因為多元性所產生的共同利益衝突與矛盾，使社會秩序得到維持。

(6)文化社會學的公民社會理論

以美國著名社會學家亞力山大（Jeffrey Alexander）為代表，他以文化社會學的角度切入公民社會的討論，將公民社會獨立於國家以外的各種機構和組織，如市場、家庭、宗教、社團和其它社會合作關係、民意法定權利、政黨等等；亞氏指出公民社會作為一個團結的領域（solidarity sphere），強調公民社會是民族群體的「我群性」（we-ness）。而公民社會一方面承認個人化，另一方面又需要形成集體認同和及集體意識，這就是公民社會的公民團結的個人和集體向度之間的張力，也是公民社會的弔詭。

(7)全球性公民社會理論

以美國國際法學者法爾克（Richard Falk）為代表，法氏認為全球化的力量有兩種，一種是全球性的市場力量，他稱為「從上而下的全球化」（globalization-from-above）；一種是對全球化提出異議的社會運動（social activism）他稱為「從下而上的全球化」而全球性公民社會即是這兩種全球化力量的表現法。法氏定義為「一個行動與思想的領域，

由個別的與集體的公民行動組成，以志願與非營利性質的
組織，在不同國家與跨國層面上進行」各式個樣的非政府組
織和社會運動，如民主運動、人權運動、環保運動、女權運
動、和平運動和其它反對經濟全球化所造成的惡果。[39]

發展

　　第三波民主化浪潮為全球公民社會的發展創造有利的
政治和法律環境。[40]二十世紀七〇年代以來，公民社會一直
被學者用來批判現實社會，並在八〇年代早期的東歐運動中
處於突出地位，特別是「東歐劇變」和「蘇聯解體」，成為
西方和東歐與前蘇聯學術界的熱門話題。[41]隨後，在西方社
會，民主社會主義所倡導和奉行的凱恩斯主義國家干預政策
失靈，福利國家模式也身陷危機中，民眾的政治冷漠情緒日
益增長。在西方各種新社會運動的興起，在東歐團結工會等
非官方力量的崛起。1989年蘇聯東歐劇變前後，不少理論
家開始用公民社會理論分析「蘇東劇變」原因，並得出公民
社會在這些國家向民主過渡中發揮了關鍵性作用的結論。八
〇年代後期，民主化和公民社會再度成為一股世界性潮流，
從而由西方和蘇聯與東歐學術界向第三世界國家學術界擴
散。分析其原因有：

---

[39] 陳弘毅，〈市民社會的理念與中國的未來〉，「公民與國家」學術研討會。
臺北：中央研究院中山人文社會科學研究所，民國90年11月，頁14-34。

[40] 李惠斌主編，《全球化與公民社會》（廣西：廣西師範大學出版社，2003年
4月），頁128。

[41] 唐晉主編，《大國策——公民社會》（北京：人民日報出版社，2009年6
月），頁33。

一、西方民主政治畸變，凱恩斯主義失靈，福利國家危機，促成學者的理論反思。

二、史達林模式社會主義受批判及隨後進行的改革努力刺激學者進行理論反思。

三、第三世界國家由權威主義政權推行發展主義政策的發展模式除個別成功的例子外均陷入困境，促使學者對如何監督和制約高度自主國家的問題加以思索。

四、西方國家新興社會運動及蘇聯、東歐和廣大第三世界國家爭取民主社會運動的興起，使不少理論家看到公民社會建構的希望。

五、市場化和民主化成為一種世界性潮流，公民社會理論敏銳的把握這股潮流從而得以再度流行。[42]

麥克爾・愛德華茲（Michael Edwards）認為，公民社會概念歷史悠久，但得以站上國際舞臺中心位置，則是二十世紀八〇年代後，主要是受到蘇聯和東歐共產主義倒臺及隨後的民主開放，脫離過去的經濟模式，在越來越不安全的世界裡人們渴望團結，以及國際舞臺上非政府組織的迅速發展。[43]典型的例子即是波蘭團結工會運動。是以，1989年東歐劇變之後被稱為「公民社會新生」的時期。[44]公民社會的概念從東歐和中歐散播到南美洲、亞洲、非洲等發展中國家，成為它們對付專制獨裁政權的民主運動的思想資源。即

---

[42] 何增科著，《公民社會與民主治理》（北京：中央編譯出版社，2007年11月），頁47-54。

[43] 麥克爾・愛德華茲，陳一梅譯，〈公民社會〉，《中國非營利評論》，第二卷，2008年7月，頁113。

[44] 萊斯特・薩拉蒙Lester M.Salamon等著，賈西津、魏玉等譯，《全球公民社會非營利部門視界》，（北京：社會科學文獻出版社，2007年12月），頁29。

便在西方國家，公民社會的概念也廣受討論與運用，右派學者批評福利國家的「大政府」主義，主張市場化、私有化和恢復公民社會的活力；左派學者則以公民社會來理解和指導新的社會運動，如黑人民權運動、女權運動、環保運動、反全球化運動等。[45]其具有捍衛和保護、調停、社會化、整合和傳播等不同功能。公民社會逐一保障天然權利、公民權利和政治權利，是作為民主支柱而建立，捨此無論是人、公民還是資產階級都無以立足。[46]

特徵

公民社會最重要的特徵是它相對於國家的獨立性和自主權。唯有如此，公民社會的結構特徵和文化特徵才得以維持。[47]

根據美國約翰霍普金斯大學萊斯特・薩拉蒙與沃加斯・索可洛斯基等人從全球各地區研究調查發現，公民社會係存在於一個國家與社會中的一群實體，它們有普遍的共同特徵包括：

一、組織性，即正式或非正式的組織或結構式關係的一定人群。

二、私人的，這些機構都在制度上與國家相分離。

---

[45] 陳弘毅，〈市民社會的理念與中國的未來〉，「公民與國家」學術研討會。臺北：中央研究院中山人文社會科學研究所，民國90年11月，頁14-15。

[46] 弗朗索瓦・巴富瓦爾著，陸象淦、王淑英譯，《從休克到重建——東歐的社會轉型與全球化》（北京：社會科學文獻出版社，2010年3月），頁255。

[47] 何增科著，《公民社會與民主治理》（北京：中央編譯出版社，2007年11月），頁87。

三、沒有利潤分配，這些機構都不向經營者或所有者提
　　供利潤。

四、自行管治，組織基本上是獨立處理各自的事務。

五、志願的構成和靠自願支持的，機構的成員不是法律
　　要求而組成的，機構接受一定程度的時間和資金的
　　自願捐獻。

　　此定義包含各種合法組成的組織和非正式的群體、社交
俱樂部、專業協會、人類基本服務機構、社區組織、服務提
供者和各式可想像到的倡導群體等。把焦點放在組織上使定
義更具體，同時又能把組織的定義所包括千姿百態的各種實
體容納進來。[48]

　　另外，西方學者提出公民社會最重要的特徵是它相對於國
家的獨立和自主權。公民社會的結構要素及其特徵有四個：

一、個人私域。主要是指個人的家庭生活等私人生活領
　　域，這個領域構成公民個人自我發展和道德選擇的
　　領域。公民在這一領域應享有充分的私密權，公共
　　權力不應侵入個人領域，不得侵犯隱私權。

二、志願性社團。這種志願性社團並不建立在血緣或地
　　緣聯繫基礎上，成員的加入或退出是完全自願的和
　　自由的，沒有絲毫的強迫，並且不以營利為目的。
　　它是團體成員基於共同利益或信仰而自願結成的
　　社團，是一種非政府的，非營利的社團組織，主
　　要是從事社會公益活動或促進成員利益的互助互益

---

[48] 萊斯特・薩拉蒙，沃加斯・索可洛斯基等著，陳一梅等譯，《全球公民社會
——非營利部門國際指數》（北京：北京大學出版社，2007年1月），頁74-
101。

0
6
5

活動。

三、民間公共領域。當代關於公共領域的大思想家主要
　　是以哈伯馬斯為代表。他認為公共領域是介於私人
　　領域和公共權威之間的一個領域，是一種民間性的
　　公共領域。它是各種公眾聚會場所和民間輿論交流
　　平臺的總稱，公眾在這一領域對公共權威、公共政
　　策和其它共同關心的公共問題作出自己的評判。哈
　　伯瑪斯用全新的的意義劃分公共領域和私人領域，
　　並討論它們之間的相互關聯。[49]

四、社會運動。所謂社會運動係指有許多個體參加、高
　　度組織化、尋求或反對特定社會變革的體制外政治
　　行為。[50]它是公民們為了解決特定的社會問題而集
　　合起來主動發起的社會政治活動，如「環境保護運
　　動」、「和平和核裁軍運動」、「禁止地雷運動」
　　等，這種社會運動具有倡導特定政治議題推動社
　　會政治改造的重要作用，是公民首開精神的重要體
　　現。[51]英國社會學家安東尼‧紀登斯認為：社會運
　　動常常是就某一個公共議題推動變遷，法律或政策
　　常常因為社會運動的行動結果而發生改變，這些
　　變化可能產生深遠的結果，社會運動是集體運動
　　最強而有力的形式，若持之以恒，可能會產生巨大

---

[49]　王振軒著，《非政府組織的議題、發展與能力建構》（臺北：鼎茂圖書出
　　　版，2006年7月），頁40。

[50]　趙鼎新著，《社會運動與革命──理論更新和中國經驗》（臺北：巨流圖書
　　　公司印行，2007年12月），頁3。

[51]　何增科著，《公民社會與民主治理》（北京：中央編譯出版社，2007年11
　　　月），頁86。

的效果。[52]

公民社會也是一種全球性的活動模式，學者法爾克所言，公民社會是由全球化效應的影響，走向全球性舞臺，它是一個「由下而上」的社會運動的過程，第三系統（非國家、非市場）力量的表現，是一種民間全球行動與思想的領域；由個別的與集體的公民行動組成，以志願與非營利性質的組織，在不同的國家與跨國層面上進行反對全球惡化的全球性共同行動。[53]

約翰·基恩（John Keane）認為全球公民社會具有五個特徵：首先，全球公民社會是非政府的組織和活動。包括個人，家庭、追求利潤的企業、非營利的非政府機構、聯盟、社會運動、語言共同體和文化認同；其次，全球公民社會不僅僅是以非政府的現象和說法，即定認它是社會一種形式。它有標誌性的生活，有自己的動力和力量；第三，對他人尊敬，友好與接受，不問是否是認識的人。它自各自塑造禮貌的人，是一種由各自互相重疊的非暴力友好規則所形成的空間。這些規則包括間接含蓄、自我克制和尊重等；第四，對於生活在其組織中的人們而言，它包括各種不同的事物。既帶有強烈的多元主義色彩，也有強烈的衝突潛力。第五，全球公民社會是全球性的。它跨越國家界限和其他政府形式，在全球內不斷的擴張，既不是帝國的新形式，也沒有包括整個地球，但它是一種無邊際的社會。約翰·基恩為全球公民社作了另類的定義，認為全球公民社會是一個具有政

---

[52] 安東尼·紀登斯著，李康譯，《社會學》（北京：北京大學出版社，2009年4月），頁715-717。

[53] 王振軒著，《非政府組織的議題、發展與能力建構》（臺北：鼎茂圖書出版，2006年7月），頁40。

治遠景，是形塑暴力更少的世界，是許多相互混合的文明組成，各種事物皆建立在合法權利的分享上。[54]

公民社會與國家關係

公民社會在1980年及1990年代廣受學者們的青睞，經常被用來解釋中國大陸國家與社會關係，也是被視為是對中國現代化道路和與之相關理論爭論進行嚴肅反省的理論成果。[55]

大陸學者王名（2007）指出，從國家社會關係的角色觀察中國大陸的「ＮＧＯ」發展的獨特性，並從中找出關於中國公民社會發展的答案，是國內外許多學者在關注中國大陸「ＮＧＯ」問題時形成的共同傾向性探索。孫炳耀（1994）與康曉光（1999a，1999b）分別提出了中國社團「官民二重性」與「雙重性」的命題，並探索從國家與社會關係角度解釋社團的發生及其發展動力。高丙中（2000）從「社會合法性」、「行政合法性」、「政治合法性」等不同層面分析了中國社團與現行法律不一致情況下正常存在的理由及其制度背景。賈西津（2003）則從國家社會關係的角度提出了中國公民社會發展的「自上而下型」、「自下而上型」及「合作型」的三條路徑。並在2007年夏季刊的《中國社會科學》（英文版）發表了一組學者們研究中國

---

[54] 約翰・基恩（John Keane）著，李勇剛譯，《全球公民社會》（北京：中國人大學出版社，2012年3月），頁11-22。

[55] 戴東清著，《中國大陸國家與社會關係1989-2002以鑲嵌之社會團體自主性為例》（臺北：秀威資訊科技股份有限公司，2006年7月），頁10。

NGO所關注的問題的主要觀點的專題論文。[56]

公民社會與國家關係是公民理論研究的一項重要內容。公民理論家提出公民社會與國家關係的模式概括有五種：

(1) 公民社會制衡國家

現代自由主義認為國家是「必要的邪惡」國家之所以必要是因為公民社會需要國家調停其內部利益衝突，保護其安全及完成公民社會所無力承擔的公益事業。洛克及托克維爾等近代公民社會理論們認為不受約制的國家權力，不斷擴張的國家干預對人類自由和權利構成了持久性威脅。因此主張維護公民和政治國家的分離，依靠一個活躍的，強力的公民社會來制衡國家權利，同時擴大公民社會自治範圍，縮小國家活動範圍。

(2) 公民社會對抗國家

托馬斯‧潘恩認為公民社會和國家是一種此長彼消的關係。公民社會愈完善，對國家需求就愈小。理想的國家是最低限度的國家。潘恩認為，反抗那些隨意剝奪公民自由和權利的非憲政國家是正當的、合法的行為。美國學者阿托拉也將波蘭的社會運動描述為「公民社會反抗國家」的興起。

(3) 公民社會與國家共生共強

美國學者邁克爾‧伯恩哈德認為，民主體制下唯一良好的權力配置就是強國家和強公民社會的共存。在此種實力格

---

[56] 王名，〈中國NGO的發展現狀及其政策分析〉，《第三部門學刊》，第8期，2007年9月，頁5。

局下，國家有能力有效工作，公民社會也有足夠強大以防止國家過分自主而不對社會的要求作出反應。雙方中任何一方對力量過弱或很弱，都會產生嚴重問題。[57]

(4) 公民社會參與國家

西方公民社會參與國家的模式有兩類：一類是多元化主義模式，美國是其代表，公民社會中的各種利益集團享有平等地參與政治事務的權利；另一類模式是法團主義的模式，以瑞典為代表，國家認可某些大的社團組織的行業或職業利益的代表權並為它們提供制度化的參與渠道，其它利益集團被排除在政治過程之外。但這兩種模式個有優劣，公民社會論者意見分歧。

(5) 公民社會與國家合作互補

在提供公共產品和對集體需要作出反應方面，公民社會和國家可以相互補充。萊斯特·薩拉蒙（L.Salamon）亦認為，只有在公民社會、國家以及商業領域之間建立起相互支持、高度合作的夥伴關係，它們才能得到共同的發展，民主和經濟增長才有望實現。[58]

本章從公民社會的理論、發展、特徵及與政府關係析論，嚴格說來，公民社會其實已存在這個世界兩千多年，甚至可能更久，只是長久以來它的發展並不明顯，主要係受制於封建社會的壓抑，以至無法凸顯其對國家與社會的功能與

---

[57] 何增科著，《公民社會與民主治理》（北京：中央編譯出版社，2007年11月），頁67-68。

[58] 何增科著，《公民社會與民主治理》（北京：中央編譯出版社，2007年11月），頁88-89。

影響力。但隨著時代環境的變遷，人類逐漸脫離原始的野蠻與自然環境，而演化到文明與法治的社會，終讓這股長期隱於民間的社會力浮上臺面，公民社會已與國家、市場成為三強鼎立的局面，這是時勢所趨，也是人民不斷爭取與努力的結果。公民社會是一個理想的社會，它不是為了對抗政府，主要是為了維護人們的權益免於遭受政府不合理的侵害，它是為了與參與政府，與政府合作互補，成為夥伴關係，是為了讓國家發展與社會文明而存在，公民社會儼然已成為當代國家與社會的主流價值。從宏觀的歷史析之，這股風潮瀰漫全球各個角落，正方興未艾。

Chapter 3
非營利組織

最好的政府是管理最少的政府。
最好的政府是根本不要管的政府。
——Henry David Thoreau（亨利‧戴維‧梭羅）
由衷讚同引用的格言

概念

　　關於非營利組織的概念，無論在國際或學界間對於非營利組織的概念尚無統一的界定。[1]在不同的國家地區，乃至於在同一國家內，學術界都有不同的稱謂。例如，在美國係使用第三部門或非營利部門；中文譯為非營利組織；香港譯為非牟利組織。範圍包括基金會、慈善組織、聯誼會、互助會、專業協會、私立學校、醫院、社會福利機構、研究機構等等。歐洲國家對於非營利組織在名稱的使用上不同於美國與日本，而將合作社、互助會、非營利組織結合在一起統稱為「社會經濟組織」。是歐洲共同體的產物，其包括四個準則：一是不以追求利潤為目的，而是為組織成員和集體服務；二是獨立於政府組織運作外，自主管理與運作；三是組織運作係透過內部民主決策決定；四是分配時人與勞動要優先於資本。[2]因此，其涵蓋範圍包括：非政府組織、第三部門、志願者部門、獨立部門、慈善部門、公益組織、中介組織、免稅部門、草根組織、民間組織、公民社會組織等名稱。在這些不同的名稱中，比較具有代表性的有：

　　美國學者薩拉蒙認為，凡符合下列要件：一是組織性，指這些組織機構都有一定的制度和結構；二是私有性，這些組織機構在制度上與國家及企業分離；三是非利潤分配性，這些組織機構不會將經營所獲利潤分配給組織成員；四是自

---

[1]　林淑馨著，《非營利組織管理》（臺北：三民書局，2008年7月），頁9。
[2]　文軍、王世軍著，《非營利組織與中國社會發展》（雲南：貴州人民出版社，2004年3月），頁6-7。

治性，指這些組織機構均獨立處理其自己的事務，而不受外界的影響；五是志願性，這些組織機構的成員都是自發性的加入，而非受法律或其它形式而加入的。因此，凡符合上述這些特性的組織稱之為非營利組織。這一定義是目前較廣為接受且常為引用的定義。

管理大師彼德・杜拉克從組織構成的目的認為，非營利組織是既非企業又非政府的機關，其目是人與社會的變革，是向社會提供服務的部門，並排除農業合作社、消費合作社等組織不是非營利組織。

此外，也有從法律上的定義，如美國稅法規定，一個免稅組織必須符合三個要件：第一該機構的運作目標完全是為了從事慈善性、教育性、宗教性、和科學性的事業，或是為達到該稅法明文的其他目的；第二該機構的盈餘不能分配給機構內的會員；第三該機構所從事的活動不是為了影響立法或政治活動或參與公共選舉。

美國學者沃爾夫對非營利組織所歸納的五項特質作為定義，也常為各國學者所引用，包括1.具有公益服務的使命。2.正式合法的組織。3.組織經營結構必須是不以獲取私利的。4.不以營利為目的或慈善機構。5.享有政府稅賦上的優惠，捐贈給該機構的捐款可享有稅賦優惠。[3]

漢斯曼（1980）認為「非營利組織本質上禁止組織分配淨盈給其控制者，如成員、職員、董事或受託人，但並不禁止賺取盈餘，只要盈餘全部保留運用於機構成立目的之服

---

[3] Wolf, Thomas. Managing A Nonprofit Organizition (New York：Simon & Schuster, 1990), p.6.

務，且不從事盈餘分配即可。」[4]

日本學者重富真一結合亞洲各國的國情，認為非營利組織具有非政府性、非營利性、自發性、持續性、利他性、慈善性等六個特性的社會組織。該研究並得到有些學者的認同，認為其「突出了發展中國家非營利組織扶助救濟的重要屬性」。[5]

日本學者川口清史從組織性質的研究認為，非營利組織一般是指不以獲取利潤為目的，從事商品生產、流通及提供服務的民間組織。日本將從事商品生產、流通的農業合作社視為非營利組織。[6]

至於提出第三部門這個概念的是1973年，美國學者T·列維特首次使用第三部門（Third Sector）這個名詞，用來統稱在政府和私營企業之間的社會組織。[7]此一概念後來在美國經常被使用，並且流傳至全世界。[8]管理學大師彼德·杜拉克曾在1994年提出，知識社會必然是由三大部門組成的社會；公共部門，即政府；私有部門，即企業；以及社會部門。這個社會部門就是第三部門。只有透過社會部門，發達的現代社會才能重新產生有責任和有進取心的公民關係，才能再一次給個人，尤其是知識人一個在社會上有所作為的環境，重新建立社區的環境。[9]

---

[4] 林淑馨著，《非營利組織管理》（臺北：三民書局，2008年7月），頁12。

[5] 江明修主編，《第三部門與政府跨部門治理》（臺北：智勝出版社，2008年3月），頁66。

[6] 文軍、王世軍著，《非營利組織與中國社會發展》（雲南：貴州人民出版社，2004年3月），頁6。

[7] Levett, T.（1973）The Third Sector: New Tactics For a Responsive Society, New York：AMACOM.

[8] 文軍、王世軍著，《非營利組織與中國社會發展》（雲南：貴州人民出版社，2004年3月），頁2。

[9] 彼得·杜拉克著，周文祥、慕心編譯，《巨變時代的管理》（臺北：中天出

台灣學者對非營利組織的定義是從歐美導入，一般多和第三部門一詞混合使用，未有嚴格的區分，即是「介於公部門和企業部門之間的不以營利為目的之組織」（陳金貴，1993；江明修、梅高文，1999；顧忠華，2000）。申言之，此組織是民間的法人組織，也是以追求保健、教育、科學進步、社會福利、多元性價值觀的促進等公共目的為主的組織。在台灣，也有不少學者對於非營利組織一詞定義進行歸納整埋。[10]

　　台灣學者陳金貴（1994：32）將非營利組織定義為，具有正式結構的民間組織，是由許多志願人士所組成的自我管理團體，組織之目的是為了公益，而非為自身之成員提供服務。

　　台灣學者江明修（1996：10）將非營利組織界定為，具有公共服務使命，積極促進社會福祉，不以營利為目的之公益法人組織。

　　台灣學者官有垣（2000：80）認為，非營利組織是一種以公共利益為目的，且有民間私人性質，且獨立運作的正式組織結構，享有稅法上之優惠，然而必須在政府部門法律所規範的權力下運作，運用大眾捐款、自我生產的所得，以及政府部門的補助款，以遞送組織宗旨規定的服務，使社會上多數人得到幫助。

　　台灣學者林淑馨（2008：13-14）綜合台灣上述學者定義認為：非營利組織與其對立概念，營利組織的最大不同，在於大多數合法設立的非營利組織皆標榜「公共」的使命和「公益」的功能。強調不以營利為目的，而以公共利益為組

版社，87年3月），頁264。
[10] 林淑馨著，《非營利組織管理》（臺北：三民書局，2008年7月），頁13。

織存在與運作的目標；在資源上，雖受到企業與政府部門的贊助，但仍秉持其獨立決策與行動的能力。故在某些方面業務的執行，較政府部門有效率及更富彈性。[11]

此外，台灣學者孫本初（2010：228）認為，非營利組織其設立之目的並非在獲取財務上之利潤，且其盈餘不得分配給其成員或其他私人，因而具有獨立、公正、民間性質之組織或團體。[12]丘昌泰（2010：467）認為，非營利部門雖有若干不同的相似名詞，但其存在目的是透過適當資源的運用與財貨和勞務的提供，以達到社會公善；非營利部門的存在並不是為了個人的利益，亦不能將該盈餘利益分配給股東或成員，充其量僅能僱用幕僚，從事募集資金的活動，以完成組織的任務。（Sargeant,1999:4）[13]

大陸學者王名（2008：10）認為，民間組織的概念，在社會轉型過程中由各個不同社會階層的公民自發成立的，在一定程度上具有非營利性、非政府性、和社會性特徵的各種組織形式及其網絡形態。[14]同時具備非營利性、非政府性、志願公益性或互益性這三種的社會組織，稱之為非營利組織。[15]他指出，非營利組織作為一個整體，嚴格說並不構成與國家體系與市場體系相對應的第三體系，它們只是對應於政府、市場兩種基本的社會組織而言的一種社會組織形式。它不像國家與市場體系，都是相對獨立的整體，其所動

---

[11] 林淑馨著，《非營利組織管理》（臺北：三民書局，2008年7月），頁13-14。

[12] 孫本初編著，《公共管理》（臺北：智勝出版社，2010年5月），頁228。

[13] 丘昌泰著，《公共管理》（臺北：智勝出版社，2010年3月），頁467。

[14] 王名主編，《中國民間組織30年——走向公民社會》（北京：社會科學文獻出版社，2008年10月），頁1。

[15] 王名編著，《非營利組織管理概論》（北京：中國人民大學出版社，2008年12月），頁5。

員的社會資源無論在規模上、構成上及能量上均不及國家與市場，亦難以與其抗衡。因此彼此間很難形成真正平等的相互關係。[16]

香港學者王紹光（2008：66）認為，民間非營利組織具有組織性、志願性、非營利性、民間性、自主性、和非政治性等屬性；其中非政治性是指民間組織所從事的活動集中在公益服務和互惠行為上，不參與政治性活動。[17]

此外，也有幾種用不同的視角對非營利組織作出界定：

（一）從法律上給出的定義，如美國稅法。

（二）根據組織的資源定義，如聯合國的國民收入統計系統採用的就是這種定義。

（三）依據組織的結構與運作定義，如美國約翰霍普金斯大學教授萊斯特‧薩拉蒙和安海爾為了使非營利組織便於國際比較，對非營利組織的指標口徑、計算方法有一系統的認識，以便於進行統計。

（四）根據組織的特徵定義，如沃爾夫對非營利組織所作的描述性定義。

（五）從活動內容界定，如康曉光認為應當從經濟學出發，借助私人物品和公共物品概念為各個部門劃定彊界。

大陸學者秦暉以最基本的邏輯出發，在公益與私益這一維度之外又加上志願與強制這個維度，兩個維度形成四個邏輯組合，以強制提供公益的部門，這就是政府部門；以志願

---

[16] 王名編著，《非營利組織管理概論》（北京：中國人民大學出版社，2008年12月），頁12-13。

[17] 江明修主編，《第三部門與政府跨部門治理》（臺北：智勝出版社，2008年3月），頁66。

提供私益的部門，即市場（企業）部門；以志願提供公益的
部門，即第三部門。[18]如圖3-1係關於三大部門及其中民間組
織界定的一個結構圖。即國家、市場與社會是三個相互結合
與相對獨立的體系，它們對立統一構成現代社會的整體。其
中國家體系的主體是各級各類黨政機構等公共組織，市場體
系主要是各種營利性的企業，社會體系的主體則是各種非營
利、非政府性特徵的民間組織。[19]

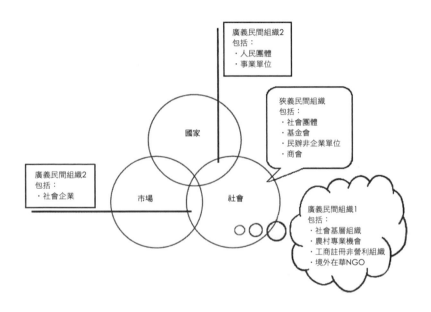

圖3-1　大陸民間組織概念圖

資料來源：王名主編，《中國民間組織30年——走向公民社會》（北京：
　　　　　社會科學文獻出版社，2008年10月），頁3。

---

[18]　文軍、王世軍著，《非營利組織與中國社會發展》（雲南：貴州人民出版
　　　社，2004年3月），頁3-7。
[19]　王名主編，《中國民間組織30年——走向公民社會》（北京：社會科學文獻
　　　出版社，2008年，10月），頁3。

理論

　　非營利組織在二十世紀七〇年代以來，在許多國家均扮演著非常重要的角色，且在許多各種不同的領域，皆發揮其一定程度的影響力與作用，這些領域包括社會福利、政治經濟、文化、環境保護等。隨著全球化的力量，社會多元化發展的推波助瀾下，非營利組織不啻成為政府及市場外，廣為社會大眾認同而不可忽視的第三勢力。且其活動的領域不再侷限於傳統的社會慈善公益活動，舉凡健康照顧、教育、宗教、環保、藝術、乃至企業活動等等，都與非營利組織攸關。[20]這股勢力在進入九〇年代後，更蔚為全球性風潮，美國約翰霍普金斯大學教授萊斯特・薩拉蒙（Lester M. Salamon）指出，世界正在興起「全球結社革命」（Global associational revolution）在全球各個角落，有組織的私人志願動風起雲湧。[21]引起各國政府的重視，亦引發諸多學者從不同的領域與角度去探討與研究。

　　關於研究非營利組織理論發展之學者討論甚多，除從政治學、經濟學及社會學領域之外，許多學者亦陸續從法學、社會心理學、文化與社會人類學、哲學、宗教、歷史、社會行政、企業管理、政治社會學及公共管理學等各門科學中紛紛提出不同的學術觀點來探討非營利組織存在的內涵與意義。作者跳脫傳統以政治、經濟及社會三個層面作為探討，

---

[20] 蕭新煌、官有垣、陸宛頻主編，《非營利部門——組織與運作》（臺北：巨流圖書公司印行，2009年2月），頁14。

[21] 萊斯特・薩拉蒙、沃加斯・索可洛斯基等著，陳一梅等譯，《全球公民社會——非營利部門國際指數》（北京：北京大學出版社，2007年1月），頁5。

朝跨科際面向介紹相關理論。

失靈理論

「失靈理論」是強調一個現象的存在與活動是因為另一個現象的失敗所促成的。[22]從政治經濟面剖析，借用經濟學者套用新古典主義的「政府失靈」與「市場失靈」概念，作為解釋非營利組織為何存在社會及其重要性的變數。

A.市場失靈理論

亞當・斯密提出市場理論認為，只要給予公民追求利益的自由，市場那隻「看不見的手」就會自動調節資源配置，促進社會的經濟繁榮，達到社會福利的最大化，政府只是扮演守夜人的作用。[23]市場在理想的情況下是呈現完全競爭的狀態，價格是由買賣雙方議價決定的結果，在此條件下，市場應該可以達到最佳的效率才對。但是現實社會中，市場受到許多內外在因素的影響，使得市場無法達到供需均衡的資源分配，因而產生市場失靈的現象。究其原因可歸納如下：

(1)　外部性。外部性係指市場交易結果對非交易的第三者所造成的影響，此影響可能是負擔，也可能是享受。如國民納稅可享受警察的保護。

(2)　自然獨占。在市場上，某些產品會因為生產者擴大規模，使成本降低，透過市場競爭而形成獨占，一般稱為自然獨占。欲解決市場獨占的方式，政府可

---

[22] 蕭新煌、官有垣、陸宛頻主編，《非營利部門──組織與運作》（臺北：巨流圖書公司印行，2009年2月），頁17。

[23] 康曉光主編，《非營利組織管理》（北京：中國人民大學出版社，2011年9月），頁211。

採取某種程度的干預，或是由政府自己經營，如電力、水、交通等。

(3) 公共財。公共財在本質上具有非排斥、不可分割與非敵對等特性，如國防、外交、治安等，一般企業與私人通常不可能提供此類的公共財，必須由政府來加以解決。

(4) 資訊不對稱。所謂的資訊不對稱係指消費者沒有足夠的訊息與專業知識，判斷產品或接受的服務數量或品質是否合理，使得生產者得以藉此優勢對消費者加以剝削。[24]

B.政府失靈理論

按照美國經濟學家伯頓・偉斯布羅德（Burton A. Weisbrod）的觀點，他認為任何投票者都有對於物品的需求（包括公共物品和私人物品），而政府、市場和非營利組織都是滿足個人需求的手段。約翰・彌勒在其《論自由》一書中指出，政府的服務趨向於所有的地方都是一樣，而個人和社團的服務則具有多樣化的特徵。

由於政府受到法律的約束及社會勢力的牽制，加上作為一個龐大的科層制度，政府難以擺脫官僚主義積弊的拖累，往往政府對社會的需求反應遲頓與保守，導致政府在提供公共物品的過程中經常出現浪費和高成本、低效率甚至是貪污腐弊的問題，在大量的對政府提供不滿意的消費者可以有幾種不同的形式的替代性選擇：1.移民。2.形成更低層次更小

---

[24] 林淑馨著，《非營利組織管理》（臺北：三民書局，2008年7月），頁32-34。

範圍的政府。3.求助私人市場。4.求助非營利組織。[25]事實上，政府所受到的最有影響力的挑戰，主要是來自市場所進行的各種比較。[26]

C.合約失靈理論

這是美國法律經濟學家享利·漢斯曼（Henry B. Hansmann）提出的理論，從營利組織的侷限性入手來開始對非營利組織的功能需求的分析。在許多情況下，消費者與廠商在關於產品和服務的質量上存在明顯的的信息不對稱，在此優勢前提下，廠商為謀求自己利潤的最大化，而消費者在難以評估商品的合理化與服務的優質化下，就出現了合約失靈現象。享利·漢斯曼認為，如果這類商品或服務由志願者組織來提供，消費者被欺騙的機率就大為減少，這是因為志願者組織是非營利性質的服務組織，它有「不得分配盈利約束」。換言之，這類組織不能把其淨收入分配給組織成員，而必須保留於組織事業的進一步發展。這是非營利組織最重要的特徵，這是市場上可能出現「合約失靈」情況時，對志願者可能出現的機會主義行為的硬性制度約束。

第三方管理理論

這是美國學者薩拉蒙（Lester M. Salamon）提出的理論。一般認為在政府與合約失靈理論中，第三部門往往被視為是政府和市場失靈後的補助組織。薩拉蒙認為志願部門作

---

[25] 馬慶鈺主編，《非政府組織管理教程》（北京：中共中央黨校出版社，2006年6月），頁49-50。

[26] 唐納德·凱特爾著，孫迎春譯，《權力共享》（北京：北京大學出版社，2009年1月），頁1。

為公共服務的提供者也有其固有缺限，他提出第三部門的固有局限性。第一、慈善的供給不足。一方面是公共物品供給中普遍存在的搭便車問題。另一方面是慈善資金的來源也會受到經濟波動的影響。第二、慈善實施的局限。不同組織獲取資源的能力也不同，無法兼顧所有需要的群體，從而降低了整體制度的效率。第三、慈善捐助者的干預。私人慈善捐款是志願部門資源的主要來源，但捐助者往往根據自己的喜好來決定提供什麼樣的服務，而忽略了社會的需求，導致真正需要服務的弱勢者無法獲得供給。第四、慈善的業餘性。根據社會學和心理學的相關理論，對於社會弱勢慈善的服務，離不開專業人員，但志願組織由於受到資金的限制，無法提供足夠的報酬來吸引專業人員的加入，而由有愛心的業餘人員來做，影響服務的效率和質量。[27]

政府、市場、志願部門相互依賴理論

　　這是羅伯特・伍思努（R Wuyhnow）提出的國家、市場和志願部門的三部門模式。他把國家定義為「由形式化的、強制性的權力組織起來並合法化的活動範圍」。把市場定義為「涉及營利性的商品和服務的交換關係的活動範圍」把志願部門定義為「既不是正式的強制，也不是利潤取向的商品和服務的交換的剩餘的活動範圍」。伍思努認為這個理論基本上是從宏觀層面來把握政府與非營利之間的關係。這種類型化的模式雖對於觀察二者的關係提供一個簡潔的途徑，但在運用到對現實的分析時，往往將複雜的問題簡單

---

[27] 馬慶鈺主編，《非政府組織管理教程》（北京：中共中央黨校出版社，2006年6月），頁51-52。

化。[28]

志願服務理論

　　志願精神是一種利他主義和慈善主義的精神，指的是「個人或團體，依其自由志願與興趣，本著協助他人改善社會的宗旨，不求私利與報酬的社會理念。」馬斯洛在1969年提出需要層次理論第六層次「心靈的需要」解釋，人類一切活動都是為了滿足需要。當低層次的物質慾望得到滿足後，便開始進入高層次的精神層面，追求社會需要的實現、自尊和自我意識的實現，以及追求更高層次的心靈的需要。[29]

　　管理學大師彼得‧杜拉克（Peter. F.Drucker）在其《非營利機構的經營之道》一書中點出：「志願服務組織產品的本質與特性，主要在於改善人類生活和生命品質的一種無形的東西，使人獲得新知、使空虛的人獲得充實與自在，使天真無邪的兒童成長有自尊、有自信的青年，使有傷痛的患者獲得痊癒。其精神是仁愛的、利他的、為公益利益著想的，作法應兼具系統性、持續性與前瞻性」。[30]

　　非營利組織的產生因素是社會中的個人或團體基於自由的意志，以一種無私奉獻的利他主義的精神，及對社會責任感的激勵與抱負，使得其有別於企業的員工。學者Ellis與Noyes（1990）在其《民治》（By the People）一書中提到，志

---

[28]　文軍、王世軍著，《非營利組織與中國社會發展》（雲南：貴州人民出版社，2004年3月），頁59-61。

[29]　Ellis, S.J.& No, yes, K.K., 1990.By the People; A History of Americans as Volunteers. San Francisco, California: Jossey-Bass Publishers.

[30]　彼得‧杜拉克著，余佩珊譯，《非營利機構的經營之道》（臺北：遠流出版公司，1996年6月），頁4-5。

願參與者是盡一個社會責任的態度，不是因金錢的利益的吸引，而是由其意願去選擇可達成社會需求的行動，其所展現的責任遠超過個人基本的義務（轉引自陳金貴，1994）。志願主義最核心的精神是志願參與者的主體性與自由意志的發揮。換言之，志願者可以依其意願，選擇欲參與公共事務的自由，而採取積極的社會行動（陳志榮，2003）。

社群主義理論

　　社群主義是以批判羅爾斯為代表的新自由主義所發展出來的。自由主義強調個人的權利，且認為只要個人獲得充分的權利和自由的實現，公共利益就會實現。它認為一旦個人能夠充分自由的實現其個人價值，個人所在的社群的價值和公共的利益也隨之而自動實現。這樣的想法過於功利，遂有新自由主義的提出，修正自由主義的論點，其主張人民在公共領域中對公共事務參與討論、形成共識。社群主義強調普遍的善和公共的利益，認為個人的自由選擇能力以及建立在此基礎上的各種個人權利都離不開個人所在的社群。個人權利既離不開社群自發的實現，也不會自動導致公共利益的實現。反之，只有在公共利益實現才能使個人利益得到最充分的實現。[31]社群係指由具有共同屬性者主導的各種關係組織，亦即由一群人有某種共同性，使其願以相同的方式行動。社群組織具有共同的規範與歸屬感，並以目標設定、團隊建立、職場文化的改變來追求組織的變遷。[32]

---

[31] 俞可平著，《社群主義》（臺北：風雲論壇出版社，1999年10月），頁7。
[32] 林淑馨著，《非營利組織管理》（臺北：三民書局，2008年7月），頁38-39。

治理理論

英語中的治理（governance）一詞源於拉丁語和古希臘語，原意是指控制、引導和操從。[33]我們將治理界定為「公共權威的行使」。[34]長期以來它與統治（government）交叉使用。1989年世界銀行在概括非洲的發展問題的報告中首次使用「治理危機」（crisis in governance），此後「治理」這一概念在九〇年代後，在西方學術界，特別是在政治學、經濟學、管理學及社會發展的研究上廣泛使用。[35]全球治理理論的主要創始人之一詹姆斯・N・羅西瑙（James N. Rosenau）在〈沒有政府的治理〉和〈二十一世紀的治理〉等文章明確指出，治理是一系列活動領域裡的管理機制，它們或許未得到授權，卻能有效的發揮作用。是一種內涵更為豐富的現象。[36]羅伯特・羅茨（R. Rhodes）強調治理意味著「統治的含義有了變化，表示一種新的統治過程，及有序統治的條件不同以往，或是以新的方法來統治社會。」[37]西方學者，特別是政治學家和社會學家，對治理做出許多新的界定。學者格里・斯托克（Gerry Stoker）對於治理的研究成果分析後提出5種主要的觀點，分別為：1.治理意味

---

[33] 吳新葉著，《城市草根政治的治理邏輯與展開》（上海：上海人民出版社，2010年6月），頁1。

[34] 珍妮特・V・登哈特・羅伯特・B・登哈特著，丁煌譯，《新公共服務——服務，而不是掌舵》，（北京：中國人民大學出版社，2010年8月），頁64。

[35] 李惠斌主編，《全球化與公民社會》（廣西：廣西師範大學出版社，2003年4月），頁65。

[36] 王輯思總主編，《中國學著看世界——全球治理卷》（北京：新世界出版社，2007年1月），頁5。

[37] 程昔武著，《非營利組織治理機制研究》（北京：中國人民大學出版社，2008年5月），頁62-66。

著一系列來自政府，但又不限於政府的社會公共機構和行為者。2.治理意味著在為社會和經濟問題尋求解決方案的過程中，存在著界線和責任方面的模糊性。3.治理明確肯定了涉及集體行為的各個社會公共機構之間存在著權力依賴。4.治理意味著參與者最終將形成一個自主的網絡。5.治理意味著辦好事情的能力並不限於政府的權力，發號施令或運用權威。[38]

　　全球治理委員會的定義是最具有很大的代表性和權威性。該委員會在1995發表了一份題為《我們的全球夥伴關係》的研究報告中對治理做出定義：治理是各種公共的或私人的機構管理其共同事務的諸多方式的總和。主要表現在四個特徵：1.治理不是一整套的規則，也不是一種活動，而是一個過程；2.治理過程的基礎不是控制，而是協調；3.治理過程既涉及公共部門，也括私部門；4.治理不是一種正式制度，而是持續的互動。[39]

　　鑒於治理已廣泛被使用在各個領域，2004年3月出版的《歐洲政治研究雜誌》上，學者基斯・馮・克思波恩和弗朗・馮・瓦爾登二人總結治理的九種用法：

　　1.善治。這種用法強調合法性與效率具有政治、行政與經濟價值，被世界銀行以及其它國際組織用於經濟發展的研究領域。

　　2.沒有政府的治理。指的是沒有政府治理的可能性，國際或全球治理、全球民主是其形式。

[38] 格里・斯托克：〈作為理論的治理──五個論點〉，《國際社會科學雜誌中文版》，1999年，第2期。

[39] 俞可平等編，《中國公民社會的興起及其對治理的意義》（北京：社會科學文獻出版社，2002年11月），頁193。

3.另一種有政府的治理。指的是社會與社區的自組織，既超越了市場，也不需要國家的管理。

4.市場制度與經濟治理。應用於經濟史、制度經濟學、經濟社會學、比較政治經濟學、勞動關係和勞動經濟學等等。

5.私人部門的善治。指的是使用者期望的是在不從根本改變公司的的基本結構的前提下，提高管理行為的責任性和透明性。

6.公共部門的善治。指用在新公共管理中，新公共管理關注不同國家公共部門改革的相似性。

7.網絡治理。這個用法有多種分支，其中主要的三種分別把網絡看作是公共組織的、私人組織的或是公私組織混合的。共同點是將網絡視為複合中心的治理形式，以對應多中心治理形式、市場和單一中心多等級化治理形式、國家和公司。

8.多層次治理。在國際關係理論中，它是對「體制」這個早期概念的現代化。多層次治理係指不同的政府層次，以及公共、私人部門在各個層次的參與。

9.作為網絡治理的私域治理。網絡治理也吸引研究私人部門的學者的興趣，如產業經濟學、組織研究及商業管理。[40]

　　從上述觀點中可瞭解，治理的基本含義係指在一個既定的範圍運用權威維持秩序，滿足公眾的需求。治理的目的是

---

[40] 石路著，《政府公共決策與公民參與》（北京：社會科學文獻出版社，2009年9月），頁36-37。

指各種不同的制度關係中運用權力去引導、控制和規範公民的各種活動，以增進公共利益。

俞可平是最早將治理理論引介到中國大陸的學者，他認為，治理是一種公共管理行為，是價值因素較少而技術因素較多的政治行為，是國家政治體制的重要內容。[41]西方的政治學家和管理學家之所以提出治理理論，是因為他們在社會資源的配置中既看到了市場的失效，又看到國家的失效。[42]

西方學者彼德斯在《政府未來的治理模式》中提出政府治理未來發展的四種模式：一是市場式政府。強調政府管理的市場化；二是參與式政府。即對政府管理有更多的參與；三是彈性化政府。認為政府需要更多的靈活性；四是解制型政府。指提出減少政府內部規則。這個治理理論的核心目標，是提高政府的行政效率、公共服務的質量及降低行政成本。[43]美國公共管理權威學者格羅弗‧斯塔林（Grover Starling）說：治理其實就是公共管理的另一種說法，它是政府權威的行使。明確的說，是行使權威的體制和方法。從人民的角度而言，絕大都數的人們喜歡政府的管理越少越好，而治埋正好符合人們的期待，其實它是從更寬廣的語意與思維來看待傳統的公共管理。[44]

---

[41] 俞可平主編，《國家治理評估——中國與世界》（北京：中央編譯出版社，2009年11月），頁3。

[42] 俞可平等編，《中國公民社會的興起及其對治理的意義》（北京：社會科學文獻出版社，2002年11月），頁194。

[43] 王浦劬、萊斯特‧M‧薩拉蒙等著，《政府向社會組織購買公共服務研究——中國與全球經驗分析》（北京：北京大學出版社，2010年3月），頁4。

[44] 格羅弗‧斯塔林（Grover Starling）著，常健等譯，《公共部門管理》（北京：中國人民大學出版社，2012年1月），頁2。

社會資本理論

「社會資本」一詞是近年來受到廣泛的使用，其領域跨越社會學、經濟學、人類學、教育學、歷史學等等。社會資本的內涵概念包括人民會透過各種志願性團體與社區，發揮自我組織的能力，無須仰賴政府，人民可以從彼此的互動中，自發性的培養合作與協調的默契。（江明修，2002；官有垣，2003）。[45]社會資本的概念最早由誰提出眾說紛紜，在理論與研究上的發展較晚，二十世紀八〇年代多位社會學家，包括布厄迪、柯曼與林南，才各自探究較為細部的概念，並引起注意。社會學家林南認為社會資本是指社會結構中的特徵，是社會網絡中接觸到的資源。社會資本是從嵌入社會綱絡的資源中獲取的，社會資本根植於網絡和社會關係中。

另一學者福萊普則細分出三種社會資源的元素：1.屬於組成某人社會網絡的一員，同時當有需要幫助時，能準備好的或有義務提供協助；2.能夠快速提供幫助的關係強度；3.這個成員所具備的資源。他認為社會資本是由與中心個人具備穩固關係的連帶成員所提供的資源。

社會學家布厄迪認為社會資本是實現或潛在的資源的集合體，這些資源與擁有或多或少制度化的共同熟識和認可的關係網絡有關。他認為社會資本不是其它社會行動的「副產品」，而是個人或團體「有意識的投資策略」的產物。

柯曼則為認為社會資本包含兩個部分：一是社會資本具有不可轉讓性。二是對收益者來說，它不是一種私人資產，

---

[45] 林淑馨著，《非營利組織管理》（臺北：三民書局，2008年7月），頁42-43。

更具有公共物品的性質。

對社會資本提出全面性表述的亞歷詹德羅・波茨認為，社會資本是個人通過他們的成員身分在網絡中或者在更寬泛的社會結構中獲取稀少資源的能力。[46]

《使民主運轉起來：現代意大利的公民傳統》一書作者羅伯特，帕特南認為社會資本係指社會組織的特徵，包括信任、規範及網絡，它們能夠通過促進合作行為來提高社會的效率，它使某些目標的實現成為可能，反之如果缺乏這些社會資本，上述的目標即無法實現。[47]他進一步闡述說：「一個有著良好關係的個人在一個社會資本發達的社會裡，其所產生的效益要低於身處發達社會資本社會的個人。換言之，在一個社會資本發達的社會裡，一個社會關係不好的人都能做出一番成績來。」[48]他觀察美國民主社會中自願性團體參與的研究，所反映的現象認為：民主政治在一個公眾已養成了民主行為並願意參加社會、文化、公民團體的國家中的生命力更旺盛。此種社會團體與參與的程度，意味著某一社會所擁有社會資本的程度，在一個繼承了大量社會資本的共同體內，自願的合作更容易出現。當數量眾多的協會和社會組織把人民聯結在一起時，民主的社會資本就產生了。它能夠「為公民提供行使民主所需要的社會資源和公民培訓」。[49]

---

[46] 周耀虹著，《中國社會中介組織》（上海：交通大學出版社，2008年12月），頁108-112。

[47] 羅伯特 D・帕特南著，王列、賴海榕等譯，《使民主運轉起來：現代意大利的公民傳統》（江西：江名人民出版社，2001年9月），頁195-196。

[48] 羅伯特 D・帕特南著，劉波、祝乃娟、張孜異、林挺進、鄭寰等譯，《獨自打保齡：美國社區的衰落與復興》（北京：北京大學出版社，2011年1月），頁9。

[49] 詹姆斯・麥格雷特・伯恩斯等著，吳愛明、李亞梅等譯，《民治政府——美國政府與政治》（北京：中國人民大學出版社，2007年4月），頁15-16。

在上述概念中，對於社會資本的效用與結果或有層次上的不相同，但所有學者皆認為，正是互動的成員讓這樣的社會資產的維持與再製成為可能的觀點。也使得社會資本在新資本理論中佔有一席之地。[50]法蘭西斯・福山認為：社會資本可以定義為一個群體之成員共有的一套非正式的、允許他們之間進行合作的價值觀或推測。如果該群體的成員開始期望其他成員的舉止行為將是正當可靠的，他們就會相互信，使群體或組織的運轉變得有效率。[51]

公共財理論

韋斯伯德（Weisbord, 1974,1998）認為非營利組織是一個公共財（pubilc goods）或起碼是近似公共財的私有生產者（Hansmann, 1987）。他運用公共選擇的觀點，解釋非營利組織可以作為公共財的私人生產者以及政府在提供集體財貨之間的關係。他認為政府提供的財貨與服務，主要只是在滿足中間選民的需求，但當需求的異質出現時，有些人就會對公共財產生剩餘的需求，這種需求極可能是透過個人私底下去取得滿足的。所以非營利組織的興起，是消費者對於公共財多樣性需求的結果。

消費者控制理論

有些非營利組織的形成係為了讓消費者可以直接控制他們所要購買的財貨與服務，這種型態的組織，依據漢斯曼認

---

[50] 林南著，林祐聖、葉欣怡譯，《社會資本》（臺北：弘智文化事業有限公司，民國94年10月），頁32-38。

[51] 法蘭西斯・福山著，劉榜離等譯，《大分裂──人類本性與社會秩序的重建》（北京：中國社會科學出版社，2002年1月），頁18。

為這類組織係指互益型非營利組織，有兩種形態：第一類以提供會員財貨消費為主，如消費合作社；第二類以收取會費提供服務為主，如俱樂部、同鄉會、宗親會或各種職業團體等。這兩種型態的組織，具有排他性的特質。

利他主義與慈善行為

經濟學者羅斯・阿克曼（Rose-Ackerman, 1996）認為捐贈者會從捐贈的行為本身中獲益，有三種心理因素：第一、由自己促成的慈善行為，要比自己從慈善行為中獲得滿足及不會從其他人的慈善行為中獲得來得有意義。第二、由於來自自己邊際的貢獻，捐贈者可能關心受益人的整體滿意水準，進而得到額外的刺激或溫暖的情緒。第三、捐贈者可能懷抱「買入」的心理狀態，他們認為值得對慈善方案捐贈，只要他們達到某些邊際貢獻即可。[52]

利益相關者理論

由本納（Ben Ner）等人所提出。該理論認為雖然經濟學的分析方法大大提高了學界對非營利組織的解釋力，但經濟學的方法也存在著明顯的不足。無論是宏觀經濟學還是微觀經濟學都將組織假設為目標單一、行為一致的統一體，以便從總體上研究非營利組織。利益相關者理論視非營利組織為一種利益協調機制。組織之所以存在是因為組織具備為各類利益相關者創造價值和提供可接受產出的能力。

---

[52] 蕭新煌、官有垣、陸宛頻主編，《非營利部門——組織與運作》（臺北：巨流圖書公司印行，2009年2月），頁17-23。

社會起源理論

　　社會起源理論是由萊斯特‧薩拉蒙（Lester M. Salamon）及安海爾（Anheier Helmut）等人所提出，該理論將非營利組織置於廣闊的歷史視野中加以認識，通過比較各國歷史傳統和社會經濟體制差異來分析非營利組織產生和出現差異的原因。他們認為政府政策對非營利組織的產生和發展有著顯著的作用，從政府角度觀之，非營利組織作為一個社會部門其作用可分為兩大類：一類是非營利組織的政治作用，如提供公民參與和促進社會公平等；另一類是非營利組織的經濟作用，如提供就業機會和增加消費支出等。但是社會起源論者認為政府對非營利組織的政策常常是「顧此失彼」，不是強調非營利組織的經濟作用，即是強調政治作用，並非兩者兼顧。此外，社會起源論者還結合各國不同的歷史文化傳統和政治經濟體制，進一步解釋造成此類差異的原因。

　　1.社會民主主義。以瑞典為代表，主要表現在政府社會福利支出水平較高，非營利組織的經濟規模較小。政府的福利支出覆蓋面較廣，壓縮了非營利組織的活動空間。

　　2.自由主義。以美國和英國為代表，主要為政府社會福利支出水平不高，非營利組織的經濟規模龐大。此一模式主要是因為自由主義國家內，中產階級在整個社會中處於優勢地位，工人階級等其它社會階層的力量有限。

　　3.法團主義。以法國和德國為代表，表現在政府較高的社會福利支出水平，非營利組織經濟規模龐大。主要

是在法團主義國家內政府面對來自要求提高社會福利支出水平的社會壓力。為獲取社會菁英階層的支持，政府被迫與非營利組織合作。

4. 國家主義。以日本為代表，表現在政府的社會福利支出水平較低，非營利組織的經濟規模較小。此一模式出在國家主義的國家裡，政府力量異常強大，在社會生活各個方面都有廣泛的影響力。在國家主義下，較低的政府社會福利支出並沒有帶來非營利組織的繁榮。[53]

多元主義

多元主義認為社會先予國家，這是洛克在政府論次講提出的概念，它是一個具有獨特運作邏輯的自主和獨立領域。在沒有國家強權的干預下，人民根據自己的意願和利益組成與國家相對的非政治的，自主的活動領域的各種利團體。反對一元化的國家觀，認為國家權力的擴張是對個人自由和尊嚴最主要的威脅。因此認為組成社會團體的作用，不僅可維護社會團體的權利，防止國家權利的侵犯，保護成員個人的權利，公民應積極關切與參與公共事務，形成和國家對等的監督力量。

行政吸納社會

「行政吸納社會」是一種特定的國家與社會關係的模式。它的核心：一是控制，指控制被統治者運用非政府的方

---

[53] 徐雪梅著，《網絡經濟中政府與非營利組織關係研究》（北京：中國社會科學出版社，2009年5月），65-73頁。

式挑戰政府權威;二是功能替代,指通過拓展行政機制滿足
被統治者的利益要求。政府扮演這二者的決定者與實施者,
以防止第三部門組織挑戰政府權威,繼續壟斷政政治權力。
此外,培養可控制的第三部門組織,藉它滿足社會的需求。
換言之,行政吸納社會的最終目的是為了消除來政府外部的
挑戰和滿足社會需求的雙重目的。[54]這種運作模式相對會出
現在威權體制國家的可能性較高。

其實有關非營利組織的理論當不只這些,這裡只是列舉
較多數人引用的理論呈現。

興起的背景

按照西方歷史發展的軌跡來看,非營利組織的興起大致
可分為三大類:

A. 宗教教義與服務的發源:基督教生成於一世紀前的羅
馬帝國,有宗教組織,傳播教義,主要是從事慈善事
業,被認為是最早的非政府組織型態。相對於古代,
近代宗教非政府組織,則是專注在社會服務工作,
致力於公益事業,較著名的組織有「世界展望會」、
「國際救世軍」等。這些宗教組織不僅在社會服務領
域中,有卓著貢獻,甚至在政治上的影響力,也有舉
足輕重的地位。

早期的民間交流,並沒有國際原則作為規範,直
到十九世紀初,民間的交流,才逐步在西方以民族、

---

[54] 康曉光主編,《非營利組織管理》(北京:中國人民大學出版社,2011年9
月),頁204-209。

國家、宗教體制作為其活動的基本體，才開始有相互交往的動作，進而在國際間產生若干聯繫作用。

B.社會轉型的發源：非政府組織的起源，主要是發生於十九世紀中和二十世紀初，當時大多數歐洲國家還處於農業經濟時期，政府的社會服務也十分落後。但隨著工業化及城市化，財富日益集中到一部分成功的企業家和實業家手中，一些有錢的慈善家將他們財產的一部分捐獻或餽贈給慈善機構和基金會。但隨著該國的生活水準提高後，他們將目光投注在海外的公益市場，十九世紀50年代，民間國際所舉行的各種國際會議和各類國際性社會公益日益增加。

C.為處理國際多元議題而發源：人類在二十世紀前半世紀先後經歷兩次世界大戰及經濟大蕭條，對人類造成相當程度的傷害。因此，人們渴望和平安全的心理，表現在非政府組織的身上，由於某些國際性的非政府組織從事的工作，乃是填補國際社會對和平與安全的需求，使得它們如雨後春筍般的發展起來，較具代表性的如英國的「樂施會」及「無國界醫生」，這些組織的特點是除了非政府組織性外還具備宗教性，主要因素是受越來越多殖民地國家紛紛取得獨立的影響。[55]

非營利組織作為社會組織的基本形式，最早出現在十七世紀，與近代資本主義開始於十七世紀的英國一樣悠久。但非營利組織作為一種社會力量，則是在二十世紀末的最後二

---

[55] 王振軒著，《非政府組織的議題、發展與能力建構》（臺北：鼎茂圖書出版股份有限公司，民國95年7月），頁3-4。

十年裡發展和成熟的。[56]並繼第一部門政府、第二部門市場後，成為社會的主要力量，與前二者分庭鼎立，稱為第三部門。

　　1972年在瑞典首都斯德哥爾摩召開的聯合國人類環境大會上，召開了歷史上第一次非政府組織的國際會議，來自各國的非政府組織的代表就日益嚴重的環境問題進行討論。這一次劃時代的會議，標誌著非政府組織開始積極介入國際重大事務的決策，逐步成為國際政治舞臺上的一支重要力量。[57]

　　二十世紀八〇年代以來隨著全球出現市場化、民主化、民營化和全球化的浪潮，非營利組織出現前所未有的蓬勃發展局勢。美國約翰霍普金斯大學教授萊斯特・薩拉蒙認為，這些組織之所以引起眾多的注意力，大部分是取決於「國家危機」的擴展，這種危機主要表現在幾個方面，一、在發達的北方國家，傳統的社會福利政策已經遭受到一系列嚴肅的質疑。二、在重要的發展中南方國家，對國家領導的發展進步越來越失望。三、在中歐及東歐國家社會主義的經驗已經崩潰，惡化的環境正持續威脅人類的健康和安全。[58]它強調在公共事務的管理中，社會組織與社會事業的重要性，僅依賴政府是不夠的，需要社會組織和多部門的共同治理基礎上實現公共利益。[59]它與政府、企業三者間，相輔相成，分

---

[56] 王名編著，《非營利組織管理概論》（北京：中國人民大學出版社，2008年12月），頁19。

[57] 王名編著，《非營利組織管理概論》（北京：中國人民大學出版社，2008年12月），頁24。

[58] 萊斯特・薩拉蒙等著，賈西津、魏玉等譯，《全球公民社會——非營利部門視界》（北京：社會科學文獻出版社，2007年12月），頁4。

[59] 賈西津、孫龍，〈公民社會測度指數及其本土化探討〉，《中國非營利評論》，第二卷，2008年7月，頁74。

別滿足許多社會需求，共同完成許多社會任務。[60]此外，亦有學者認為非營利組織發展的直接原因來自于國家治理的危機，主要包括傳統福利國家制度的缺陷、社會發展中失衡、資源與生態環境危機以及傳統社會主義制度的弊端等，[61]

根據萊斯特・薩拉蒙（1995）研究分析，過去二十年中，在推動全球範圍內第三部門成長的，來自下面、外部和上層的壓力背後，主要原因可歸納為「四大危機」即「福利國家危機」、「發展的危機」、「環境危機」及「社會主義的危機」。與「二大革命」指「通訊設施革命」及「中產階級革命」的出現。[62]

四大危機

・福利國家的危機

二十世紀五〇年代前，歷經兩次世界大戰，絕大多數西方國家對老年人和經濟不佳的人提供保護。此外，尚有經濟大消條隨著政府的財政負擔日益嚴重，衝擊社會福利政策，一是二十世紀七〇年代初期的石油危機，嚴重影響經濟的發展，導致人們相信，這是社會福利支出大量增加，排擠對工廠和固定資產的私人投資的結果；二是越來越多的人們相信，政府已經超負運轉，而過度專業化和官僚化，導致政府已無力承擔越來越多的任務；三是受福利國家的政治學的影

[60] 司徒達賢著，《非營利組織的經營管理》（臺北：天下遠見出版股份有限公司，1999年9月），頁1。

[61] 馬慶鈺主編，《非營利組織管理教程》（北京：中共中央黨校出版社，2006年6月），頁35。

[62] 萊斯特・薩拉蒙著，田凱譯，《公共服務中的夥伴》（北京：商務印書館印行，2008年9月），頁270-275。

響，讓政府必須不斷的提供更多的服務，超出人們支出的意願，使得政府的財政赤字逐年提高；四是外界輿論認為，福利國家沒有通過保護個人免於渡過風險而促成經濟發展，反而抑制了創新，免除個人責任和產生依賴。社會福利政策的受挫，讓許多西方福利國家被迫改弦易轍，亦促成了非營利組織的發展。

・發展危機

二十世紀七〇年代的石油危機和八〇年代初期的經濟大衰退，使第三世界國家的經濟發展亦受波及，在非洲撒哈拉沙漠以南非洲國家、西亞，以及中南美洲拉丁國家等，從七〇年代末期人均收入呈現下降，八〇年代下降加速，加上高人口成長，導致這些地區的經濟成長嚴重不足，即使到九〇年代這種情況仍未獲得明顯改善，全球有五分之一的人口處於貧窮的生活。為了減輕及改善這些落後國家的貧窮狀態，世界銀行資助這些國家農業發展計劃讓窮人參與，以協助改善其生活，這些實施成果，促成第三部門組織的興趣。

・環境危機

從全球環境以觀，總體環境在持續惡化，部分原因是發展中國家持續的貧困，造成窮人為了生存而破壞環境。另一部分則為富人的浪費與疏忽。如中南美洲及非洲的森林正快速的消失，而隨著人類不斷的排放二氧化碳，使得保護地球自然生態的臭氧層擴大，全球變暖，地球產生「溫室效應」、酸雨、空氣品質惡化及污水情況嚴重，1997年12月在日本京都府京都市的國立京都國際會館所召開聯合國氣候

變化綱要公約制定「京都議定書」。其目標是「將大氣中的溫室氣體含量穩定在一個適當的水平，進而防止劇烈的氣候改變對人類造成傷害。人們環保意識不斷提高，使得保護生態行動者推動非營利組織的發展。

・社會主義危機

由於對共產主義體制提供其所承諾的社會正義和經濟富足能力的信念上的崩潰。二十世紀七〇年代中期，經濟衰退導致人們質疑共產主義體制的合法性，使得人們重新尋求新的途徑來滿足社會需求和經濟需求，因此，出現了大量市場取向的合作企業。這股風氣從東歐吹向蘇聯，人們不相信政府能夠滿足他們的需求，相對的非政府組織卻能填補。因此，紛紛籌組志願組織，起初較慢，但隨著時間的移動越來越快，這些新組成的組織為人們帶來活力與希望。

二大革命

・通訊革命

二十世紀七〇年代和八〇年代發生巨大的通訊革命。計算機的發明和快速的傳播，光纖通訊技術的突破，電視和通訊衛星對地球的密佈，以及其他相關科技的發展，一夕間把遙遠的地區引進現代世界，讓他們具有組織和集體行動的能力。也在教育和識字能力有著顯著的進步，從1970年到1985年間發展中世界成人掃盲率從43%增加到60%。由於讀寫能力和通訊方面普遍提高，人們更容易協調首動員。通訊革命讓人們知道在不同的領域中構築自己的網絡。也讓人

與人之間的距離拉近，網路無遠弗屆，即便遠在地球的另一角落，都可以藉由尖端科技立即知道彼此的訊息，尤其是這些年來由於智慧型手機日新月異，其功能不斷的進步與強大，目前許多集會遊行活動，皆透過網絡或智慧型手機來聯繫。這個快速崛起的網絡，只知道它的傳播效果很可怕，沒人敢忽視它的存在價值，卻沒有人可以預知它的影響力有多大。

・中產階級革命

二十世紀六〇年代和七〇年代經濟大量成長，世界經濟以每年5%的速度成長，所有地區都分享到其成長的結果。尤其是東歐、蘇聯和發展中國家的成長率，超越西方國家的經濟成長。這種成長的結果，不僅帶來物質方面的滿足，也在各個國家內產生一群中產階級。特別是中南美洲有許多國家，中產階級的領導對於私人非營利組織的出現具有很重要的影響。

非營利組織的特徵

西方學者對非營利組織的特徵學者意見不一。但美國約翰霍普金斯大學教授萊斯特・薩拉蒙認為無論是被冠以「非營利的」、「自願性的」、「公民社會」、「第三部門」、「獨立部門」、「慈善組織」，或是讓人疑惑其屬性的醫院、大學、俱樂部、聯誼會、職業組織、日托中心、環境組織、體育俱樂部、職業培訓中心、人權組織或其他等，這些實體都有一些共同的特徵，即符合組織性、私有性、非利潤分配性、自治性和志願性等特徵的組織概稱之為非營利組織。這是目前較為流行且廣為引用的定義。

· 組織性（organized）

即它們都有某種結構，運作有一定規律，且不論它們是否有正式建制，或是合法註冊。只要它有一定機構持久性和規律性，表現在有定期的會議、有會員、有參加者認為合法的決策程序結構。

· 私有性（private）

即它不是國家機器的一部分，即使它們可以從政府方可取得支持。這一特徵使我們的方法區別於經濟定義。經濟定義將從公共部門得到大量支持的機構排除在公民社會部門以外。

· 非利潤分配性（not profit-distrbuting）

從目的上講，它們主要性不是商業性的，董事、股東和經理並不是從機構利潤中分配紅利。但公民社會是可以營運過程中取得盈餘，但所有盈餘必須重新投資於機構目標的事業中。

· 自治性（self-governing）

即它們有自身的內部治理機制，自己有權停止活動，能完全控制其自身事務。

· 志願性（voluntary）

即成為會員或參與其中既非法律要求亦非強制。[63]亦即成員都是志願性奉獻與自由參與，沒有強迫加入。

---

[63] 萊斯特・薩拉蒙、沃加斯・索可洛斯基等著，陳一梅等譯，《全球公民社會——非營利部門國際指數》（北京：北京大學出版社，2007年1月），頁12-13。

社會角色與功能

　　非營利組織的興起，除對社會經濟與人類文明的進步具有重要的意義外，主要也是彌補及因應政府與企業所提供的服務不足。根據美國學者凱默爾（Kramer）從大多數非營利組織的特性、目標與績效等研究分析，認為非營利組織在現代國家之角色功能可歸納為四種：

(1)開拓與創新的角色功能

　　非營利組織因具有彈性、功能自發性、民主代表性的特色，對社會大眾的需求知覺十分敏銳，經常運用組織多樣化的人才，發展出適時的策略，付諸規劃執行，並從實際行動中驗證理想，制定出合適的策略和方案，引導社會革新。[64]

(2)改革與創導的角色功能

　　非營利組織在廣泛參與社會的實踐中，比較瞭解社會存在的問題和群眾的需求，經常會通過實踐開展討論和遊說，促成社會態度的轉變，進而推動公共政策或法規的制定與完善。[65]

(3)價值維護的角色功能

　　非營利組織透過公益活動的實際運作，鼓勵社會大眾積極參與對社會公共事務的關懷，提供社會菁英人才的培育，有助

---

[64] 孫本初編著，《公共管理》（臺北：智勝文化事業有限公司，2010年5月），頁229。

[65] 文軍、王世軍著，《非營利組織與中國社會發展》（雲南：貴州人民出版社，2004年3月），頁21。

於民主社會理念和各種社會正面價值觀的維護。另外，對增進社會大眾的知識、提升人格及人性尊嚴的啟發具有正面意義。[66]

(4)服務提供的角色功能

當政府礙於資源與價值優先順序規劃的限制，而無法充分實踐其保衛社會福利功能時，非營利組織的多種類、多樣化的服務傳輸，正好彌補這項不足；相對的也提供人民更廣泛的選擇機會，發揮尊重人權的本意。[67]

整體而言，非營利組織、政府與企業等三個部門係影響人類社會與日常生活的三角（如圖3-1）三者在社會環境中，各自具有不同的角色功能與作用，相互互補與運作，以追求國家與社會整體目標願景，政府基於權責致力於創造公共建設及建構良好的法規環境，以創造適合市場運作與人民生活的環境，以推動整體社會公平正義的實現。[68]

此外，由於非營利組織是社會資本的建設者，其創造大量的社會信任和互惠，對民主社會和市場經濟非常重要。是以，非營利組織在現代社會中的作用有四個。

(1)推動思想創新，倡導經濟公平和社會正義

非營利組織是社會變革的實驗場，向社會提供許多創新思想和行動，經過實踐得到大多數人認同後，企業、政府和其它機構可以加以完善改進和制度化，促進社會的進步。

---

[66] 林淑馨著，《非營利組織管理》（臺北：三民書局，2008年7月），頁18-19。

[67] 蕭新煌主編，《非營利部門——組織與運作》（臺北：巨流圖書公司印行，2007年9月），頁17。

[68] 蕭新煌、官有垣、陸宛蘋主編，《非營利部門——組織與運作》（臺北：巨流圖書公司印行，2009年2月），頁264-265。

圖3-2　三部門的角色功能及共同願景

資料來源：馮燕，〈從部門互動看非營利組織捐募的自律與他律規範〉，
　　　　　《臺大社會工作學刊》，第4期，頁203-241。

(2)有效配量資源，促進經濟和社會發展

　　非營利組織不僅維護社會的穩定，在許多國家的社會經
濟發展中發揮著重要的作用，而且能夠對全球各個層次的決
策過程施加巨大的影響力，在全球的資源配置過程中的作用
越來越大。

(3)提供社會福利，支持邊緣群體

　　非營利組織的使命和活動目標，都是基於社會公益的，
所致力於解決的問題是一些重大的社會問題，在提供社會福
利方面總是有很明確的地位，發揮獨特的作用。[69]

---

[69] 文軍、王世軍著，《非營利組織與中國社會發展》（雲南：貴州人民出版
　　社，2004年3月），頁22-23。

(4)促進社會適應，滿足自我實現

　　非營利組織的構成是基於有著共同的信念、目標和興趣的個人之間的聯繫之上的，為個人提供充分發揮能力與潛力及自我實現的機會。滿足成員謀求發展，維護利益，交流情感，尋覓同道，希冀社會承認的需要。[70]

台港中非營利組織的歷史

　　從中華民族歷史發展背景觀之，兩岸三地系出同源，包括：傳統文化、血源、語言、風俗習慣等等，雖然經過歷史環境的變遷影響，造成各自在不同的政治制度、經濟模式與社會環境下發展，但在民間這一領域，非營利組織的發展上有許多類似的發展歷程，在兩岸三地間具有研究與相互借鏡的價值與意義。

兩岸三地非營利組織發展歷程

台灣民間組織的發展歷程

　　依據《憲法》第14條規定：人民有集會及結社之自由。但此一人民結社權利，在戒嚴時期該項基本人權和言論自由一樣，受到許多不合理的限制，相對降低和壓抑了民間組織的發展與意願，民間即便有不定期聚會，亦不敢對外公開。其實早在1942年國民政府便頒布《非常時期人民團體

---

[70] 馬慶鈺主編，《非政府組織管理教程》（北京：中共中央黨校出版社，2006年6月），頁33。

組織法》，該法對於人民結社的規定，要求必須事先獲得主管機關的「許可」才能設立，其中第8條規定：同一區域內，同性質同級之人民團體，以組織一個為限。例如「中華民國憲法學會」、「台灣法學會」。如果有人想申請成立有關「憲法」，或是「法學」的團體，以當時的規定是不會得到政府許可成立的。此外，《戒嚴法》第11條第一項規定，在戒嚴地區內，最高司令得停止或解散人民之結社。因此，使得憲法賦予人民的這項結社權利形同具文。這種直接由政府控制民間結社的現象，在臺、澎、金、馬地區持續了四十餘年，對於人民的思想與行動的箝制影響甚鉅。[71]這種情況直到1987年政府宣布解嚴後才逐漸獲得疏解。

受戒嚴的影響，在台灣民間組織的發展有其獨特的歷史、文化、社會，以及政治背景。根據台灣學者與文獻整理分析，台灣民間組織的發展歷程可區分為四個時期：（蕭新煌、孫志慧，2000：481-484；馮燕，2000：8；馮燕，1993：38）：

a.慈善濟貧時期（1950年代末）這是國民黨政府從大陸遷臺後時期，國民黨政權對台灣實施威權統治，也是政治力主宰經濟力與社會力的時期。[72]因此，民間組織係由鄉紳、家族或宗教寺廟集結而成的慈善濟貧模式。其規模較小，活動範圍也僅限於鄉里的慈善服務。

b.國際援助時期（1960年代至1970年代）這一階段台灣有許多非營利組織都是國際組織給予經濟協助而成立的，屬「移植性」、「無競爭性」與「俱樂部」形

---

[71] 顧忠華著，《解讀社會力》（臺北：左岸文化出版2005年4月），頁108-110。
[72] 黃世明著，《台灣全志卷九——社會志‧社會多元化與社會團體篇》（臺北：國史館台灣文獻館2006年12月），頁47。

態的組織，如「紅十字會」、「世界展望會」、「基
督教兒童福利基金會」、「扶輪社」、「同濟會」、
「青商會」、「獅子會」等，其成員只有少數中產階
級人士和上流社會的菁英才得以加入。這些組織有時
還須配合政府的政策需要，或受到當時環境背景的箝
制，使得團體的自主性與獨立性相對為低。

c. 萌芽時期（1970年代至解嚴時期）台灣從1970年代
至1987年，由於經濟結構重大改變，經濟成長迅速，
生活品質獲得改善，中小企業開始加入慈善救濟的行
列，在政府扶植下成立了許多企業型基金會，但1976
年以前，台灣純民間人士成立的基金會，其數目不到
七十家，如「陶聲洋防癌基金會」（1970）「洪健全
教育文化基金會」（1971），全國性社會團體才472
個。可謂八〇年代是台灣非營利組織的「萌芽期」。
也為日後非營利組織的蓬發展開啟契機。

d. 發展時期（解嚴後迄今）台灣於1987年7月15日宣布
臺、澎、金、馬等地區解嚴，許多在戒嚴時期的法
令限制也為之大幅鬆綁，諸如解除「黨禁」、「報
禁」、「集會」及「結社」自由等，回歸憲政常軌，
加上《人民團體法》、《集會遊行法》等法令的修
正，人民權利意識的覺醒，激勵民間組織的設立，可
謂是台灣非營利組織的「蓬勃發展期」。[73]也是開啟
非營利組織逐漸走向公民社會發展的關鍵。全國性社
會團體從解嚴前的七百多個發展到101年底的一萬多

---

[73] 林淑馨著，《非營利組織管理》（臺北：三民書局，2008年7月），51-53頁。

個，足足成長逾15倍之多。隨著政府未來修法將朝簡化政策，目前民間這股結社風潮可謂方興未艾。

大陸民間組織的發展歷程

　　大陸民間組織發展階段學者說法不一，有自中國大陸1949年建政算起；亦有從1978年改革開放以後，為比較改革開放前後差異，這裡採用大陸學者鄧國勝所整理文獻分析，依據他的分析顯示，大陸從1949年建政後，中國非營利組織的發展大致經歷了四個階段。茲分列如下：

　　第一個階段是從1949年到1966年的初始發展階段。第一個階段是從1949年到1966年的初始發展階段。這一階段出於政治吸納的需要，建立了青聯、婦聯、工商聯、科協等大型的人民團體和大量學術性、文藝類社會團體。這一階段出於政治吸納的需要，建立了「青聯」、「婦聯」、「工商聯」、「科協」等大型的人民團體和大量學術性、文藝類社會團體。

　　第二階段是從1966年到1978年的停滯第二階段是從1966年到1978年的停滯期。這一階段由於「文化大革命」的影響，已成立的社團幾乎停止了活動，也沒有成立新的社團；第三階段是從1978年到1995年的恢復發展時這一階段由於「文化大革命」的影響，已成立的社團幾乎停止了活動，也沒有成立新的社團。

　　第三階段是從1978年到1995年的恢復發展時期。這一階段為了適應改革開放的需求，社會團體大量湧現，特別是行業協會、基金會發展非常迅速。

　　第四階段從1995年至今。這一階段為了適應改革開放的需求，社會團體大量湧現，特別是「行業協會」、「基金

民主推進器——兩岸三地的公民社會

1
1
2

會」發展非常迅速。[74]

1995年世界婦女年會在北京召開，大陸首次見識到非營利組織的內涵與影響力，為全國各地興起一股非營利組織發展的高峰播下種子。

香港社會福利機構的發展歷程

香港前後被英國統治長達一個半世紀，英國文化對香港的政治、經濟及港人的日常生活，皆有重大影響。而殖民地政權是採取一種軟性的專制主義，政權的性質及其演變對民間社會組織的影響非常重要，由於英國政府對香港是採取盡量「無為和避免干預華人」的策略，為民間社會組織提供一個相對自由的發展空間。因此，香港的民間社會和公共領域早就開始萌芽。[75]根據香港學者陳錦棠的研究，香港第三部門的歷史發展（2004）之劃分大致上可區分成四個階段：

第一階段起於1949年前後的第三部門發展。1949年中華人民共和國成立，大量難民從中國內地湧入，造成救濟工作刻不容緩。在此背景下，許多民間社會服務機構紛紛成立，並與政府一同為難民服務。

第二階段起自1960年工業化時代的第三部門發展。香港經濟在戰後快速恢復，加以市民對救濟的需求逐漸減少，當時港英政府提供的福利有限，許多民間社福機構便轉而關注社群的福利需求，間接為香港社會福利奠定基礎。

---

[74] 范麗珠著，《全球化下社會變遷與非政府組織》（上海：上海人民出版社，2003年），頁287-302。

[75] 陳健民著，《走向公民社會──中港的經驗與挑戰》（香港：上書局出版社，2010年），頁148。

第三階段起於1967年暴動後的發展。香港於1966年至1967年間曾發生暴動事件，此與市民向港英政府表達對社會福利措施與生活環境的不滿不無關係，迫使港英政府後續推出一系列社會福利政府與措施，並積極參與社會福利事業。

第四階段為1980年香港前途獲得解決直到1997年回歸前後的發展。此階段為香港經濟最繁榮的時期。亦是志願機構發展的黃金時期，特別是衛生、福利、教育及藝術等多元化服務。政府並與民間社會服務聯合會及其會員機構攜手制定社會福利白皮書，形成與政府的夥伴關係。

香港由於社會環境的變遷，社會服務需求的上升，以及政府的政策鼓勵，其中社會福利機構有近一半的組織（42.9%）是在七○年代香港經濟起飛之前，也就是在1946年到1975年期間成立的，這是第一波的高峰成長期；第二波的成長期是在1986年至1997年這段期間。[76]根據香港社會服務聯會的資料顯示，其會員組織亦是在這兩個時期成立最多，兩個成長高峰期總共有超過六成五的組織於此時期成立。但在九七回歸大陸之後非營利組織的發展並不明顯，主要是受到大陸政治體制的影響所致。

兩岸三地非營利組織現代發展

台灣與香港現代非營利組織的發展較接近西方非營利組織的發展模式，即先由民間動員開始，即所謂的「由下而上」

---

76. 官有垣，《台灣與香港第三部門現況的比較分析——以福利服務類非營利組織為探索對象》，（行政院國家科學委員會專題研究成果報告，民國95年10月），頁4。

模式，然後政府漸漸將之制度化。中國大陸的民間組織則為政府主導，即所謂的「由上而下」的發展模式，先由政府開始提供照顧，然後漸漸將功能分散出來。顯見台灣與香港非營利組織的發展模式較為相近，大陸非營利組織的發展模式與二者相異，但研究中發現，目前大陸非營利組織的發展與早期台灣在戒嚴時期的發展模式極為相似。茲分述如下：

台灣非營利組織發展現況

解嚴是台灣政治史上最關鍵的重大改革，對台灣社會結構及社會民主化均發生鉅大的影響，不啻改變了台灣政治體制由威權體制走向民主體制，台灣社會環境的整體風貌更為之蛻變，也讓蘊藏在民間的一股社會力量，在長期被壓抑下得以獲得釋放。依據《憲法》第14條規定，人民有集會及結社之自由。解嚴後，政府首先將民國31年公布的《非常時期人民團體組織法》於民國78年1月27日修正為《動員勘亂時期人民團體組織法》，可謂大幅度的修正，並首度將「職業團體」、「社會團體」及「政治團體」等三類團體以專章入法，其中值得一提的是「政治團體」，之所以將「政治團體」納入該法專章，主要係考量解嚴後開放人民籌組「政黨」及「政治團體」，而在當時國內並無《政黨法》，為因應此一過渡，擬先列入該法規範，待日後政府制定《政黨法》，再回歸常軌。之後在民國80年5月1日政府宣布終止動員勘亂時期，《動員勘亂時期人民團體組織法》也在民國81年7月27日及82年12月31日兩次修正，更名為《人民團體法》，人民除不得主張「共產主義」及「國土分裂」外，均得依人民團體法成立「職業團體」、「社會團體」及

「政治團體」。基於這種開放的態度，人民團體在數量上不斷的增加，主要原因是人民團體法第7條規定，人民團體在同一組織區域內除法律另有限制外，得組織二個以上同級同類之團體，但其名稱不得相同的影響。[77]嚴重壓抑與限制了人民成立團體的意願與發展。

　　1980年代中期後，台灣民間團體受政府政策開放的影響，開始出現蓬勃發展，不僅在數量上大幅增加，型態上亦趨多元化，使台灣進入公民社會的孕育階段。解嚴前，全國性社會團體僅734個。但解嚴後，人民團體數量呈現45度仰角成長，從內政部統計資料顯示，短短20幾年間臺灣從中央到地方的社會團體發展，自民國76年解嚴的1萬多個發展到102年4.1萬多個，20幾年間成長約4倍（如表二）

表2　臺灣各類民間團體數

團體名稱	全國性	省（市）級	地方級	合計
社會團體	11692	14678	15295	41665
職業團體	321	5182	5158	10661
政治團體	52	0	0	52
政黨	245	0	0	245
社區發展協會	0	0	6692	6692
工會	199	2560	2495	5254
農會	1	119	183	303
漁會	1	15	24	40
合作社	58	1589	2971	4618
總計	12569	24143	32817	69530

作者自製2013年11月

　　若從地方政府所轄地方性社會團體數觀之，（未列職業團體係因其受某些特定身分與行業規定限制所致，雖變動較不明顯，但仍有其發展上的意義），依據內政部統計資料顯

---

[77] 張學鶚，《人民團體輔導制度之研究》，（內政部委託研究，民國87年9月），頁1-2。

示從民國68年的3265個至民國101年的2.9萬個,地方性社會團體成長近10倍(如圖3-3):

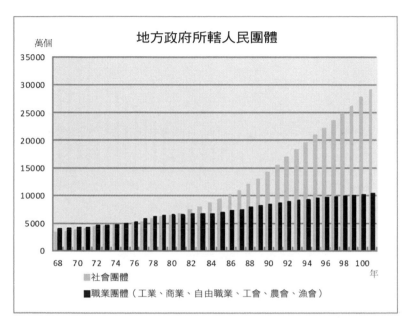

圖3-3 地方政府所轄人民團體數

資料來源:內政部統計資料,作者自製

　　若就中央政府所轄全國性社會團體數來看,依據內政部統計資料顯示,自民國66年的486個發展至民國76年解嚴前的734個,成長近一倍,而從民國76年解嚴後至民國102年6月底全國性社會團體數為1.1萬多個(如圖3-4),約佔全國社會團體總數的三分之一,成長高達15倍之多,尤其是全國性社會團體從民國97年起每年更以近七百個社團申請成立,顯示人民籌組全國性社會團體,提升組織層級,擴大組織範圍,強化組織影響力的意願高於地方性社會團體。這可從民國100年及101年全國性社會團體申請設立更連續兩年

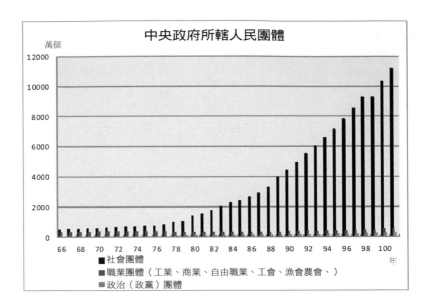

圖3-4　中央政府所轄人民團體數

資料來源：內政部統計資料，作者自製

突破一千個，這些不僅僅是數字的變化而已！進一步言，實肇於台灣實施政治民主的一種體現，加以社會開放、自由、多元發展、經濟水平提高及教育普及等因素下加速催化此一民主成果，顯示在政治民主及社會開放下台灣人民對結社的重視與需求，深具意義。

　　民間團體的蓬勃發展，在型態上也呈現多元化與多角化，但依序仍以社會慈善類、學術文化類、經濟類、宗教類、醫療衛生類、體育類等六大類為最，約佔九成。（如圖3-5）且民間團體對社會的參與除保有傳統的慈善公益外，亦逐漸轉向對公共政策的關心與參與。又隨著兩岸關係進入和平狀態，以從事兩岸交流的民間團體在各類團體中有明顯增加趨勢，且穿梭在兩岸四地間，儼然扮演兩岸四地和平的推手的角色。

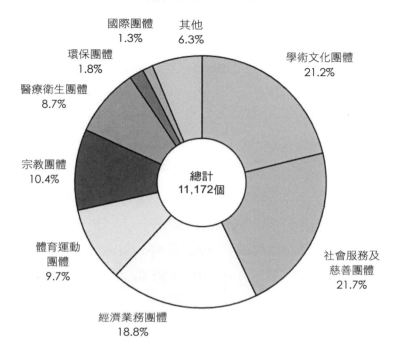

101年全國性社會團體各類型比例圖

國際團體
1.3%

其他
6.3%

環保團體
1.8%

學術文化團體
21.2%

醫療衛生團體
8.7%

總計
11,172個

宗教團體
10.4%

社會服務及
慈善團體
21.7%

體育運動
團體
9.7%

經濟業務團體
18.8%

圖3-5　台灣全國性社會團體各類分佈圖

　　值得一提的是2008年台灣政權再次輪替後，由於重新取得政權的國民黨在兩岸策政的態度上係採「開放兩岸交流」政策，讓兩岸關係在民進黨執政的八年裡，從停止談判降到冰點，甚至發展到對峙局勢，得以重新展開和平談判與簽定兩岸相關協定，後讓兩岸關係進入前所未有的和諧交流狀態，為兩岸民間互動營造一個密切頻繁的契機與平臺，過去甚少申請成立的兩岸團體異軍突起於其他類團體快速增加，可謂繼學術文化、經濟、體育及醫療衛生與宗教之外的另一個快速再增加的民間團體，而早期成立的兩岸團體更

從停滯運作的狀態中甦醒，其他相關團體也在洞悉此一現象後，也陸續修正其章程任務，橫跨相關類型更是其特色之一，意欲拓展兩岸相關業務與交流，甚而擬於兩岸互設辦事處之說，亦蠢蠢欲動，要求政府修正兩岸相關法規，讓兩岸民間交流合法化，多元化與多角化，以滿足民間團體積極從事兩岸交流的需求。

根據作者的觀察分析，台灣非營利組織發展有幾個關鍵因素包括：

第一是1987年台灣宣布解嚴，回歸憲政。台灣社會過去數十年來由於受到戒嚴的影響與限制，人民組織團體長期受到壓制。解嚴是台灣政治史上最關鍵的重大改革，對台灣社會結構及社會民主化均發生鉅大的影響，不啻改變了台灣政治體制由威權體制走向民主體制，台灣社會環境的整體風貌更為之蛻變，也讓蘊藏在民間的一股社會力量，在長期被壓抑下得以獲得釋放。

第二是1992年國會全面改選選出第二屆立法委員，終止萬年國會狀態。[78]受到戒嚴的影響，立法委員除有增額選舉立法委員外，立法委員的屆次始終處於第一屆的狀態，影響台灣民主與社會的發展。1992年執政的國民黨由於受到台灣社會環境變遷的影響，為加速台灣的民主化，遂進行國會全面改選，使台灣跨越民主的鴻溝，擴大了公民參與公共事務的機會。

第三是1996年台灣首度舉行總統、副總統由人民直接行使選舉。這項締造中國數千年歷史的創舉，讓兩岸三地人

---

[78] 《立法院網站》，<http://newcongress.yam.org.tw/legislator/legislat.html>。

民印象深刻，啟迪「主權在民」的深層意義，也給人民在繼解嚴後深化民主的啟發作用。

第四是2000年政黨首度輪替，終結過去數十年來由一黨長期執政的現象。解嚴後，台灣政治邁向民主化，公民參政的機會與現象逐步墊高，惟政權終仍然掌握在國民黨一黨獨大的局面，在朝大野小的局勢下，影響台灣政治民主化的發展進程，經過台灣人民不斷的努力爭取，直到2000年才由在野的民主進步黨取得政權，迫使長期執政的國民黨退位為在野黨，讓台灣真正走入政黨政治民主國家。換言之，政權的取得完全取決於人民的選擇，而不再是某一政黨得以專擅的權力。

第五是2008年政黨再次輪替，兩岸關係趨緩和。2008年台灣政權再次輪替後，兩岸關係進入前所未有的和諧狀態，提供了兩岸民間團體互動的機會，讓過去從事兩岸民間交流的民間團體，從沉寂中甦醒，申請籌組兩岸交流的民間團體也活絡起來。

在上述關鍵因素下，人民團體才得以快速蓬勃的發展。加以台灣從1970年代末經濟起飛，國民所得提高，生活大幅改善；而國民教育普及，知識水準普遍提升。讓台灣民主化與多元化社會更趨成熟，為台灣走向公民社會發展奠定基礎。此外，台灣於1999年發生「九二一」大地震及2009年的「八八水災」兩次嚴重的天然災害，民間團體先後展現前所未有的組織動員力量，協助政府參與救災行動，引起國內外輿論與社會大眾高度的肯定與關注，更讓政府第一次驚覺到隱藏在民間不可忽視的力量。民間組織的屬性亦從早期的慈善救濟，逐漸轉向對公共政策的關心與參與，不僅是台灣民間社會力的展現，其對社會的影響與作用亦延伸至國外，如2006年南亞大海嘯

及2008年中國大陸四川省汶川大地震協助國外救災等等。

大陸非營利組織發展現況

　　大陸許多學者均認為隨著改革開放，中國大陸已經從民間組織走向公民社會的門檻。高丙中指出，公民社會的逐漸成形是大陸過去三十年來改革開放的一項偉大成就。因為改革開放是促成單位社會向公民社會的轉型。[79]大陸現代非營利組織的發展，主要是大陸的改革開放不僅透過擴大市場和私有產權的範圍而改變了大陸的經濟結構，更影響到社會和政治領域。讓大陸從「全權主義制度」變為「後全權主義制度」，這個變化的表現之一，就是人們追求共同利益和價值觀的社會空間擴大，非政府組織數量呈現激增的成長。[80]

　　中國大陸自1978年實施改革開放以來，社會出現NGO不斷的成長與湧現，王名（2008）認為，中國大陸非營利組織的發展呈現出兩個階段三個高峰：

第一階段：民間組織興起階段

　　從1978年改革開放至1992年，從中央到地方均出現了愈來愈多的社會團體，由於沒有相關的法律規範，政府對非營利組織的發展，整體上是採放任的態度。中國大陸經歷從無到有、從點到面、遍地開花的原始生長期。這段期間社會團體從不足5,000個迅速攀升至150,045個。隨著改革開放的步調，自上而下的結社進程激起社會的結社熱情和自下而上的全面響應。二十世紀八〇年代中後期，為推動社會團體

[79] 高丙中著，《民間文化與公民社會》（北京：北京大學出版社，2008年10月），頁307。
[80] 陳健民著，《走向公民社會》（香港：上書局，2010年6月），頁69。

登記註冊，國務院在民政部設立了社會團體管理部門，並于1988年與1989年政府為了規範基金會與社會團體不斷成長的事實，中國大陸國務院先後頒布了《基金會管理辦法》與《社會團體登記管理條例》採「雙重管理」體制，和《外國商會管理暫行規定》，同時也頒布《民辦非企業單位管理暫行條例》，這是改革開放後中國大陸關於民間組織最早的制度規範，並進行基金會與社會團體的清查。

第二階段：民間組織規範管理和新的發展高潮

　　這一階段從1993年至2007年。中國大陸民間組織經歷了兩個不同的過程，一是政治波動背景下政府對于民間組織的規範管理過程。二是在市場經濟逐漸發育成熟、改革開放逐步深入和社會轉型全面展開中民間組織從曲折發展逐步走向新的高潮的過程。2004年國務院頒布了《基金會管理條例》。[81]讓大陸開始邁向更加多層面、多體系、多樣化與多影響的新的發展階段。不僅活動領域廣泛，對社會的影響力逐漸增加，成為大陸人民生活中不可或缺的生活重心，更在大陸崛起與逐步躍居全球經濟大國中扮演極重要的角色。[82]

　　截至2012年底，全國各類社會組織共有49.9萬個，其中社會團體27.1萬個，民辦非企業單位22.5萬個，基金會3029個，其中全國性社會團體1834個。[83]每年仍以10%左右的速度在發展。成為溝通黨和政府與人民群眾的橋樑鈕帶，為中國大陸經濟社會發展中一支重要力量。

---

[81] 王名主編，《中國民間組織30年——走向公民社會》（北京：社會科學文獻出版社，2008年10月），頁11-32。

[82] 王名，〈中國NGO的發展現狀及其政策分析〉，《第三部門學刊》，第8期，2007年9月，頁8-12。

[83] 《中華人民共和國國家統計局》，<http://www.stats.gov.cn>。

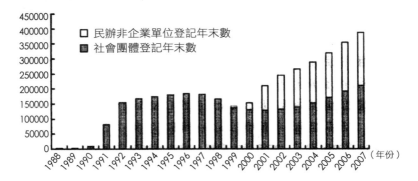

圖3-6　1988-2007年登記註冊社會團體和民辦非企業單位發展圖

資料來源：王名主編，《中國民間組織30年——走向公民社會》（北京：
　　　　　社會科學文獻出版社，2008年10月），頁10。

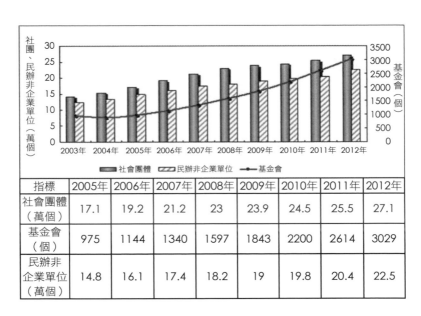

指標	2005年	2006年	2007年	2008年	2009年	2010年	2011年	2012年
社會團體（萬個）	17.1	19.2	21.2	23	23.9	24.5	25.5	27.1
基金會（個）	975	1144	1340	1597	1843	2200	2614	3029
民辦非企業單位（萬個）	14.8	16.1	17.4	18.2	19	19.8	20.4	22.5

圖3-7　中國大陸社會組織2005-2012
登記註冊社會團體和民辦非企業單位發展圖

由於大陸的登記註冊始於1988年，以致圖3-5係自1988年起始，[84]缺少改革開放後前十年的數據，亦欠缺更詳細的結構性指標。

　　特別是在2008年發生在四川省汶川「五一二」大地震，社會組織以前所未有的規模和聲勢，發揮無可替代的作用，充分展現和提昇了自身的形象，引起國內外普遍的關注與贊同。儘管如此，中國大陸的社會組織目前尚處於初級階段，以及面臨許多的問題和挑戰，相較於經濟發展與國際水平，仍有很大的差距。[85]

香港現代第三部門發展

　　香港是一個殖民地和移民社會。[86]在英國統治之下，殖民地並無民主可言。在回歸以前，港英政府體制是自我封閉的系統，不是開放的系統。香港政權對民間社會組織的影響甚鉅，早期的香港殖民地政權是一個軟性專制主義，政府對社會福利事業漠不關心，由華人社會的慈善團體和教會單打獨鬥，政府與第三部門的關係是相互隔離的。[87]在十九世紀中葉到第二次世界大戰結束，香港的社會福利屬於民間慈善服務性質，主要是由華人社會的慈善團體及教會，港督政府對社會福利是漠不關心與放任的，政府與民間組織的關係是

---

[84] 圖3-3係王名根據大陸媒體報導主要民間組織成立和開展活動的情況，從權威檢索系統獲取並整理出的一組數據。

[85] 王浦劬、萊斯特‧M. 薩拉蒙等著，《政府向社會組織購買公共服務研究──中國與全球經驗分析》（北京：北京大學出版社，2010年3月），頁3。

[86] 呂大樂著，《凝聚力量──香港非政府機構發展軌跡》（香港：三聯書店，2010年6月），頁19。

[87] 陳瑞蓮，江永成著，《香港特區公共管理模式研究》（北京：中國社會科學出版社，2009年5月），頁252-。

不互動的。[88]香港學者劉兆佳曾提出「低度整合的社會政治體系」理論，來解釋社會一直對政府施予很少壓力的原因，以致香港一直維持著「邊界政治」。殖民地統治者奉行「積極不干預」政策，策略性的減少介入市場和原有的社會及文化生活。對社會潛在的政治力量更是壓制，迫使民眾對政治冷感。[89]這種關係一直維持到戰後，由於當時國際政治形勢及大量難民自中國內地湧入，使得香港社會面對的問題成為國際關注的焦點，在這一特殊時期，志願機構依靠國際和海外救濟組織的資助，與政府一同為難民提供應急的社會服務。[90]

1966年九龍騷動與1967年暴動引發國家與社會關係的重大變化。促成港英政府檢討官民之間的隔離，逐漸擴大其干預社會和市場的角色，另一方面則加強其政策諮詢制度，吸納社會上菁英進入建制內。從1960年代到1980年代中葉，中英就香港前途談判期間，學生運動、社會運動和壓力政治快速發展，反映著香港人對身分認同的討論、對集體利益的爭取和對政策的抗爭。

1997年香港回歸中國大陸，民主化和代議制度的建立，促成政治社會，特別是政黨的形成。此外，對於民間社會組織和各類運動帶來巨大的衝擊。在政治化的時代壓力下，社會運動面臨式微的危險，以參政為主導的民眾組織興起，既有的民間社會組織逐漸捲入參政，充當政黨的選舉機

[88] 陳瑞蓮，汪永成著，《香港特區公共管理模式研究》（北京：中國社會科學出版社，2009年5月），頁253-254。

[89] 丘昌泰主編，《非營利部門研究——治理、部門互動與社會創新》（臺北：智勝文化事業有限公司，2007年11月），頁7。

[90] 陳瑞蓮，汪永成著，《香港特區公共管理模式研究》（北京：中國社會科學出版社，2009年5月），頁253-254。

器。在香港民間社會組織的主要關懷並不在制約國家權力或與政府抗爭。

　　二十世紀上半葉是華人社團組織迅速發展的一個時期，在香港社會出現的民間社團，除「同鄉組織」、「慈善團體」、「商會」、「工會」等社團大量湧現之外，民間社會組織走向多元的發展。根據二十世紀30年代末期的統計，香港約有三百個社團，名義會員11.4萬人，其中有28個商會、28個手工業行會、4個同姓宗親會、36個同鄉會、84個工會及若干俱樂部性質的聯誼機構。並成為調控社會秩序、整合社會關係與社會利益、規範價值取向與行為方向的另一支社會整合力量。[91]促使香港華人社團組織迅速發展的歷史背景，可從三個方面分析：

　　首先是新一代本地菁英的冒起，其取向及關懷的範圍均較之前為廣。其次是一些國際組織因本地菁英的支持，成立分會。第三是一些新形式的社會服務逐步建立起來，不但走出傳統的慈善公益範圍，還引進新的概念如保護兒童、婦女、把慈善公益事業和現代化的議程接軌。[92]

　　香港中文大學金耀基在二十世紀八〇年代指出港英政府體制的特徵時，提出「行政吸納政治」的概念，認為港英政府歷來重視把社會中的菁英或菁英團體所代表的政治力量，吸收到行政決策結構之中，賦予其統治權力以合法性，以求得港英政府和華人菁英「共治」的形式，成為港英政府體制特徵的一種經典管治模式。[93]

[91] 劉蜀永主編，《簡明香港史》（香港：三聯書店，2009年3月），頁228。

[92] 呂大樂著，《凝聚力量——香港非政府機構發展軌跡》（香港：三聯書店，2010年6月），頁35。

[93] 王英津著，《港澳特區政府與政治》（臺北：博揚文化事業有限公司，2009

研究發現，促使香港華人社團組織迅速發展的歷史背景，有幾個因素：

a. 殖民地政府的「開明威權政治」和「低度干擾」政策，令各種志願團體得以萌芽生長。

b. 民間組織在不同的歷史背景下扮演不同的角色，它們透過不同的途徑表達所屬社群的利益和意見。

c. 香港民間組織的意識型態大多傾向溫和。

d. 無論與政府關係如何，香港的民間組織都享有高度的自主性，絕大多數的民間組織都是民間自發成立的，完全不受政府支配，社團登記條例相對寬鬆。

e. 大部分民間組織的規模相對地少。研究發現57%香港市民沒有參與任何民間組織。[94]

港英政府採取盡量避免干預華人社會的各種安排和活動政策，為民間社會組織提供一個相對的發展空間。自1950年代到第二次世界大戰期間，大量不同性質，規模不一的民間社團紛紛成立，其中包括街坊組織、商會、工會、福利團體、專業協會等。戰後到六〇年代，第三部門的發展相當活躍，當時大量難民從內地湧入，社會福利的需求激增，為香港帶來嚴重的住屋、就業、教育等問題，不少來自海外或本地的志願組織、慈善機構相繼設立，為市民提供服務，是志願機構發展的黃金時代。大家仍會記得當時這些民間組織，主要倚賴本地或海外的捐獻或救援物質，為市民提供福利和服務。

年12月），頁13。

[94] 丘昌泰主編，《非營利部門研究——治理、部門互動與社會創新》（臺北：智勝文化事業有限公司，2007年11月），頁8-10。

香港自七〇年代開始，隨著政府的功能日益擴張，上述這些志願機構逐漸增加倚賴政府的資助，以應付不斷增加的服務需求。至九〇年代初，政府發表的「社會福利白皮書」，更建議把這類志願機構，改稱為「非政府機構」；名義上雖不屬政府，但實質上仍繼續受到政府的資助，並非完全脫離政府以外。

台港中的法規制度

台灣非營利組織法規與分類

　　蕭新煌認為台灣非營利組織可概分成兩大類，一個是以「會員」為基礎的「協會」或「社團組織」；另一個是以「基金」為組合，將此基金用於公益慈善事業的基金會。若以《民法》的分類來說，前者係指「社團法人」，後者係指「財團法人」（見圖3-8）。此外，依政府部門對於國內非營利組織之規範，由於台灣《財團法人法》草案尚未完成立法，無法給基金會一致性的規範。目前各類基金會分由政府相關部門各自訂定的財團法人監督辦法加以規範，在此不做論述。僅介紹《民法》及《人民團體法》對台灣非營利組織之定義與分類情形。

・民法

　　從法律面分類，主要見於《民法》第一篇總則及第二章第二節「法人」之規定，法人可分公法人和私法人，公法人係指具有公權力的政府機關；私法人則包括營利社團、公

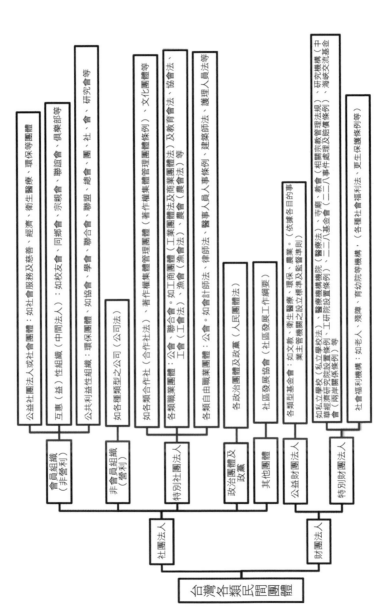

圖3-8 台灣各類民間團體圖（作者自製）

益社團及財團。[95]私法人又可分為社團法人與財團法人。社團法人包括營利性社團法人，如「公司」、「商行」；非營利性社團法人又可區分為中間性社團法人，如「同鄉會」、「同學會」、「宗親會」；公益社團法人，如「協會」、「促進會」。[96]社團法人是一群人的組織體，其組成基礎在於社員。[97]

根據民法規範之內容，大致上可以整理台灣非營利組織的分類體系，從民法已將台灣社團法人與財團法人之類型加以區分，但在台灣法律體系中，民法在社團法人中分營利法人及非營利法人，並沒有對「非營利組織」、或「基金會」等名詞下定義。

・人民團體法

社會團體申請設立程序，依內政部民國78年頒布之《社會團體許可立案作業規定》第2條規定，申請設立社會團體必須檢附相關文件，如申請書、至少30個以上發起人之簡歷名冊暨身分證影本、發起人至少分佈在7個縣市以上（以前須13個縣市，其中還必須包含直轄市）、章程草案向主管機關提出申請；經主管機關受理後，請警察機關查核發起人有無違反人民團體法第8條之消極資格，確定發起人資格沒問題，同時會商目的事業主管機關審查確認團體章程草案之任務無違反相關規定後，主管機關核定許可，期間約四個月；團體經許可設立後，須於六個月內完成召開發起人

---

[95] 施啟揚著，《民法總則》（臺北：三民書局，2005年6月），頁123。

[96] 林淑馨著，《非營利組織管理》（臺北：三民書局，2008年7月），頁54。

[97] 蕭新煌主編，《非營利部門——組織與運作》（臺北：巨流圖書公司印行，2007年9月），頁77。

會議；第一次及第二次籌備會議；召開成立大會並選舉理、監事；同時並召開理事會選出理事長及監事會後，檢附大會暨理、監事會議記錄、章程、會員名冊、年度工作計畫、年度經費收支預算表、選任職員名冊、會務工作人員等相關資料，陳報主管機關核准立案，並由主管機關發立案證書、圖記及理事長當選證書；社會團體如有需要得依法向地方法院登記為「社團法人」，完成法人登記後30日內報請主管機關備查。[98]此一設立程序過程冗長，且仍不脫戒嚴時期的管理思維，政府實有必要檢視相關法規，朝簡化程序，與時俱進，以滿足人民的需求。

依照人民團體法第4條規定，人民團體分為下列三種類型：

a. 職業團體：係以協調同業關係，增進共同利益，促進社會經濟建設為目的，由同一行業之單位，團體或同一職業之從業人員組成之團體。

b. 社會團體：係以推展文化、學術、醫療、衛生、宗教、慈善、體育、聯誼、社會服務或其他以公益為目的，由個人或團體組成之團體。另依內政部所訂《社會團體許可立案作業規定》，社會團體分為十二類如下：「學術文化團體」、「醫療衛生團體」、「宗教團體」、「體育運動團體」、「社會服務及慈善團體」、「國際團體」、「經濟業務團體」、「環保團體」、「宗親會」、「同鄉會」、「同學校友會」、「其他公益團體」。

---

[98] 蕭新煌主編，《非營利部門——組織與運作》（臺北：巨流圖書公司印行，2007年9月），頁81。

c. 政治團體：係以共同民主政治理念，協助形成國民政治意志，促進國民政治參與為目的，由中華民國國民組成之團體。[99]

　　從人民團體法第1條規定：「人民團體之組織與活動，依本法之規定；其他法律有特別規定者，適用其規定。」之立法精神觀之，人民團體法只是做為人民團體組織與活動的依據，並非一部專門規範非營利組織的法律。換言之，如其他法律有特別規定時，即可排除人民團體法之適用。但就實際觀之，許多團體已有單行法規適用，如《工業團體法》、《商業團體法》、《教育會法》、《協會法》、《工會法》、《醫事人員人事條例》等。現行人民團體法幾可謂只是規範社會團體而已。至職業團體及政治團體，前者係以協調同業關係，增進共同利益，促進社會經濟建設為目的，由同一行業之單位，團體或同一職業之從業人員組成；後者則基於共同民主政治理念，協助形成國民政治意志，促進國民政治參與為目的，由中華民國國民組成，由於政治團體有其特殊考量。因此，政治團體之組成僅限於具有中華民國國民身分始能組成。兩者其公益性相對較低，嚴格認定並不在非營利組織的範圍內。但從中介性與互助性的功能角度而言，職業團體及社會團體對協助政府與民眾雙向溝通的橋樑，是有所助益。[100]而現行人民團體法具有下列特色：

a. 人民團體法是規範社會團體及政治團體。人民團體法第1條規定：人民團體之組織與活動，依本法之規定；其他法律有特別規定者，適用其規定。由於目前

---

[99] 林淑馨著，《非營利組織管理》（臺北：三民書局，2008年7月），頁56。
[100] 林淑馨著，《非營利組織管理》（臺北：三民書局，2008年7月），頁57。

並無社會團體法及政黨法，故社會團體及政治團體之組織係以人民團體法為依據。在人民團體法列入政治團體的規範條文，其實是解嚴後為開放黨禁在政治協商下的產物。至職業團體因各有單行法律規範，如《工業團體法》、《商業團體法》、《教育會法》、自由職業法規，如會計師法、律師法、醫事人員人事條例等，均有一定的法律規範與條件限制。

b. 人民團體法的設立准否是採「許可制」、「備案制」及「強制許可制」的一法三制體系，如社會團體係採許可制；政治團體係採備案制；職業團體強制必須准許設立。其中值得一提的是將政治團體（包括政黨）納入人民團體法規範，主要原因係考量當時政府並無《政黨法》。是故，為讓人民有組政黨之自由，在朝野政黨協商下一種權宜措施的產物。

c. 採「二級制」與「雙重管理」。人民團體法第3條規定，本法所稱主管機關在中央及省為內政部；在直轄市為直轄市政府；在縣（市）為縣（市）政府。但其目的事業應受各事業主管機關指導、監督。同法第58條規定，人民團體法有違反法令、章程或妨害公益情事者，主管機關得予警告、撤銷其決議、停止其業務一部或全部，並限期令其改善；屆期未改善或情節重大者，嚴重時廢止許可或解散。前項警告、撤銷其決議、停止其業務處分，目的事業主管機關亦得為之。

d. 建立人民團體之選任人員之人數及任期制度。根據亨利・墨瑞的假設：個人之所以會留在團體中，參加團

體活動，從眾團體規範，甚至屈從於團體的暴政，是因為他在團體中能獲得在別處無法滿足的社會性需要。[101]基於這項考量，在人的社會性需求中，對於名義及名譽的取得自有其思考。因此，規定理、監事任期及限制理、監事人數上限的限制，並規定理事長只能連任一次之限制，以求團體民主化及領導人員的活力化與職責化。

e. 人民團體選任人員出席會議的權利及義務。社會團體之選任人員係由會員大會選舉產生，均無給職，並依會員大會決議執行。選任職員如有違反法令、章程或會員大會決議事項者，得經會員大會通過罷免或停權。

f. 建立獎優汰劣的制度。人民團體成績優良者，主管機關得予獎勵。每年由中央主管機關依據社會團體之會務、業務及公益等項目之執行績效評鑑其等第，經評定為優、甲等之團體，並頒予獎金或獎狀以資鼓勵。

g. 規定人民團體的經費來源、預、決算及經費收支之審議。社會團體每年應於年度開始前要編列年度工作計畫、年度收支預、年度結束後三個月內要將年度決算、現金收支表、資產負債表、財產目錄等相關資料陳報主管機關審議，以瞭解社會團體財務狀況是否健全，業務推動是否正常，同時依據社會團體財務處理辦法

---

[101] 許烺光著，黃光國譯，《宗族、種姓與社團》（臺北：南天書局有限公司，2002年11月），頁272。

規定，主管機關得視實際需要進行社會團體財務之查核。

h. 監督與處罰。人民團體如有違反人民團體法第2條違背憲法或主張共產主義、或主張分裂國土規定者，不予許可。同法第53條經許可設立者，撤銷其許可。惟該二條文規定因大法官第644號解釋認為有違反人民結社權利，於民國100年6月15日經總統公布予以刪除；第58條人民團體有違反法令、章程或妨害公益者，輕則警告，限期改善，嚴重時予以解散。對未依法申請許可設立或備案之團體，經主管機關通知限期解散而不解散者，或仍以該團體名義從事活動，經該管公務員制止而不遵從者，課以罰鍰或刑責等相關規定。[102]

i. 為落實人民團體法，以作為主管機關管理人民團體或社會團體的依據，內政部依人民團體法授權令命先後頒布了《人民團體選舉罷免辦法》、《社會財務處理辦法》、《社會團體工作人員管理辦法》、《人民團體獎勵辦法》等，為便行政執行與管理又依職權訂定《督導各級人民團體實施辦法》、《社會團體許可立案作業規定》及《人民團體立案證書頒發規則》，以提供各級主管機關遵循辦理。

· 租稅減免優惠

租稅的優惠是指國家基於特定的社會目的，透過稅制上的例外或特別規定，給予納稅義務人，減輕租稅債務之

---

[102] 陳武雄著，《人民團體輔導與組織》（臺北：臺北市志願服務協會出版，民國86年，2月），頁10-21。

利益措施（封昌宏，2006：16）。亦是人民向政府申請設立非營利組織設立的重大誘因之一。根據作者瞭解台灣有關非營利組織之相關免稅法規約有十六種包括：1.所得稅法。2.所得稅法施行細則。3.教育、文化、公益、慈善機關或團體免稅所得稅適用標準。4.營業稅法。5.印花稅法。6.娛樂稅法。7.遺產及贈與稅法。8.遺產及贈與稅法施行細則。9.土地稅法。10.平均地權條例。11.平均地權條例施行細則12.房屋稅條例。13.關稅法。14.關稅法施行細則15.使用牌照稅法。16.捐贈教育文化公益慈善宗教團體祭祀公業財團法人財產不計入遺產總額或贈與總額適用標準等。這些稅法大多是有部分條文與制定免稅優惠，以及鼓勵捐贈給非營利事業有關。

　　另外，民國95年5月17日為有效管理勸募行為，妥善運用社會資源，以促進社會公益，保障捐款人權益，政府公布《公益勸募條例》，同年12月25日發布《公益勸募條例施行細則》及12月27日發布《公益勸募許可辦法》。民國96年1月19日廢止施行多年的《統一捐募運動辦法》，讓勸募團體依法辦理勸募活動。該條例雖非免稅法規範疇，卻規範與提供個人、團體與民間企業對民間團體的捐贈依據。但該條例公布不久，歷經2009年的八八水災，即出現法規適用上未盡完善，如勸募團體所募集之財物之資訊公開、財務超過募集預期，或未於時間內用完時等等之管理機制。政府必須立即修法因應。

台灣第三部門分類

　　主要沿用國際非營利組織分類，依社會環境背景再予以分類如表3-1。

表3-1　國際非牟利組織與台灣第三部門分類之比較

國際非牟利組織類別	台灣第三部門類別
1. 文化與娛樂 2. 教育與研究 3. 醫療 4. 社會服務 5. 環境 6. 法律、倡議及政治 7. 慈善媒介及自願促進 8. 國際活動 9. 宗教 10.商業及專業協會，工會 11.發展與房屋 12.其他	1. 文化（文學、藝術）、體育 2. 學術 3. 醫療衛生 4. 社會服務 5. 環境 6. 政治、政策倡導（如關注婦權、人權、消費權等團體） 7. 慈善 8. 國際 9. 宗教 10.經濟業務、工商團體（如工業總會、商業總會、同業公會） 11.聯誼性質（如宗親會、同鄉會、同學校友會）

資料來源：蕭新煌、官有垣、陸宛頻主編，《非營利部門──組織與運作》（臺北：巨流圖書公司印行，2009年2月），頁450。

大陸民間組織法規與分類

　　中國大陸在1950年政務院就頒布了《社會團體登記暫行辦法》。表面上是為了促進中國非營組織的發展，其實是為了清理及解散當時存在的社團提供法律和依據。這個「暫行辦法」直到1989年10月國務院頒布《社會團體登記管理條例》才廢止。1998年10月國務院又修正頒布《社會團體登記管理條例》和《民辦非企業單位登記管理暫行條例》。但大陸目前仍無制定職業團體法規。

目前非營利組織在中國大陸是由民政部下的民間組織管理局所登記管理，並將其區為二大類：一類是「社會團體」；一類是「民辦非企業單位」。[103]《社會團體登記管理條例》（簡稱社團條例）共七章40條。為現行規範社會團體登記管理主要依據，並確立幾項管理規則：

・定義和分類

　　依社團條例第2條規定：本條例所稱社會團體，是指中國公民自願組成，為實現會員共同意願，按照其章程開展活動的非營利性社會組織。第10條規定全國性社會團體名稱必須冠以「中國」、「全國」、「中華」等字樣，地方性社會團體不得冠「中國」、「全國」、「中華」等字樣。

・成立要件

　　在大陸成立社會團體應經過其主管單位審查同意，並依照有關條例的規定進行登記。社會團體應具備法人條件：1.有一定數量規模的個人會員或單位會員；2.有規範的名稱和相應的組織機構；3.有固定的住所；4.有與其業務活動相適應的專職工作人員；5.有合法的資產和經費來源；6.有獨立承擔民事責任的能力。此外，除滿足以上六個條件外，還必須滿足以下幾個方面的要求：

　　1.成立社會團體應徵得業務主管單位同意；2.在同一行政區域內沒有業務範圍相同或類似的社會團體；3.社會團體的宗旨、業務範圍必須符合現行社團條例第4條的規定；

---

[103] 汝信、陸學藝、李培林主編，《2003年中國社會形勢分析與預測》（北京：社會科學文獻出版社，2003年），頁235。

4.擬成立的社團發起人、擬任負責人的政治權利瘕疵或民事行為能力限制，申請籌備過程中弄虛作假，以及有法律、行政法規的禁止性規定等，都是登記管理機關不予批准籌備的法定情形。社會團體的種類多元化，如「學會」、「志願者團體」、「促進會」、「同學會」等都屬此類。

・成立登記程序

　　社會團體成立要先申請籌備批准程序。申請籌備成立社會團體，發起人應向登記管理機關提出下列文件：1.籌備申請書；2.業務主管單批准文件；3.驗資報告、場所使用權證明；4.發起人和擬任負責人的基本情況、身分證明；5.章程草案。登記管理單位應自受理後60日內做出批准與否的決定。經登記管理單位批准籌備之日起6個月內完成相關成立大會，並向登記管理機關申請設立登記。

・變更登記、註銷登記

　　依據社團條例第12條規定，社會團體登記事項包括：名稱、住所、宗旨業務範圍和活動領域、法定代表人、活動資金、業務主管單位等內容需變更的，應自業務主管機關審查同意之日起30日內，向登記管理機關申請變更登記。

　　社會團體有下列情形之一者，應經業務主管單位審查同意後，向登記管理機關申請註銷登記。1.完成社會團體章程規定的宗旨。2.自行解散。3.分立或合併。4.由於其他原因終止。

・對章程的規範

　　社會團體的章程應包括：1.名稱、住所；2.宗旨業務範

圍和活動領域；3.會員資格及其權利、義務；4.民主的組織管理制度、執行機構的產生程序；5.負責人的條件和產生、罷免的程序；6.資產管理和使用原則；7.章程的修改程序；8.終止程序和終止後資產的處理；9.應當由章程規定的其他事項。

・財產管理規則

　　社會團體財產管理的規則包含：1.社會團體的資產來源必須合法，任何單位和個人不得侵佔、私分或挪用社會團體的資產；2.社會團體的資產必須用於章程規定的業務活動，不得在會員中分配；3.社會團體接受捐贈、資助，必須符合章程的宗旨和業務範圍，必須根據捐贈人、資助人約定的期限、方式和合法使用；4.社會團體專職工作人員的工資和保險福利待遇，參照國家對事業單位的有關規定執行。

・公信力保障

　　為確保社會團體的公信力，社會團體必須提出：1.年度報告制度；2.財務和審計的專門監督；3.信息公開制度；4.利益衝突禁止。社會團體的法定代表人，不得同時擔任其他社會團體的法定代表人。

・分支機構和代表機構

　　分支機構是社會團體內部的專門機構，代表機構是指社會團體在住所以外的地區設立辦事機構。分設立程序、權利能力及禁止性規定。

‧外國商會的登記管理

中國大陸為因應改革開放後，外資企業和商業大量湧入中國大陸，於1989年7月訂頒施行的《外國商會管理暫行規定》，主要規定如下：1.明確外國商會的定義；2.規定批准和登記程序；3.主要監管措施。

‧法律責任

與1989年的社團條例比較，現行社團例強化了法律責任，主要體現在以下三個方面：

a. 增加社會團體進行處罰的行政處罰種類，如責令撤換直接負責的主管人員和沒收違法所得以及罰款處罰等。

b. 增加可以撤銷登記的情形。這是對社團最嚴厲的處罰。

c. 強化對違法結社的打擊力度。現行社團條例將違法結社的含義擴及為「未經批准，擅自開展社會團體籌備活動」、「未經登記，擅自以社會團體名義進行活動」以及「被撤銷登記的社會團體繼續以社會團體名義進行活動」等三種情況，由登記管理機關予以取締，沒收非法財產；構成犯罪的，依法追究責任；未構成犯罪的，依法給予治安管理處罰。2006年3月1日起生效的《中華人民共和國治安管理處罰》即是。[104]

---

[104] 王名主編，《中國民間組織30年——走向公民社會》（北京：社會科學文獻出版社，2008年10月），頁88-101。

中國大陸第三部門分類

中國大陸第三部門分類除參考國際分類外，仍保有大陸一貫特色的分類，如圖3-9。

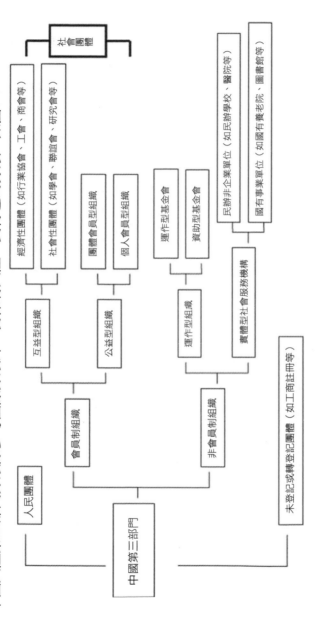

圖3-9 中國大陸第三部門分類圖

資料來源：王名、劉國翰和何建宇著，《中國社團改革：從政府選擇到社會選擇》，北京：社會科學文獻出版社，2001年，頁229。

香港第三部門法規

　　香港特區政府對社會服務機構進行註冊管理。它是根據《社團條例》成立的社團。社團條例的定義，社團指本條例條文適用的任何會社、公司、一人以上的合夥或組織，不論性質或宗旨為何。該條例就社團的註冊、禁止某些社團的運作予以規定，社團須於成立後一個月內，以規定的表格向社團事務主任申請註冊或豁免註冊。另一個是根據《公司條例》註冊的法團。公司乃根據《公司條例》組成及註冊的公司或指現有公司。研究發現，在香港的社會服務社團以公司條例註冊的法團型式居多，其次是依據社團條例成立的社團，主要原因是，由於社團所負法律責任不同，且依據社團條例向政府申請成立社福專業服務性質的組織很少通過申請。因此，多數社會福利服務組織（甚至連政治團體或政黨）皆是以公司條例註冊申請立案。[105]

　　香港不同法規對非政府組織的影響有三方面，分述如後：

・組織需要承擔的法律責任

　　香港《社團條例》雖對非政府組織的監管較寬鬆，但組織卻負上無限的法律責任，有一定的風險。《公司條例》正好相反，非營利組織若註冊為「有限公司」，只需負有限的法律責任。因此，香港非營利組織大多數係依《公司條例》註冊的團體。

---

[105] 官有垣，《台灣與香港第三部門現況的比較分析──以福利服務類非營利組織為探索對象》，（行政院國家科學委員會專題研究成果報告，民國95年10月），頁50。

· 公眾對組織的印象

　　非政府組織不論是以「社團」或「有限公司」名義進行活動，都可能使社會大眾對組織的印象產生負面的影響。香港由於深受西方文化的影響，社會較為開放，因此有些社團組織如色情團體皆可註冊為社團，讓公眾產生負面的觀感，影響社團的形象。反觀，以有限公司註冊的組織，其如以公司名義在募款時，往往會讓公眾覺得這類活動具有商業性質，而非單純的慈善活動。不過由於《公司條例》第21條規定機構組織的宗旨如係為促進商業、藝術、科學、宗教、慈善或其他效益為目的者，其組織名稱可不加冠「有限公司」名稱，這項規定有助公眾對機構的正面印象。

· 對非營利組織的監管

　　《社團條例》比《公司條例》寬鬆。如陳報會議資料、財務收支等文件或組織在註冊程序上所需繳交文件等。

　　香港對接受政府資助的非政府組織購買服務時有一定的制約。政府引入投標制度來篩選社會福利服務的提供者，這個制度是政府評估社會福利機構的服務表現，分成兩個部分，一是津貼及服務協議，明定受資助機構應該達成的服務指標。二是服務素質指標，用來評估機構服務表現的指標。[106]

香港第三部門分類

　　主要沿用國際非營利組織分類，再依香港社會環境背景的不同結構予以分類如表3-2。

---

[106] 蕭新煌、官有垣、陸宛蘋主編，《非營利部門──組織與運作》（臺北：巨

表3-2　國際非牟利組織與香港第三部門分類之比較

國際非牟利組織類別	香港第三部門類別
1. 文化與娛樂	1. 藝術與文化
2. 教育與研究	2. 體育
3. 醫療	3. 教育與研究
4. 社會服務	4. 醫療服務
5. 環境	5. 福利服務
6. 法律、倡議及政治	6. 環境
7. 慈善媒介及自願促進	7. 公民及倡議
8. 國際活動	8. 政治
9. 宗教	9. 法律及法律服務
10.商業及專業協會，工會	10.慈善及中間媒介
11.發展與房屋	11.國際及跨國
12.其他	12.宗教
	13.社區組織
	14.專業、工業、商業及工會

資料來源：蕭新煌、官有垣、陸宛蘋主編，《非營利部門——組織與運作》（臺北：巨流圖書公司印行，2009年2月），頁448。

台港中的非營利組織與政府關係

　　非營利組織的運作資金主要係來自會員繳交之會費收入，其次係來自政府的補助、社會捐款、非營利組織自行提供服務所獲取的收入及基金會孳息等，[107]其中除會員會費外，其餘經費之來源，均與團體本身規模、實力及社會關係有很大的關係。非營利組織與政府間的關係非常密切，可歸納為四個主要面向：一是管制關係：作為整體社會中的一個部門，非營利組織在政府所建構的法制框架之下運作，政府的各種政策、制度、法令與措施都會影響非營利組織的集體

流圖書公司印行，2009年2月），頁454-457。
[107] 江明修主編，《公民社會理論與實踐》（臺北：智勝出版社，2009年11月），頁27。

生態、發展方向、經營思維與活動內容。二是財務關係：政府對非營利組織提供經費挹注與技術支援。三是服務輸送：公部門透過補助或委託方式，將本身生產公共服務的職能轉移給民間非營利組織。四是政策倡議關係：非營利組織以各種社會運動或議會路線手段，影響政府的公共政策，並著力於監督政府施政作為。[108]

　　台灣在戒嚴時期，民間組織受到政府相當程度上的壓抑與限制，導致民間組織量少體弱，正所謂：大象沒幾隻。既無自主性，活動領域也受限，在政府掌握龐大社會資源的優勢下，民間組織被當作用以配合政府或政黨選舉需要的資源。造成民間組織相當程度對政府也產生過度的依賴，影響民間組織的正常發展。這種直接來自政府權力的影響關係，台灣學者瞿海源教授將這種關係大約分為五類：

　　第一是政府與民間資源的對應利用。許多民間組織都會接受政府委託或爭取政府經費補助以維持其運作。相對的，政府也會借助民間資源來推動政策或施政的實現，有時候甚至政府與民間合作共同推動。

　　第二是意見徵求或接納。指政府為推行政策或方案，希望在政策或方案確定前，先徵求相關民間組織意見，或邀請民間組織參與討論，以利政策的推動與執行。

　　第三是政府單向評鑑民間組織。民間組織獲准成立後，政府會審核團體會（業）務與公益的執行成效，經評鑑為績優之民間組織，政府會公開表揚及給予適當的獎勵。

---

[108] 蕭新煌、官有垣、陸宛蘋主編，《非營利部門——組織與運作》（臺北：巨流圖書公司印行，2009年2月），頁225。

第四是民間組織響應政府號召，參與某一些活動或行動。戒嚴時期，民間組織由於缺乏自主性及對政府過度依賴，而政府又挾其擁有權力與資源，號召民間組織配合政府辦理之活動，但過去這種常態性現象隨解嚴後逐漸褪去。

　　第五是民間組織佔用政府資源。指在戒嚴時期，在威權體制統治與黨國不分之下，許多政府資源被國民黨占據的一種較為奇特與不合理的現象。但隨著威權體制的瓦解，民主的深根，政權輪替再輪替，台灣政治民主化逾趨成熟，社會風氣大開，朝多元化發展，這種現象在當今環境已不可能再發生。[109]

　　台灣學者丘昌泰從歷史結構角度將台灣民間組織與政府關係依雙方影響力的強弱分為三個歷史階段：1980年中期解嚴之前，政府的政治力遠大於民間組織所代表的社會力，民間組織既無自主性，也對政府產生依賴；1980年代中期至2000年首次政黨輪替之間，政府的政治力與民間組織的社會力時而扈從，時而抗衡，政府固然掌握絕對多數的政經資源，但民間組織在許多領域展現可觀與有形的動員能力與無形的精神力量，民間組織具自主性與創導性；2000年政黨輪替之後，民間組織所展現的社會力無論在諸多國內與國際事務上皆逐漸成為政府所必須借助與仰賴的力量，但是在政府利用經濟性政策工具及種種不利民間組織環境因素交互作用下，應該與政治與經濟的民間組織，反而重回解嚴前兩者的關係。[110]惟2008年政權再輪替，讓台灣民主更深化，更趨成熟。這項成就在兩岸三地裡大陸與香港皆難以望其向

---

[109] 瞿海源、顧忠華、錢永祥主編，《法治、人權與公民社會》（臺北：桂冠圖書出版有限公司，2002年12月），頁226-229。

[110] 丘昌泰主編，《非營利部門研究——治理、部門互動與社會創新》（臺北：智勝出版社，2007年11月），頁196。

背。也預測台灣社會未來政權輪替將可能成為一種常態性，這對民間組織走向公民社會的發展相當有利。

　　丘昌泰引用新公共服務的治理模式，提出民間組織與政府的互動具有以下五項政策意涵，作為台灣民間組織與政府互動的建議：一是政府應採用資訊性的政策工具與民間組織進行互動。二是民間組織應透過網絡化機制與政府進行互動。三是政府與民間組織之間應建立官僚服務公民的合作關係。四是民間組織與政府應經由協商與說服的審議過程進行平等公開的政策論辯。五是政府應協助民間組織培養表達使命與整合利益的授能技巧。[111]

　　大陸自1949年建立起來的社會是一個「總體性社會」一切以共產為依歸，國家對社會資源是實行全面性的控制與壟斷控制，在制度上被作為政治協商制度的重要組成部分，在資源上實行財政的統一供給，在領導人任免上通過統戰部門的協調。學者孫立平從社會學的視角概括「總體性社會」中國家與社會的關係特徵為：一、國家直接面對民眾。二、國家對民眾的參與式動員。三、強有力的行政性政治整合取代血緣與契約性社會整合。四、民眾對國家的組織性依附性關係。五、縱式關係重於橫式關係。六、等級社會與「大多數」現象。七、平民主義意識形態及對菁英的本能反感。八、單向溝通渠道。[112]在國家整合社會的框架下，大陸非營利組織具有明顯的「官民二重性」特徵，以及在「強國家、弱社會」的制度下，政府對於非營利組織居於絕對的主導地

---

[111] 丘昌泰主編，《非營利部門研究——治理、部門互動與社會創新》（臺北：智勝出版社，2007年11月），頁198-201。

[112] 王名主編，《中國民間組織30年——走向公民社會》（北京：社會科學文獻出版社，2008年10月），頁189-190。

位，大陸非營利組織大多具有「半官半民」的性質，這點與台灣在戒嚴時期時政府對民間團體的掌控極其非似，其表現更在社會資源的動員、需求的滿足、活動的領域、資金的籌措等方面，政府的影響可謂無所不在。[113]大陸大多數民間組織都是為了幫助政府解決各自領域中的工作而建立的，每一個民間組織都有一個政府機構作為其業主管部門，它的活動領域只能是社會和政府共同認可的交叉地帶。民間組織在經費來源上對政府有強烈的依賴性，組織內部的人事任免也依賴政府。這種情況直到改革開放後才逐漸改善。1978年十一屆三中全會確立了社會主義現代化建設的總路線，大陸社會進入一個新的轉型時期。改革開放後，以「小政府、大社會」為目標，為民間組織的發展提供了廣泛的社會需求和社會資源。民間組織的生長及其與政府之間的關係發展，就是這樣的背景下發展開來的，在在顯示出政府在民間組織發展過程中扮演的角色與影響力，亦凸顯此種不對等的合作夥伴關係。[114]

　　改革開放後民間組織具有兩條明顯不同的路徑，其發生動力、組織特徵、社會功能、制度約束、演化趨勢等，均表現出不同的特點，形成大陸民間組織獨有的特色。

・民間組織發展「自上而下」的路徑。

即政府或其相關機構主動組建和主導的民間組織。這種自上而下的民間組織有以下特徵：

　　首先，民間組織成立的目的表現為四個方面。包括動

民主推進器——兩岸三地的公民社會

150

---

[113] 溫艷萍著，《民間非營利組織的社會與經濟效應研究》（上海：上海人民出版社，2008年8月），頁50。
[114] 徐雪梅著，《網絡經濟中政府與非營利組織關係研究》（北京：中國社會科學出版社，2009年5月），頁148-151。

員和整合社會資源的需要；政府職能的需要；單位體制改革人事安排的需要；對外交往的需要。其次，自上而下的特徵具有行政化的運作模式，與政府關係密切的仍保留財政的撥款，官辦色彩嚴重。第三，自上而下的民間組織的社會功能首先是為政府服務，作為政府管理與社會服務，或政府聯繫人民的橋樑紐帶。第四，自上而下的民間組織在註冊登記與業務，及政策優惠制度環境方面具有特殊優勢。第五，自上而下的民間組織的發展軌跡，呈現歷史長，隨政府改革增長、轉型與新生併行的過程。

・民間組織發展「自下而上」的路徑。

即在改革過程中，由公民基於社會需求發起、相對獨立運作的民間組織。它與自上而下的基礎不同，在各方面的表現亦與上述有不同的特點。

　　首先，自下而上的民間組織的成立目的直接而單一。其次，自下而上的民間組織特徵是早期個體菁英突出，不斷走向規範發展。第三，自下而上的民間組織的社會功能源自公民自治。第四，自下而上的民間組織在發展的制度環境上存在較多困境。第五，自下而上的民間組織的發展自改革開放以來有過兩次發展高潮，第一次是在二十世紀八〇年代中後期至1989年清理整頓；第二次是自1998年迄今。民間組織的發展呈現數量快速增加、種類多、組織層次提升、領域細化、公民參與廣泛，專業性增強與多元化發展的局面。

　　大陸民間組織與政府關係，從發源上就存在兩種不同的發展途徑，即「自上而下」的民間組織與「自下而上」的民間組織發生動力、組織特徵、社會功能、制度約束、演化趨

勢等。但在建立多元、民主、尊重個體權利和具有個體責任
的社會，自下而上的組織化建設將是社會秩序的基礎，政府
在處理與民間組織關係時，應以「輔助」原則為出發點。[115]

　　香港社會福利部門的歷史發展與政府關係，可分為兩個
階段五個時期。兩階段係指二次世界大戰前與二次世界大戰
後。政府從對社會福利慈善事務從不相往來，到開始關心參
與社會福利事務，進而與社會福利機構成為夥伴關係。至於
五個時期則是兩階段的延伸，茲分述如後：

(1) 政府不介入時期

　　二次世界大戰前，香港華人社會慈善團體和教會是完全
自立更生，而這些志願組織主要是由外國傳教士或是傳統中
國仕紳組織所形成。政府對社會福利慈善事業漠不關心，
放任自流，政府與民間志願組織的關係是處於相互隔離的
階段。

(2) 政府逐漸涉入時期

　　二次世界大戰後，1946-1949年期間，國共內戰造成香
港湧入大量難民，人口急遽攀升，志願機構依靠先進國家和
海外救濟組織的資助，與政府共同為難民提供應急服務。
1958年政府為關心社會福利事務，成立社會福利署，由於
人力經費短缺，功能並不彰顯，社會福利事業實際上還是由
民間志願慈善組織擔綱。

---

[115] 王名主編，《中國民間組織30年──走向公民社會》（北京：社會科學文獻
出版社，2008年10月），頁192-198。

(3) 政府與志願組織的夥伴關係

　　1967年在中國文化大革命的衝擊之下，香港發生大規模的示威暴動，歷經數週。事件後，政府大規模的調查暴動的起因，發現所得不均以及有限的福利保護措施等不滿情緒是對抗殖民政府的主因。1968年政府與社聯及其會員機構共同制定第一份「社會福利白皮書」，成為歷史性的突破，確立志願機構在與政府的夥伴關係。1970年代香港成為亞洲快速經濟發展的國家之一，政府決定投資更多的資源於社會福利上。逐漸地取代志願組織提供基本福利服務的功能。

　　1973年社聯參與政府「香港福利未來發展計畫白皮書」及「社會福利發展五年計畫」檢討工作，政府承認志願組織為一個合作的夥伴關係，並願意提供有利的發展環境。1980年代初期，香港再度面臨1997回歸大陸的政治問題，英國與大陸開始協調香港未來的定位與走向。香港開始理解到政治、社會與經濟改變的問題，這同時也衝擊了社會福利服務的發展。但在政策的配合下，社會福利志願組織與政府依舊保持良好的夥伴關係。

(4) 政府對志願機構的管理與志願機構對政府政策的相互影響

　　二十世紀七〇年代末，隨著志願組織提供服務迅速擴展和對政府資助的日益依賴，志願機構越來越受關注。政府開始著手對社福機構提供服務的合理化與加強志願機構和社會福利署的內部的管理。政府致力使資源獲得適當的分配，並對志願機構加強管理。於此同時，志願機構也加強對政府相關政策制定過程發揮影響力，以取得共識。

(5) 從合作夥伴關係向契約關係的轉變

發展與志願機構為夥伴關係是特區政府施政的基本政策之一。在2000年「以民為本，均衡發展」的施政報告中，特區行政長官董建華指出：「香港有一個不斷發展、富有生命力的志願服務領域」。政府將繼續與這個領域中的志願團體加強合作。[116]使得香港政府與志願機構之間的合作關係不斷深化。由於社會的進步，政治民主化及居民對公營機構期望的提升，香港居民要求公營機構應有更高的透明度，更強的問責性和更有成本效益的管理。在香港社會福利機構的資金多來自政府，占機構的收入比例大約一半，甚至達百分之六十。[117]香港政府為改善社會福利資助制度，在資助與監察方面引入一系列的措施，以確保服務達成既定目標。「服務監察」及「資助制度」的改善措施旨在奠定一個基礎，使政府與提供服務的機構能共同改善社會服務的規劃範疇及程序，從而提供一個規範與機制，包括推行整筆撥款的資助方式；加強對公共資源使用的公眾問責性；加強對受資助機構的財務管理；建立服務表現監察制度。以最符合成本效益的方法，滿足社會不斷轉變的需要。[118]

本章前半段旨在探討非營利組織的概念、理論、特徵、角色功能與作用，已如前述，擬不再贅述。謹就兩岸三地非

---

[116] 陳瑞蓮，汪永成著，《香港特區公共管理模式研究》（北京：中國社會科學出版社，2009年5月），頁262。

[117] 蕭新煌、官有垣、陸宛蘋主編，《非營利部門——組織與運作》（臺北：巨流圖書公司印行，2009年2月），頁459。

[118] 陳瑞蓮，汪永成著，《香港特區公共管理模式研究》（北京：中國社會科學出版社，2009年5月），頁251-269。

營利組織的發展,提出淺見,兩岸三地在非營利組織的現代發展,皆經歷許多的曲折後始逐步趨於正常,進而走向蓬勃發展之境,但兩岸三地在政府治理這個面向,似乎均未臻健全,仍有一些需要制定與檢討修正之處,以趨近國際水平;而與政府關係,台灣民間組織與政府的關係,威權時代民間組織以配合政府政策居多,解嚴後,民間組織發展轉趨獨立、多元與自主,但與政府關係堪稱友好。大陸民間組織的發展仍然不脫與台灣早期相似,即「自上而下」的發展模式,改革開放後,大陸民間組織呈現出兩個階段三個高峰的發展,雖然也有草根性團體出現,但仍然以「自上而下」的發展模式居多,自主性低,依附性仍高,民間組織與政府的關係是上對下的關係,至於草根性團體也僅侷限於部分特別的團體;香港社會福利機構的發展,由於早期港英政府是採取「放任」政策,以致香港完全是由民間志願性組織的發展模式,但在回歸大陸後受到大陸政治統治的影響,社會福利機構與政府關係是呈現合作與依賴,主要係香港社會福利機構的經費相當程度係來自港府的補助的關係。

Chapter 4
台港中的公民社會發展論壇

結社是人民的自由，
任何人都不能用外在或內在的力量加以限制，
必須遵守結社自由的精神。
——Mohandas Karamchand Gandhi（聖雄甘地）

兩岸三地系出同源，有共同的歷史文化、血緣關係、語言與風俗習慣等淵源，但受制於政治環境與社會變遷的影響，各自在不同的政治制度與社會環境背景下發展，以至於在民間組織發展上多少會有一些差異。為求議題研究的一致性，本研究將以探討兩岸三地公民社會發展為主軸，從而瞭解兩岸三地公民社會發展的差異性，作者親自專訪國內及渡海登陸對兩岸三地十位長期研究與觀察公民社會發展領域的學者與實務專家進行深度訪談，訪談資訊如下表，本章即以訪問主題為綱領，重點呈現各家說法。

受訪者	服務單位暨職稱	訪問地點	訪問時間
林淑馨	國立臺北大學公共行政暨政策學系副教授	國立臺北大學	2010.10.29.
顧忠華	國立政治大學社會學系教授	國立政治大學	2010.11.01.
徐世榮	國立政治大學地政學系主任 第三部門研究中心主任	國立政治大學	2010.11.05.
蕭新煌	中央研究院社會學研究所所長	中央研究院社會所	2010.11.11.
江明修	國立中央大學客家學院院長	國立政治大學	2010.11.19.
甲學者	上海某社科院副研究員	臺北市	2010.11.22.
乙小姐	香港社會福利署主任	香港社會福利署	2010.11.26.
陳健民	香港中文大學社會學系副教授 公民社會研究中心主任	香港中文大學	2010.11.26.
陳錦棠	香港理工大學應用社會科學學系副教授 第三部門教研中心負責人	香港理工大學	2010.11.26.
陸宛蘋	財團法人海棠文教基金會執行長	海棠文教基金會	2010.12.06.

概念

在西方公民社會（Civil Society）的定義，學者眾說紛紜，從國家與社會的二元結構，或國家、市場、社會與家庭的四元結構都有。但自九〇年代以來，以三分法為基礎的公民社會定義逐漸被大多數學者所接受，其中戈登・懷特（Gordon White）的定義頗具代表性，他指出：「從公民社會這一術語的多數用法觀之，其主要思想是，公民社會是處於國家和家庭之間的大眾組織，它獨立於國家，享有對於國家的自主性，它由眾多旨在保護和促進自身利益或價值的社會成員自願結合而成。」[1]這種引自西方國家的產物在兩岸三地間受到學術界熱烈與廣泛的討論，但尚未深入到社會層面，成為一股主流價值，也未受到政府的認同，成為政府的公共政策。探其原因，主要是對公民社會內涵的誤解，以為公民社會是用來對抗政府與企業的民間組織！且質疑其是否適於融入本土化？更有甚者認為公民社會是一種不可能達到的理想社會！但無論如何，公民社會已成為世界潮流是不爭的事實，兩岸三地自不可置身事外。因此，在此一意義上，兩岸三地學者如何從政治、經濟、社會、傳統文化或其他不同的角度去闡述公民社會的概念，殊值關注與探討，茲分述如下：

---

[1] 俞可平等編，《中國公民社會的興起及其對治理的意義》（北京：社會科學文獻出版社，2002年11月），頁189。

公民社會的概念

台灣學者林淑馨從政治、經濟與社會三個面向分析認為：「公民社會即是每一個公民都擁有權利義務，這些權利義務受到憲法的保障，享有獨立與自主空間。」在政治上享有公民權，選舉時有平等與秘密投票的權利，也就是主權在民；在經濟上它是獨立的消費者，有消費者主權；在社會組織上具有結社自由，及主張維護個人或團體權益的自由，它的核心是自由與平等。」

台灣學者徐世榮從第三部門的概念認為：「公民社會是介於國家與市場之外的另一個重要的一個部門，追求社會公益價值，而市場和資本者比較追求利潤和效率，價值取向不一樣。」

台灣學者蕭新煌認為：「公民社會必須是獨立的、自主的、非營利的、非政府的，並且有一個明確的組織目標。它的目的是與政府建立夥伴關係。至於非營利組織、非政府組織或第三部門的概念，它是相對於政府，即第一部門；企業，即第二部門的概念，至第三部門，它並不是一個新的概念。這些概念中要屬公民社會的意義最深、最難！」他說：「有民間團體，不等於有公民社會，公民社會要有權利想改變社會的企圖，而改變的方式不一定是用暴力或激進的方式，這一點台灣與香港都做到了，但大陸目前還是很難。

台灣學者江明修從公民社會的歷史演變認為：「公民社會概念曾經歷了從國家和社會的二分法向國家、市場經濟和民間社會三分法的歷史演變。按照這種三分法，公民社會之概念是指相對獨立於政治國家與市場經濟組織的公民結社和活動

領域，包括個人私域、非政府組織（志願性社團、非營利組織）、非官方的公共領域和社會運動等四個基本要素。」

　　香港學者陳健民從「權利」、「參與」與「寬容」等三個角度剖析公民社會概念認為：「公民社會的要求比第三部門要高，以前第三部門主要的概念是在政府與市場以外提供一些公共服務來補充市場的不足。香港在七〇年代之前就已經具有雛型。台灣解嚴之前也開始有這樣的條件。」他說：「公民社會的理念是超越第三部門來補充政府與市場的不足，它有非常強的文化傳統。」就西方國家來講，首先談的是自由主義的傳統，自由主義的傳統對個人自由權利是非常重視。如果有一個非政府機構，沒有用權利的概念，即不符合公民社會的理念。其次，在西方的公民社會理念除談權利自由以外，它也很重視參與。第三是寬容，在公民社會裡要容許不同意見的表達。從文化的角度，公民社會如果沒有權利的理念、參與理念和寬容的理念，也不叫公民社會。公民社會它背後有一種文化的理念。它要求對人的自由權利要保護，要尊重人們的積極參與，而且要鼓吹對話，這即是寬容。從這個角度觀之，連西方國家也會覺得他們的公民社會出現問題。西方現在有一種運動叫「社群主義」（Communitarianism），它提倡的是共和主義，它們認為西方的公民社會太強調個人自由與權利，沒有人去為社區做貢獻，去為社群做服務。誰來保護人們的自由！因為自由理念裡面，最有可能懲罰個人的自由的權力就是政府。個人是無法抵抗政府，所以把人結合成一個團體，有了集體力量，個人才能監督政府，讓政府不會濫權，懲罰及剝奪個人的自由。公民社會就是在這種環境中產生出來。」

他說：「有些社會公民社會發展的好是因為政府太弱，像菲律賓、印度公民社會發展的很快，可是單靠公民社會是沒辦法使整個國家發展起來。」「公民社會概念定義，是一種多元開放的，民間組織與網絡所構成的一個公共領域。從廣義的角度，公民社會就是公民組成的社會。國家要以法律及其他方式來保護公民的權利免受侵犯，而人民亦要實踐公民的責任與義務。」

香港學者陳錦棠認為：「香港政府對公民社會的概念，普遍還是比較粗略，他說：香港有一群學者在2003年到2006年，用國際的一個組織叫「世界公民組織」（World Alliance for Citizen Participation，簡稱CIVICUS）[2]，它所發展出一套檢測公民社會指標的工具，用四個不同的面向去分析公民社會。第一個面向就是環境；第二個面向就是價值觀；第三個面向就是結構；第四個面向就是影響。從四個不同的維度去衡量不同的指標。中間有很大的討論，什麼是「公民社會」？常學者用比較寬的概念去理解公民社會，認為它既不是政府的行為，也不是企業的模式，它是這兩者中間所發展出來的一個社會模式。」，「香港對於公民社會的概念，大約是在「九七」年回歸之後，可是香港政府不用公民社會這個概念。」

---

[2] 世界公民組織（World Alliance for Citizen Participation，簡稱CIVICUS）為致力推動全球公民社會之國際組織，成立於1993年，在全世界一百多個國家中有超過700多個組織參與。其宗旨在於結合個人、公私部門和公民團體之公共事務參與，強調公民社會之使命。總部設於南非，是一個跨越國界，倡導正義、公平，促進全球公民社會發展的國際組織，活躍於聯合國，並發起Global call to action against poverty（GCAP）大力推動響應聯合國千禧年發展目標（MDG），呼籲國際政府、NPO/NGO、企業團體、個人，不要忽視自我的聲音及力量，希望集結全球公民社會的力量及改變，帶領地球村邁向更好的世界。

2000年初期，時當時香港特首董建華在施政報告裡提出要發展香港社會，就是要發展蓬勃的第三部門。」他說：「當時香港政府委託香港理工大學做一項研究，我們參考美國約翰霍普金斯（Johns Hopkins）大學教授萊斯特‧薩拉蒙的框架，從結構和運作，區分成16種不同類型，即所謂的第三部門。後來再參考香港社會環境把12類變成14至16類，研究題目是：「Study of the Third Sector in Hong Kong」即「香港第三部門面貌之研究」。2002至2003年香港都沒有用公民社會的概念，公民社會的概念變得比較成熟，應該是在2000年中期之後，香港居民對環保觀念的普遍提昇，特別是保育方面，還有一些公民抗爭運動。」

綜合以上學者觀點，無論從政治、經濟與社會；或從文明與傳統；或從自主性、獨立性；或從權利、公民參與、寬容；或從結構、環境、價值與影響，以及從公民的不服從到公民的社會運動等等，各種深度與廣度加以闡述公民社會的概念，從公民社會的核心價值上觀之，兩岸三地學者之間的見解，並無明顯差異，但由於兩岸三地政治環境與發展背景不同，因此學者在詮釋上的寬度與廣度亦略有差異，但並未偏離整個公民社會的價值。作者綜整所謂的公民社會的概念，係指由公民所組織而成的社會，既不是政府，也不是企業，而是介於兩者之外，具有獨立與自主的組織，成員都是志願參與非被迫加入，有一定的公民素養，組織機構內部不分配盈餘，大部分的時間都是以關心社會慈善公益為主，對參與公共事務的領域，甚至參與政治並不普遍，其最終目的都不是為了對抗政府或抵制企業，而是為維護公民的權益，有時候會為了公眾的利益而向政府提出政策倡議，甚至對話

或從事社會運動，具有影響政府政策與制衡企業壟斷的力量，避免公民權益受損，它與政府和企業是建構在合作與互補的關係，具有促進社會和平發展與安定社會的力量，也是建構國家走向強盛與文明的力量。

公民社會與市民社會概念上的差異

「公民社會」與「市民社會」的英文都是（Civil Society），但在不同的國家也會產生翻譯上的不同，像大陸初始基於政治上的考量，將其譯為「市民社會」，而不譯為公民社會即是。但這種譯法大陸學者解讀為是一種「貶義」的意思，意指只限於在城市人們才有的權利，排除在鄉鎮的人們的權利。與「公民社會」相較，公民社會是一種「褒義」，泛指所有公民皆具有此項基本權利。台灣及香港皆採用公民社會的譯法，其實兩者概念上是一樣。是以，市民社會在台灣與香港基本上是不採用這個名詞。但這些年來隨著大陸的積極對外開放，公民社會一詞在許多學術文獻上皆可看到大陸學者引用「公民社會」一詞，其中較為凸出的例子，即是北京大學在2008年底出版首部《中國公民社會發展藍皮書》，相較於台灣與香港的學術界尚無出版這類的專書，北京大學此舉在兩岸三地間意義非凡。

台灣學者林淑馨認為：「這是翻譯上不同的譯法，市民社會在西方社會比較強調是一種資產階級，資產階級在中文裡面就會被翻譯成市民階級，公民社會，這個翻譯比較強調不是某一個都市的市民才有權利，而是普遍性的，大家都有公民權利。市民社會比較具有階級性的內涵。」

台灣學者江明修認為：「公民社會與市民社會兩者在

概念上是很相近的,也有人把它們視為同一個概念。在古典市民社會理論中,「市民社會」、「政治社會」、「文明社會」三者之間沒有明確的區分。「Civil Society」一詞既可譯為市民社會,又可譯為公民社會,還可譯為文明社會,它本身也包含有這樣三重意思。他指出,在當代政治的概念範疇裡,公民社會或市民社會是指由自由的公民和社會組織機構自願組成的社會。在政治學中,是對國家與社會的關係的一種思考和理解。該理論的前提是現代社會中國家政權與市民社會的二元分離,使市民社會在理論上獲得了相對於國家的獨立性。」

　　大陸學者認為:「市民社會是在十七、十八世紀資本主義興起時形成的資產階級,這個資產階層的形成,根據黑格爾和馬克思的分析。資產階級一開始是在城市裡興起,它對傳統的階級與封建等權利有對抗之意,為爭取一些權利,開始可能是一些咖啡館、各種文學社,或透過公共領域來表達人們的意見,以爭取他們的權利,這種資產階級和市民階級的形成,稱為「市民社會」。現在我們要擴展公民社會,它是一個由公民所構成的一個社會,公民有他的權利、責任及義務,在這個意義上,公民社會和以前的市民社會的用法會不太一樣。此外,在大陸官方裡是不會講「公民社會」,因為太敏感了,「民間組織」還是官方比較喜歡用的名詞。」

　　香港學者陳健民從大陸政治制度分析認為:「當國際間普遍使用公民社會這個概念時,大陸學者將它翻譯為「市民社會」較為中性,並且使用了一、二十年。一開始大陸也不敢將市民社會提供給社會,因為太敏感了!它是馬克思在談歐洲的一個資產階級領域的概念,起初大陸將它翻譯為「資

產階級社會」，但「資產階級社會」在大陸認為它是一種負面，後來把這個字commercial翻譯成「市民社會」這個概念。認為它是比較中性的領域，之後大家就開始講市民社會這個概念。」

他說：「1998年大陸第一個研究NGO的是清華大學『NGO研究所』，起初成立時也不敢用公民社會，但用NGO這個名詞在當時已經算是突破了。第二個研究所是廣州中山大學和香港中文大學共同成立，剛開始叫『華南民間組織研究中心』，簡稱『民間組織』。第三個是北京大學設立『公民社會研究中心』，它是大陸第一個使用這個名稱的大學。之後中山大學也改名字，叫中山大學『公民社會中心』，現在又叫中山大學『公民與社會發展研究中心』。從市民社會到公民社會，雖然歷經一段比較長的過程，只是在大陸的政治環境裡還是比較難用公民社會這個字。在台灣用『民間』這個字，它有它的意境，是比較對抗性的，特別在解嚴之前。像英國已使用公民社會，香港現在也是用公民社會，慢慢的大陸也會用公民社會。台灣如果不用公民社會這個名詞，反而會落後。」

香港學者陳錦棠認為：「在大陸公民社會和第三部門在非營利組織是比較模糊，民間組織在1978年改革開放之後才蓬勃發展。大陸有三個不同的法規，包括《社會團體登記管理條例》、《民辦非企業單位管理暫行條例》等法規都是1998年出現的，到了2004年制定《基金會管理條例》，從法規來說沒有一個公民法規，大陸認為第三部門、非營利組織是比較有結構性的、組織性的，公民社會是一個沒有組織性的型態。以「汶川大地震」為例，有一百多萬志願者從

不同地方跑到汶川做一些救災的工作，起碼超過一百多家民間組織從四川和不同省跑過來，還有從香港、台灣過去的民間志願組織。有這麼多志願參與者，從公民社會的概念，這即是公民社會的行為！大陸說「一方有難，八方支援」，公民社會不是就是講這個型態嗎？但大陸政府不用這個概念。究竟中國大陸公民社會有沒有這個概念？個人認為是有！但是在大陸並沒有積極發展公民社會的概念。學者對於公民社會的概念也沒有太熱烈的討論，可是公民社會的概念在台灣有，香港和大陸好像沒有！目前僅止於學術界裡具有社會學背景、政治學背景等學者講的比較多。

綜合兩岸三地學者以上見解，「公民社會」與「市民社會」本質上有其共通之處，但從黑格爾和馬克思的研究裡公民社會的形成，其實是從城市發展出來的，主要是為了對抗封建社會階級的意識，保護人們的基本權利與自由。因此，市民社會本質上即帶有階級意識的色彩。而市民社會一詞在台灣與香港很少被提到這個概念，甚至是有些陌生的！而公民社會強調的是公民與國家及市場是站在同一水平上，沒有分誰比較大，誰比較小。這是公民社會能夠受到國際間普遍使用，成為目前國際社會的主流價值的原因，符合現代民主、自由與人權的精神，從而形成一股全球性運動，受到人們的熱烈歡迎，為各個國家的重視，尤其在學術界已被熱烈的討論，而在台灣公民社會的概念，普遍在認知上還是有些距離的。特別是在政府部門，並非真的瞭解公民社會的意涵。

非營利組織、非政府組織、第三部門及民間組織概念上的差異

　　無論是「非營利組織」、「非政府組織」、「第三部門」在兩岸三地來說都是由西方國家引進的概念，台灣與大陸一般都稱「民間組織」或「民間團體」，香港在傳統上稱為「社會福利（慈善）機構」。但從學術研究角度而言，上述的概念其實是非常相似的，只是在引用時會依使用地區或其屬性做不同的區別。例如就政府而言，它是非政府（NGO）組織，民間組織；就市場而言，它是非營利（NPO）組織；若從政府是第一部門及市場是第二部門的概念而言，它是這兩者之外的一個部門稱之為第三部門。無論使用哪一種名稱，這些名稱之間有無一些差異性？

　　台灣學者林淑馨認為：「非營利組織、非政府組織、第三部門和民間組織，從不同的面向觀之，非營利組織相對的是營利組織，非政府組織相對的是政府組織，像聯合國就比較會用『NGO』這個名詞，除強調政府參與外，還有非政府部門。非營利組織主要是在美國的學界，他們是從市場來考量，有些不是非營利的組織，他對社會提供很多公共服務。第三部門是美國發展出來的概念，它從政府、企業和民間的非營利組織，各自的活動領域不同，強調第三部門的重要性。至於民間組織看起來又是跟政府有一點區隔的，它們每一個都是相對性的概念，在核心上其實都是類似的。」

　　台灣學者顧忠華、徐世榮、蕭新煌及大陸學者等人亦認為：「非營利組織、非政府組織、第三部門及民間組織等在

概念上並無太大差異，學術界與實務界主要是依屬性去區別混合使用。」

　　台灣學者江明修認為：「非營利組織有時亦稱為第三部門（the third sector），與政府部門（第一部門）和企業部門（第二部門），形成第三種影響社會的主要力量。第三部門在國外又被稱為『獨立部門』（independent sector）、『非營利部門』（non-profit sector）、『志願性部門』（volunteer sector）等。概括來說，非營利組織、非政府組織、第三部門及民間組織在概念上是蠻相近的，要看你運用這些概念在何種層次上，例如公、私領域，政府、企業、第三部門，或是國家與國家之間，聯盟與聯盟之間等。公民社會組織或第三部門具有不同於政府組織或企業組織的特徵，這就是它的民間性（非官方性）、非營利性（不以營利為目的）、自治性（自主管理保持獨立性）、志願性（進出自由和志願參與）、集體性（活動宗旨和範圍超越了個人和家庭）等。」

　　香港學者陳健民認為：「非營利組織、非政府、第三部門其實是不同，營利部門強調和非營利部門主要是和市場分開；對政府則強調非政府；第三部門強調和兩個部門不同，政府是第一部門，市場是第二部門，它既非政府，也非營利部門，相對的是第三部門組織。」「至於民間組織有很多時候其實跟非政府組織比較接近的。在中國古代比較喜歡用『民間』，因為在中國傳統，民間有時候和政府有非常多的聯結，它也不會覺得不能用非政府，因為非政府好像和政府有一種抗拒。所以在中國傳統的農村裡，要治理整個地方，都是靠師生、家族組織、宗教組織來管理，傳統中國到現在

中國大陸都是這樣,縣、鄉,村再上面就沒有政府機構,沒有基層政府,都是由這群組織來管。所以民間組織這個概念,在整個中國傳統不是和官方有非常遠的距離,是非常接近且很多互動的。」

香港學者陳錦棠認為:「把NPO、NGO、第三部門和民間組織概念做一個比較,非營利組織在香港稱為『非牟利團體』,在香港很少人會說NPO(非營利組織);至於第三部門的概念,在香港還是比較陌生的概念,2000年初期香港首任特首董建華說要發展蓬勃第三部門,後來政府委託學者做研究,採用薩拉蒙對非營利組織的16種類型,再參酌香港社會民情加以分類,包括教育、慈善、福利、醫療、倡議、宗教、藝術、環境、社區及法律等等約14類。」他認為:「如果要把三個做一個比較,第一是法律。香港第三部門沒有什麼法律。香港很早就有《社團條例》,就像台灣的人民團體法,最早時是在公安局登記。第二是《公司條例》,它有兩種:一種是一般公司條例登記的商業組織,另一種也是用公司條例登記的非營利組織。商業組織規定比較嚴謹,有董事、有公司賬冊、營運績效及審計陳報等。非營利組織如果是以公司條例登記,並且是從事慈善工作、教育、慈善扶貧等都可以獲得稅務局的免稅。所以在香港界定非政府組織或慈善的組織,係以稅務機關是否給予該團體免稅來認定。」「在大陸人們還不敢說非政府組織,因為非政府組織就是反政府組織,反而會用非營利組織這個名詞,就算用英文的NGO,他們也會說我是民間組織。大陸政府有一個『民間組織管理局』統籌負責社會團體、民辦非企業單位及基金會之管理工作。與台灣和香港管理上有些不同。」

綜上，兩岸三地學者在詮釋非營利組織等相關概念時，咸認兩岸三地非營利組織的發展主要係因政治制度與社會環境的影響，以致發展程度有些不同，使用上也有差異，台灣與大陸傳統上還是慣用「民間組織」或「民間團體」比較具有本土化特色；香港則是稱「社會福利機構」或「志願團體」比較符合現實。對所謂的「NGO」、「NPO」、「第三部門」等概念是分別在八〇年代以後，受全球結社風潮的影響，經由學術研究與討論才逐漸移入境內，但這些概念以及其意涵是否已融入本土化成為普遍使用的概念，仍有待時間的檢驗與印證。

發展比較

　　公民社會發展的前提率涉到政治制度與經濟環境息息相關，兩岸三地公民社會發展皆受到政治、經濟或社會環變遷的影響，發展模式與發展高峰的時間點也不同。由蕭新煌、魏樂伯、關信基、呂大樂、陳健民、丘海雄、楊國楨及黃順力等兩岸三地學者在2000年針對三個不同政治體制下，對「臺北、香港、廣州、廈門」等民間社會組織發展特色進行比較，歷經三年問卷調查與深入採訪。研究結果發現臺北民間社會組織具有「自主性、創導性與影響力」；香港民間社會組織具有「多元、溫和、與政府合作、自信有影響力及富國際關係」；廣州的特色是「生存與依附」；廈門的特色是「新生與限制」。顯示兩岸三地在不同的政治體制下分別孕育出不同的民間組織。這項研究調查結果，迄今已滿十年，這十年的變化很大，十年前香港主權剛回歸大陸，社會各方

面尚處於調適狀態，十年過去了香港如今已成為耀眼的「世界金融中心」，香港1997大限前的移民潮，亦明顯出現回流，社會逐漸進入穩定的發展；相較於台灣社會環境變化更大，2000年首度政權輪替，導致兩岸關係陷入詭譎不安的狀態有八年，直到2008年政權再度輪替，兩岸關係在雙方領導人努力營造下，兩岸民間團體互動往來頻率急速增加，台灣與大陸進入前所未有的和諧交流狀態，從歷史經驗觀察，全世界分裂國家，如統一前的東、西兩德；南、北越及現今之南、北韓等國家未有像兩岸關係這般微妙；而大陸不啻經濟持續維持高成長，其一舉一動對國際的影響力也一再上升，至2010年已躍居為世界第二大經濟體，在全球具有舉足輕重的地位。兩岸三地雖有相似的歷史背景與淵源，但兩岸三地政治體制環境畢竟不同，其民間組織的發展自然也不同，兩岸三地學者又如何看待！

　　台灣學者林淑馨從自由主義的角度分析認為：「香港在個人主義還是比較強；台灣過去因為戒嚴的經驗，地方公民意識反而是相對的薄弱；大陸在這方面是最差，它只有在經濟上面是快速的崛起，但是整個公民權這方面我覺得還是很受壓抑。香港有法治做後盾，台灣有民主，這是台灣與香港比較大的特色，大陸是專制的社會，專制社會對公民社會還是用高壓的手段控制社會，若談中國的公民社會，理論上好像可以談很多，但實務上面大陸還是受到很多限制。這是由人民自己組織，有充分的自由，就會產生各式各樣的不同的自願性團體，這個對於公民社會而言，是最核心的一種力量。」

　　台灣學者顧忠華認為：「台灣民間組織發展的關鍵應該是『解嚴』！然後是1989年發生的九二一大地震的影響，讓

台灣民間組織朝多元化發展。其中又以學術文化、醫療、經濟和社會服務這幾類的發展較為明顯。解嚴後，長期被壓抑的民間社會力，猶如雨後春筍般的從萌芽到蓬勃發展，從內政部的官方統計觀察，短短二十年間台灣從中央到地方的民間團體數（不含基金會），自解嚴前的一萬多個發展到今天的五萬多個，成長了五倍，若單就全國性社會團體來看（以社會團體為準係考量如政黨、政團、農會、漁會、工會及職業等團體，係因其有一定的身分與行業規定限制，變動較小），則從解嚴前的七百多個成長到2012年的一萬多個，成長逾十倍。從這些數字的變化來看，實施民主化與社會開放的結果，確實帶給台灣社會豐厚的成果，深具意義。」

台灣學者徐世榮認為：「台灣實施民主化，使得公民社會得以『自下而上』的發展；相對於大陸改革開放後民間組織大部分還是『自上而下』的發展模式居多，這是很大的不同，香港跟台灣在發展上比較接近。」

台灣學者蕭新煌長期研究並參與台灣社會運動發展觀察認為：「台灣因為實施政治民主制度，民間團體具有很高的自主性與創意，也有反對黨，可以透過社會運動的運作模式向政府挑戰，從某個角度上政府也會讓步，這是大陸所沒有的，香港雖然有自主性，但1997回歸後民主呈現倒退現象。」

他認為：「社會運動屬於公民社會的一部分，有些是做服務可是又帶有社會運動的團體，像『勵馨基金會』，它是先抗爭，先改變，然後再服務，像『殘盟』、『老盟』也都一樣。2010年出版的《台灣社會運動再出發》一書將1980年即有的十種社會運動，歷經三十年後再增加新的進來，像『公民監督國會聯盟』，國家要發展，社會要繁榮的確要透

過比較大規模的改革，包括很多法令與制度要改革等等，像1987年即政府宣布解嚴前夕的一場『520農民運動』的社會運動最為激烈。」

他說：「廣義的社會運動組織既是NPO也是NGO?!像『信誼基金會』是做學前服務，可是它也曾經倡議修法，像『勵馨社會福利事業基金會』、『主婦聯盟環境保護基金會』、『台灣環境保護聯盟』都是這種類型的組織，嚴格來說社會運動型的NPO、NGO或第三部門組織才算是公民社會。」

台灣學者江明修認為：「台灣在公民社會發展大概有幾項基本特徵與表現，一是重人權。此為公民社會理論的基石。二是多元主義。強調個人生活方式的多樣化，民間社團組織的多樣性。三是公開性和開放性。主張政治決策活動的公開，公共領域的開放，公眾在公共領域討論公共議題，並參與政治決策。四是法治。力求公民社會中強調法治的重要性，藉由法律來保障公民在社會中的自由。五是社會運動。台灣近幾年對於社會運動的概念已經有所轉變，社會運動不一定都是激進的，也有柔性的。」

香港學者陳健民觀察兩岸公民社會發展的水平比較認為：「兩岸三地公民社會發展台灣最好，香港居次，大陸最後。」但他也認為：「這個比較並不客觀，因為沒有一個非常客觀的方法作研究。」他從社會服務專業角度指出：「香港很多非營利組織在社會服務方面在兩岸三地中最早，也最專業。主要係香港的『社會服務』、『教育』與『醫療』經濟來源大多數是由政府補助，使得非營利組織在從事公共服務相對穩定與專業化，缺點是過度依賴政府。從提供服務來講，北歐政府除提供資源以外，政府自己也作公共服務，而

美國是NGO做很多事情，民間的資源相對也多，他不完全跟西方的歐洲的福利國家一樣，過份依賴政府。香港有點像歐洲的福利國家，由政府機關的介入，不同的是香港做事情的是NGO，政府提供資源，彼此間是一種夥伴關係。」

他說：「台灣比較像美國，民間自己籌款，政府無法提供大量的資源。從社會服務來看，即政府的角色不同，香港比較依賴政府；台灣民間的動員能力比較強，但資源不穩定，且缺乏專業人力。」「大陸跟香港差距很大，沒有形成一種夥伴關係。政府不會給民間組織發展的空間，也不提供資源給NGO去做事情，很多事情是政府自己去提供服務。但是大陸政府現在也慢慢開始在變，最近深圳跟上海就在學香港，由政府『購買服務』，提供資源給民間組織去做。」但那不是一種夥伴關係，而是「夥計關係」！香港的NGO社會服務團體很清楚，在資源上很依賴政府，可是它們很自主。但也有不同的看法認為：NGO如果資源是依賴政府，就不可能絕對自主，有些事情還是不敢反對。

香港學者陳錦棠從公民社會指數分析指出：「公民社會指數有一個研究工具，即從四個維度去檢驗，一是環境。二是結構。三是價值。四是影響。有關兩岸三地公民社會發展香港學者就是用公民社會指數（Civil Society Index）的研究成果來比較香港、台灣跟大陸。」

「首先是環境。在香港公民社會發展，我們和台灣差不多，在大陸要向政府登記為團體，要先去政府部門找一個『掛靠』的單位，但是大多數的政府部門同意擔任目的事業主管機關意願不高，故取得政府的登記不易。從這個維度來說，香港與台灣的法律環境相對大陸而言，比較活潑一點。」

「第二是組織結構。香港有一個『香港社會服務聯會』組織，從事社會福利領域，它提供一個平臺，大約有300多個會員機構，在台灣公民社會組織，好像沒有一個很大的平臺；在大陸全國性的團體，根本是一個官方的機構，這個背景很強，對政府來說，也比較安全。如果不是掛靠在這些團體，他可能要考慮一下要不要給登記。因此，在大陸就出現沒登記的團體比登記的團體還多。從這個領域來看，在結構上『香港社會服務聯會』這個平臺比較大，大陸根本沒有這個結構。」

「第三是價值觀。在香港因為受英國殖民主義的影響，比較屬於西方的價值觀；相對來說，台灣可能比香港這個領域又高一點，台灣的社會慈善活動，比香港來得活潑。在宗教方面，像台灣的『慈濟』，她們無論在動員或籌款能力很強，主要是慈濟的『證嚴法師』有很強的公信力。香港就沒有，香港有基督教、天主教，但不像台灣慈濟。從民主的價值觀發展，台灣是走在香港前面。」

「第四是影響。在香港，如果把一個社會問題變成是一個議題討論？有！可是真的有轉變嗎？沒有！如果從不知道到知道，有！但知道後怎麼處理？影響力不大；在大陸從國家而言，它是在推好的社會，像零售業就成立一個零售業協會，旅遊就成立一個旅遊協會，協會要自律，這是政府想要的發展。」

「可是現在大陸有一個很大的轉變，大陸因為實施改革開放後，經濟發展表現亮眼，造成貧富窮差距擴大，社會的矛盾更多。所以大陸從2008年開始理解到要創造『和諧社會』，大陸把和諧社會作一些社會體制的改革，大陸叫『社會管理』（social management）的概念。社會管理就是把一些經驗重建。可是大陸要全面發展公民社會是不可能的，

它遵循經濟改革的模式，由深圳先實施社會體制改革作為實驗，希望可以促進政府與人民之間的和諧關係。台灣跟香港比較相近，慢慢走向公民社會。對大陸而言，公民社會政府還是比較忌諱。」

台灣學者陸宛蘋執行長指出，台灣的民主發展是目前香港與大陸所沒有的，這一點是台灣公民社會最珍貴的，幾千年的中華民族歷史，從來沒有過，但台灣這五十年做到了。在這個前提下，台灣的非營利組織也發展出不少倡議型的團體，這些倡議組織有時候本身也是服務型的團體，可以為公共政策議題去和政府對話。香港過去有99年將近100年的殖民是在英國政府管轄，在香港服務性的組織占大多數，倡議性的組織比較少。大陸根本談不上有倡議型的組織，這是兩岸三地公民社會發展最大的不同。

綜合學者意見，作者認為公民社會的發展與民主化程度關係密切。民主的發展是一種兩面的現象，一方面是國家權力的改革，一方面涉及公民社會的重構。即國家與公民社會在相互依存中轉化，自主性原則才能實現。但雙重民主化過程有兩個前提：一是承認劃分國家與公民社會的原則；另一個是承認決策權必須擺脫私人占有資本所強加的不平等和約束。在兩岸三地公民社會發展最大的異同是「民主」。揆諸兩岸三地只有台灣在政治上是實施民主化。香港及大陸雖然也強調它也有民主，但相較於西方國家對民主的定義而言，香港與大陸的政治其實並不符合西方的民主。是以，民主、自由、多元化及社會運動也成為台灣的特色之一，在台灣民間組織具有獨立性、自主性、倡議性及影響力，他們可以為某一個公共議題和政府對話，進而影響政府政策；至於大陸

政治制度上仍採中央集權，香港在此一民主發展上仍受到一定程度的制肘，這是兩岸三地政治上最大的差異。兩岸三地共同點是在市場經濟的發展成果，皆開創中華文化數千年來難得一見的榮景。

與政府及市場關係、影響與作用

兩岸三地公民社會與政府及市場的關係

　　公民社會的發展需要一個民主政治的環境，有政府政策的支持、民間企業的捐款、經濟發展、教育水平的提高及其他因素的加總，才有實現公民社會的可能性。因此，公民社會與政府及市場三者間如何建構一個合作互補的夥伴關係，創造三贏的局面，是三者之間，特別是公民社會最應認真思考的課題。

　　台灣學者林淑馨認為：「公民社會和政府與市場關係，是一種協調的關係，應該不是零和，而是也有一點分工的關係，大家身分上面都會重疊，強調的是合作夥伴關係。」

　　台灣學者顧忠華認為：「公民社會與兩者的關係，可從團體本身的屬性來看，像倡議型團體，可能在政府的某個公共議題上，是和政府對抗的，可是可能在下一個公共議題上是支持的，因為一個公共議題結束後，它不可能一直倡議同一個議題。因此，應該沒有永遠的零和，民間團體會根據它的發展階段去調整與修正。只有少部分因為特殊的議題，可能會有所謂的零和模式，但整體而言，在台灣應該是非零和模式占多數，零和模式還是占少數的。公民社會其實不是要

和政府對立，而是要發展和諧關係。」

　　他說：「其實政府不一定要去監督民間團體，而是輔導民間團體走向正向或更好，避免以後發生什麼糾紛或爭議，這會影響社會大眾對第三部門或非營利組織的觀感，如果是這樣！民間團體就不會那麼排斥政府的輔導。另外，像日本政府與民間雙方的交流，像公部門的人到非營利組織去，非營利組織的人到公部門去。這是一個很好的措施，大家可以互相瞭解，對第三部門的運作是有幫助的，政府也可以瞭解第三部門的需求是什麼？」

　　台灣學者徐世榮：「任何一個公共政策不僅來自於市場的意見，其實也來自於民間社會或公民社會的一個介入監督。它不是一個零和，你贏我全輸！若把第三部門分為兩大類，一類是社會服務型，一類是倡議類型，依經驗法則，倡議型大概佔10%-20%，社會服務型大概佔80%-90%，社會服務型大部分都是協助政府，基本上不會有什麼零和，倡議型有時候會跟政府對抗。另外，也有一些組織是倡議型與社會服務型的混合組織。所以未必倡議型就不會轉變成社會服務型的組織，而變成一個互助共生的角色。第三部門不是為了去對抗政府，而是要去謀求政府來接受第三部門的意見，讓政府多支持第三部門的看法。對公眾而言，它是一個動態的均衡，有些力量是來自於市場，有些力量來自於公民社會，政府在這兩股力量之間求得一個均衡，共同折衷之後才產出公共政策。」

　　台灣學者江明修認為：「公民社會並非僅是市場或政府失靈的補救機制，三者間應該是能夠加以整合，且密不可分的。例如，公民社會可透過一些志願集體行動，使得政府擬

定的目標加速完成或實現。另外，雖然公民社會也是在市場中進行活動或交易，但並不追求利益極大化，而是將效應反饋給社會。」

　　大陸學者從公益社會與政府的關係指出：「從良性的互動來看，公民社會與政府及市場關係應該是一個正合的關係。就組織的元素而言，公民社會是一個公益社會，政府則是一個整體的國家組織，它可能是某個組織或政府的某個部門，公益社會可能會因為某一項議題，會與政府有局部上的衝突，一旦衝突獲得解決，它會在整體上產生正效應，公民社會扮演著緩衝劑的角色，透過它來和政府協調，它不會去取代它，變成另一個政府。它是三足鼎立的社會，彼此間相互結合，是一種合作的夥伴關係。在大陸有不少組織，它的資金的來源主要是來自政府的資助，因此對政府產生依賴性。此外，民間團體也可以依需要從社會上募集資金，但會比較困難，一個組織資金的來源應該是比較多元才對，這樣可以避免過度依賴政府。」

　　他說：「像上海也在設想建立一個公共的平臺，讓企業知道，用來連接供方跟需方，把公益組織的訊息讓企業界瞭解它們在做什麼？這個平臺具有橋樑聯結的作用，再把訊息都公開化，爭取企業的贊助。像聯想集團知道有一些民間組織會把事情做好，就會把一些公益項目委託民間組織做，所以現在越做越大。像汶川地震的捐增額不需要動員即可一下子上升，這是大家出於良心，救助他人的這種行為，但是要變成經常性或日常的行為，可能還要有一個過程。」

　　香港社會福利署官員：「香港佔大多數都是社會福利機構的型態，其中有許多社福機構的經費是由政府撥款補助，並配合政府執行社會福利政策，對政府依賴性較高，如教

育、衛生、社會福利等類，這些社會福利機構與政府的關係是維持在一種合作與互補的夥伴關係。」

香港學者陳健民認為：「香港因為政府太強，社會福利機構團體經濟來源主要是政府撥款資助。因此，在公共服務方面，香港非常穩定，社會福利機構大部分是從事慈善工作，非常專業化，相對也讓這些社福機構比較依賴政府，兩者之間形成一種夥伴關係；這方面大陸跟香港差距很大，大陸政府不提供資源給NGO去做事情，很多事情是政府自己去提供服務，無法形成一種夥伴關係。」。「大陸慢慢開始在變，最近深圳和上海就學香港，開始說我來購買服務，由政府提供資源讓民間團體去做。台灣比較像美國，民間自己籌款，自主性高，對政府依賴性較低，民間的動員能力比較強，可是籌款不是那麼穩定，民間組織基本上與政府還是維持夥伴關係。」

香港學者陳錦棠指出：「香港在2003年發生SARS後，面對高失業率問題（unemployment），經濟環境不佳，香港政府為解決這個問題，在2004年期間即有討論過官、商、民合作的構想，這種概念強調的是「以人為本」的服務。它的策略，第一是社會投資。第二是官、商、民三個合作。重點是以教育、醫療及社會福利等方面，從2005年開始到2007年施行。這項政策是政府在背後推動，政府有資金，由他搭起一座合作的平臺，找一些福利機構（即公民社會組織），當時香港政府請扶貧委員會來協助解決貧窮問題。2005年扶貧委員會提出推「社會企業」這個概念。2007年特首曾蔭權連任期間，說自己也是社會企業。這種官、商、民的合作，在某一個領域，大家一起協作一起合

作，政府和企業要合作，民間組織和企業要合作。」

他說：「大陸是強政府，官和商之間沒有一個平衡的關
係。政府是管理公民社會，對於政府和企業的關係，大陸也
在推CSR企業社會責任，台灣也在推。2010年民政部就推
慈善100論壇，C100就是慈善100，其中約有80個企業家是
內地的，約20個左右是香港和台灣。」這是香港及大陸政
府和企業關係最新的發展。

台灣學者陸宛蘋認為：「大陸民間組織的發展從過去一
直是「自上而下」的模式，雖然實施改革開放逾30年，這
種「自上而下」的模式未曾改變，在專制統治下，人民只有
服從政府，民間團體不容易和政府發展成為夥伴關係。」

從政府、市場與公民社會三個部門的角色功能及共同
願景層面來看，公民社會與政府及企業的關係基本上是一種
合作與互補的關係。公民社會發展如果有政府在背後支持，
以及獲得企業的捐助，它不僅具有促進社會和諧與穩定的力
量，它更具有輔助或協作二部門失靈的功能。沒有公權力與
穩定的資金來源固然是公民社會發展最大的弱點，但靈活與
機動，組織動員快速與高效率，卻是公民社會最大的利器，
也是該二部門不及之處。因此，三個部門若能建構和諧關
係，彼此協作下，對國家與社會的發展均具有正面的意義，
政府與企業應給予善意對待。

兩岸三地公民社會崛起後對政府公共政策及市場經濟的影響與作用

公民社會不是為了對抗政府與企業而形成的。公民社會
最大的目的是保護人們的基本權利不受政府與企業的侵害與

影響，同時彌補政府與企業功能的不足。在這個前提下，公民社會如何扮演守門人的角色，又不逾越其分際與尺度，是兩岸三地政府、市場與公民社會三方必須嚴肅去思考與正視的課題。

台灣學者林淑馨認為：「公民社會崛起後，基本上公民社會是公民在保護自己的權益，在監督政府的公共政策的品質，甚至是市場提供的服務品質。政府的施政要接受更多公民社會的監督和檢驗，如消費者保護，這都是公民社會很重要的一種功能。公民社會可謂是一種消費者自我保護的力量。」，此外，從另一個角度分析，倡議型團體，它有點像是督促政府去解決政府沒有去正視到的議題，畢竟民眾的需求沒有辦法很準確的傳達給政府，如果透過這些倡議型的團體，它們有組織的去運動或是推動的話，比較能吸引媒體或政府的注意，只要引起媒體的注意，相對也會獲得政府的重視。」

台灣學者江明修認為：「公民社會不僅是公共政策失敗後的對策，也可積極影響政策的制訂，而公民社會也可能接受政府的補助，而在政策產出上更具效率。而公民社會雖然也接受市場機制的運行，但也可能透過非營利活動，志願性活動等讓經濟效益回饋到社會上。簡單來說，公民社會興起之後，已經跳脫過去與政府之間那種由上而下的權力命令形式，轉變成夥伴關係，進而對公共政策的良窳造成影響，三者之間可說是種協力形式的展現。」

大陸學者舉上海為例認為：「上海經濟條件較大陸其他地方發達，公民意識也比較強，在公民組織中比較活躍的也是受過比較好的教育的人，這些人的職業地位較高，比較可

能成為一個國際組織中的領袖。相對的，他們的意見也比較會得到政府的重視，對公共事務也會有一些影響。」

香港學者陳健民從「治理」的角度切入分析，特別是「網路治理」認為：「現在政府不能單靠自己的獨立行政部門去解決社會問題，要和市場或公民社會合作。把很多公共服務交給市場去做。像香港這樣，政府認為有些公共服務可以請職員做，在香港無論是學校、公共服務、老人、兒童等等，90%都是NGO做的。醫院差不多一半，政府會覺得和NGO是夥伴關係。從政府角度來講，這種互動在三個部門中間慢慢產生一種的新的東西走出來。另一個即社會企業，企業講效益、講效率及創新等等，很多公民社會組織發現政府提供資源越來越不夠，NGO自己要創造經濟價值去成立的社會企業，這種理念即是在兩種互動的過程中慢慢產生出新的東西。政府和公民社會最典型是英國的compact，NGO要提供服務，要創造社會資本，提高公民權利，政府即會提供經費。可是政府也不會規定NGO一定要做什麼？彼此是夥伴關係。像挪威政府的社福政策，是政府聘請一些弱視團體，主要是一些殘障人士，如果有個企業機構聘一個殘障人士，1/3到1/2的工資是政府來支付，企業另外付2/3或1/2，用這個方式來鼓勵企業去承擔一些社會責任。新加坡政府也有很好的理念叫『配對基金』。即如果一個企業給你10萬服務，政府相對也給10萬。香港也有『配對基金』，平常都是緊急情況下政府才給民間團體，等團體找到另外捐款時政府再給你配對，在香港大部分還是政府給錢。這種三個部門互動的思考越來越多，以前只有政府和市場，現在社會企業、企業社會責任、夥伴關係、三部門互動等

等，公私間慢慢出現新興的事務出來。」

香港學者陳錦棠認為：「香港雖然有好幾個政黨，但以民主黨（香港主流政黨，較親大陸）較具影響力，其他政黨的影響力相對較弱。從歷史的經驗來看，香港民間社會對政府的一些重要政策影響力並不大。但是對民生方面，可能有一點影響力。像青少年吸毒問題、不影響政府管制的問題等，政府會聽。如果涉及管制的問題，政府後面還有一個香港稱為『上帝之手』，即是中國大陸在處理。換言之，有些政策不是香港政府自己可決定，涉及大的政策問題，還是要看大陸給的方向。在經濟方面，企業家有影響力，像李嘉誠即是。至於公民社會對政府或對企業的影響力，不是沒有！只是不大也不明顯！」

作者認為公民社會與政府及企業關係，基本上是建構在合作與互補的關係，公民社會的發展幾乎無法獨立自外於政府與企業，它受到政府的管制與壓力，以及企業的影響甚鉅。公民社會的發展程度與民主化程度攸關，一個國家想成為強盛而文明的國家，非有公民社會不可，一個企業想永續經營，非有公民社會不可，三者關係非常密切，國家雖握有一切資源與絕對的權力，但絕對的權力，必帶來絕對的腐敗，如果沒有公民社會的制衡與監督，國家勢必走向專制，企業勢必壟斷消費市場，一旦形成這種現象，絕非國家、社會與人民之福。因此，為政者如何在這股全球公民社會的潮流中，因勢利導公民社會走向健康的發展，創造一個多贏與和諧的社會，對三者而言都是一個嚴肅的課題。

關鍵與挑戰

　　兩岸三地公民社會的發展，皆有其政治、經濟或社會變遷上的重大意義，台灣從1987年解嚴後迄今，經過一連串的民主化的蛻變過程，已奠定民主、自由與多元的社會；大陸從1978年改革開放後，經濟連年呈現高成長，而1995年世界婦女年會在北京召開，讓大陸首次見識到NGO的一個國家與社會的影響力，帶動民間組織的蓬勃發展；而香港的福利服務組織有近一半的組織是在1970年代香港經濟起飛之前成立的，是香港第一波的高峰成長期；而從中英1980年初談判香港前途到1997年回歸大陸前再創第二波的成長期。在上述基礎上，未來兩岸三地在公民社會發展上的關鍵與挑戰有哪些？兩岸三地學者如何解析？茲分述如後：

兩岸三地公民社會發展的關鍵因素

　　台灣學者林淑馨從基本權利剖析認為：「中國大陸對一些基本的人權，必須要尊重，香港雖然是中國大陸的一部分，不過香港因為過去有過殖民地的經驗，香港的公民意識還算是蠻發達的；相對台灣而言，在政治上的參與，可以有民主的直選，算是最完整的。因此，民主政治跟公民社會還是有很直接的關係，相對來講，台灣的公民社會發展是比較全面的。」

　　她說：「公民社會還是要回歸到每一個個人，從自由主義的角度來看，香港個人主義還是比較強，台灣其實還有很多傳統的思維，可能是過去戒嚴的經驗，有些地方反而公

民意識是相對的薄弱；中國大陸最差，只有在經濟上是快速的崛起，但是整個公民權還是很受壓抑。香港是因為有法治在後面做後盾，台灣是有民主，這是這兩個地方比較大的特色，也是它的差異，中國大陸還是一個比較專制的社會，專制社會對公民社會還是壓抑的。」

她說：「與大陸學者對談，他們對台灣的『公民監督國會聯盟』很感興趣，因為他們會覺得這個就是民主，認為民間團體還可以去監督民意代表，他們是連自己選民意代表都沒有，台灣是走在比較前面！這對公民社會而言，是最核心的一種力量。」

台灣學者顧忠華認為：「解嚴應該是促成公民社會發展最關鍵的因素，造成社會運動的興起，一連串的民主化過程，促進公民社會的發展。其次，是九二一大地震，民間組織發揮快速動員的組織力量，展現隱藏於民間的一股巨大的社會力。對此，台灣學者徐世榮也持同樣的觀點。」他認為：「1987年政府解嚴和台灣經濟成長這兩個因素，應該是促成台灣非營利組織蓬勃發展的主要關鍵。另外，解嚴、1989年發生的九二一大地震及1996年台灣首次舉行總統直選，應該是非營利組織發展的幾波高峰。」

台灣學者蕭新煌從經濟層面分析認為：「台灣公民社會發展的關鍵因素主要有兩個，首先台灣從七〇年代經濟開始起飛並趨於成熟，產生一些中產階級，這些人心有餘力，願意去做社會改革及社會服務，他們分別投入倡議型或社會運動型或服務型的NPO、NGO，這一點非常重要的。其次，1987年政府解嚴，民主的鬆動，也是一個很重要的關鍵。至於香港公民社會興起的關鍵，跟1997的大限有關係，香

港人發現香港的前途應該要人民來決定，而不是讓財團及官員來決定，因此出現一批倡議的組織。但97回歸以後，這些倡議型的組織就被壓抑了，改投入環境保護。所以環境運動成了他們的出路，如海灣環境運動，但其他幾乎沒有。台灣則是繼續成長，現在有十類社會運動繼續在發展。」

他認為：「台灣的中產階級和公民社會息息相關，是促成第三部門或是公民社會存在的另一個因素，這個由中產階級主導與民主的聯結發揮效果深具意義。大陸因為經濟成長因素，有些因而富裕起來，民智也稍微開放，在生活上予以放鬆，行動上也有一些自由，社會環境的確有放鬆的感覺，但這些屬於個人的行為或組織行為的自由，跟我們一般所期待中的民主化、自由化，是有落差的，大陸在政治統治層面仍然緊抓不放。是以，大陸是否存在中產階級或公民社會，學術界也有不同的看法。相較於台灣，公民社會如果促成台灣民主化，對於大陸可不可以造成自由化、民主化？並不樂觀！很多真正在做研究的，他們都避談公民社會，連外國學者也認為，大陸能否自由化？民主化？問題在於大陸中央政府必須鞏固政權，在這個前提下，大陸中央政府怎麼可能實施政治民主，來影響其統治的地位。」

台灣學者江明修認為：「1970年代末期台灣社會開始不斷出現的自力救濟抗爭，說明了國家機器已經無法完全控制整個民間社會，探其原因，除了政治民主化、自由化、國家控制力減弱、反對運動的政治資源挹注之外，有些學者利用「民間社會」的概念來說明這些現象，強調民間社會的自主性，他們認為民間社會力量的不斷成長，是推動社會進步、拒斥外在束縛與壓迫的有效憑藉，這尤其表現在政治上

的反對運動對國家的抗爭。此外，先前以外銷導向工業化為目標的經濟發展，是以對勞工之剝削與環境之破壞、對都市、區域與土地政策的忽視，對婦女、原住民的壓迫與歧視為代價的。這些都成了日後台灣公民社會崛起的力量所在；伴隨著公共生活環境的惡化，公民社會在都市、環境、社區、婦女、原住民及客家等各種運動中浮現。」

　　大陸學者認為：「1978年改革開放後經濟持續呈現高成長，以及1995年在北京舉行的世界婦女會論壇，讓民眾認識到非營利組織的作用，是促成大陸非營利組織蓬勃發展的重大關鍵。」

　　香港學者陳健民認為：「市場的經濟發展，對公民社會發展很重要，大陸所有的國營工廠、國營企業，以前經濟水平很低的時候，哪裡有錢可以去捐款給慈善團體，哪裡有空間可以去監督政府。從資源角度及監督政府的能力來講，都一定要有一個市場積極在旁邊支持。中國大陸很明顯，沒發展市場經濟之前，人民根本不可能有自由，所有的資源全給政府控制，民間團體不可能在政府結構以外產生社會的力量；但是台灣、香港很久就有這個市場力量發展起來。」

　　他說：「政治上，台灣很明顯在1987年宣布解嚴之後社會就往上走。大陸是在改革開放之後才開始出現；香港很早已經在政治上面放鬆，沒有很威權的政府，香港在殖民地時期政府一點也不威權。香港關心的是提供社會服務，至於倡導這類是香港公民社會最關注的一塊領域。」

　　香港學者陳錦棠認為：「要發展公民社會，居民的素質很重要。公民社會是一種社會資本，它是在發展人跟人之間的關係。可是在香港、中國大陸和台灣要推公民社會，

我反而比較關心的是整個體制的問題。」香港體制比較寬和靈活，台灣也是。大陸要發展公民社會，還是要看政府的政策，還有政府對於公民社會的理解，基本上大陸對公民社會的發展還是不放心。所以，要發展很艱難。香港現在媒體報導和電腦網路都有空間，這種聯結很重要，媒體對社會有時有很大影響力，像台灣有新聞自由，媒體與電視臺的影響力很大，大陸媒體就不能隨便的報導的。」

台灣學者陸宛蘋認為：「政治民主是台灣最珍貴的，最了不起的地方，幾千年的中華民族的歷史從來沒有，可是台灣這五十年卻做到了。台灣和香港、中國大陸，有沒有一些社會運動的過程。如果以蕭教授的研究來說，可以發現，台灣在1970年代開始經濟起飛，八〇年代開始人民可以自由出國等等。經濟起飛之後，台灣的國力比較強，八〇年代是非營利部門發展的黃金時期，特別是社會運動，農民到總統府抗議。八幾年時的婦女運動，去華西街救援雛妓；另外，消費者文教基金會，主婦聯盟去佔麥當勞；崔媽媽和無殼蝸牛夜睡忠孝東路等，有許多的社會運動。香港97後港人其實是怕他們原來的自由度被限制。而台灣發展民主化的過程，其實非常有特色，尤其在華人社區裡，台灣民主化的成就非常了不起！」

綜合學者意見，作者認為公民社會發展的關鍵，居民的素質、媒體及網路發展也很重要。就整個體制而言，香港和台灣在運作上是比較寬鬆和靈活的，要發展公民社會相對有機會。可是就大陸政治體制而言，要發展公民社會，還是看政府的態度與給予的空間。除了政治民主之外，持續的經濟成長，新聞自由與公民參與也是公民社會發展不可缺少的條

件之一。尤其是大陸對媒體及網路的控制力很強，這一點台灣與香港相對比大陸自由。

兩岸三地在公民社會的發展上的困境與挑戰

從上述相關議題的探討中可歸納出一個結論，即公民社會的發展，必須建構在政治的民主、經濟成長、教育水平的提升、社會多元開放、獨立與自主、社會運動、媒體及網路自由等等，台灣社會環境在這些層面上，發展公民社會顯然較香港和大陸有機會。可是就作者研究觀察，在現實中台灣似乎並未掌握這些有利的發展條件，不知是對它的瞭解不夠？還是誤解？公民社會的發展仍然未受到政府與企業的重視，在整個社會氛圍裡呈現民間熱，政府與企業冷的現象。而大陸政治體制在共產黨控制下，官方對於公民社會的發展政策仍然小心翼翼，不敢逾越這條紅線，雖然在2010年深圳論壇中，深圳政府首次提出建構公民社會，但並獲大陸媒體的大幅報導，新聞報導亦僅限於區域性的媒體而已，並未引起議論，但無論如何深圳政府畢竟拋出此一議題，其後續效應，尚待觀察！可以肯定的是短時間內大陸官方是不可能對這塊敏感議題有任何鬆動的思維。反觀香港，香港雖已回歸大陸逾十年，在鄧小平對香港實施「一國兩制」，及為尊重「港人治港」等政策，保證香港50年不變的前提下，加上香港原本是英國管轄下的殖民地，深受英國文化與西化的影響程度較深，要發展公民社會相對大陸有機會，這可從香港這些年來許多社會運動的訴求可窺出港人不斷向北京傳達訊息的背後意義，但一切還須視大陸的態度而定。兩岸三地學者如何看待公民社會未來的發展？

台灣學者林淑馨認為：「台灣的法治還不夠健全；大陸在思考法治時，還是比較著重在管理和控制的層面；香港還是習慣過去比較自由放任的方式，只是在回歸大陸後受到大陸政治制度的影響，這是他們公民社會發展上的困境和挑戰。」

　　台灣學者顧忠華認為：「公民社會多元發展的好處，即是它提供多種服務，與滿足不同的需求，但是它的困境是，目前我們沒有一套比較完善的制度。多元的結果，也沒有辦法去規範到所有的，人們是很期望公民社會是朝正向發展。但是如果政府沒有一套比較完善的制度去讓民間團體有依循的準則，其實難保在這麼多元發展的情況下，會不會出現一些問題，讓政府也沒有辦法去解決！因為它涉及的層面很廣，譬如醫療，政府要怎麼去解決他！這個可能是多元發展下，政府未來可能會遇到的問題。因為政府也沒有那麼多的部門，也沒有這麼多的專業去輔導或者是去監督，這個以後可能會產生一些問題。」

　　台灣學者徐世榮從資金面觀察認為：「台灣的第三部門向來資金不足，加上籌措經費的能力有限，影響組織的發展。團體成立後，沒有經費是很難依據成立宗旨去推動公益的，這部分要靠募款、政府的補助或者是企業的捐助，其中比較有可能是靠募款的部分，但是這部分法制面要更健全。」

　　台灣學者蕭新煌從倡議與社會運動的角度分析：「台灣三十年前即有社會運動，三十年後還有新的倡議與社會運動。大陸因為經濟發展與民智稍微開一點，大陸也覺得他們可以做得到，即在社會生活上放鬆，也就是底層放鬆，政治抓緊的意思。大陸認為這個底層社會的確是有鬆動，同時

也提供了一些生活上、社會上、行動上的自由，但這些皆屬個人的行為自由，或者組織行為，與我們期待中的民主化、自由化，是有是隔緣的，是一個隔緣體。」，他說：「台灣公民社會如果促成民主化，中國隔緣的，可不可以造成民主化，並不樂觀！我問很多大陸真正在做在地研究的學者，他們都避談！大陸學者都談提供服務，做好事，在做善良！這一點外國學者也看到，能不能夠促成中國的自由化、民主化，外國學者認為現在就是一個大問題！」

台灣學者江明修認為：「台灣從經濟起飛且經歷長時期發展之後，另一項台灣原以為可以值得驕傲的民主化體制，也受到全球經濟的影響急遽變動，陷入國族國家歷史的尷尬情況中。國家的權力因全球經濟而日益空洞化，以中央政府為核心經濟發展掛帥的國家體制越來越無法以政策因應現實。同時，國內政治也因為環保與經濟發展的衝突及地方財政困境而形成國內政治的衝突。」「然而，台灣城市區域治理的可能性當前仍然被限制在中心集權、單一國族國家意識形態建構，發展主義重構，以及民粹主義及操弄媒體的象徵政治下。地方行政區域的劃分及自主權能無法與全球競爭所需要的規模與權能相稱。」

大陸學者認為：「中國大陸的公民社會發展從目前來說，首先即是優化自我環境，公益組織如果有一個很好的發展環境，在政策與法規上給予支持，稅捐優惠，給它創造一個很好的條件，讓公民在這樣一個領域中有這樣一個發展空間，讓他自願參加這樣的活動或者進行捐贈，在這個組織中去做一些好事，逐漸形成公民意識，公民社會就會成長起來。」「另一方面即是公益組織本身的公信力、運作的能

力，讓大家看到它可以把事情做好，老百姓就會信任，願意把錢捐出來。」

他說：「在中國有不少民間組織，他的資金來源比較單一，主要是來自政府經費補助。」換言之，如果需要從社會上募集資金，一般民間團體會比較困難。因而造成民間團體對政府產生依賴性。但是這些民間團體逐漸的希望也能像基金會一樣，能夠募到經費，像台灣的基金會，不見得一定要從政府那裡得到資金，也可以從私人企業，它有一個生態鏈，或者產業鏈。它要形成一個很好的一個系統，以前民間團體可能是單打獨鬥會比較多一點，服務型的，運作型的組織多一點，但是也有很多靠著專業化程度，這些力量都很強，現在可能需要有一些自主性的組織，培育性的一些組織，像基金會其實也是一個自主性，他是透過基金來實現公益，培訓機構，是一種專業性的支持。如果民間組織具有很強的專業人力，它就能獲得企業的信任，讓他們相信這個公益組織能把這個事情做好，這對想回饋社會的企業家會具有吸引力，其他公益組織也是一樣，我有好的項目，能做好公益事情，企業家願意給予資助，並將成果讓企業知道。像大陸的聯想集團，他們都會把一些投標項目，來委託好的公益組織做，因為他們知道這些優質的民間團體能夠把這個事情做好，所以現在越做越大。」此外，「在企業方面，企業雖然有錢，但要怎樣讓花錢更加有意義和更加有效。就像汶川地震的捐贈額一下子上升，這是不需要動員的，大家出於良心，救助他人的這種善行，但是要變成經常性，日常的行為，可能還需要有一點時間與過程。像上海也在設想建立一個公共的平臺，能夠讓企業知道，由它聯結供方跟需方，能

夠把公益組織的訊息，讓企業界能夠瞭解有哪些公益組織在做什麼？藉此搭起一座橋樑聯結的作用，再把這種訊息公開化。一個組織在資金的來源如果是比較多元，這樣就不會一直受到政府的牽制或監控，也容易展現比較強的部份。對大陸民間組的發展而言，這些就是未來要突破的困境和挑戰。」

香港學者陳健民認為：「第三部門走向公民社會，表示它超越了單純的服務，公民社會一定要提建議給政府，像『台灣醫療改革基金會』這類團體才是公民社會的團體。因為台灣沒有過份依賴政府。香港相對過份依賴政府，不敢倡導。所以也不會有太多創新，因為政府有很穩定的資源，民間不要去想太多。所以有好與有壞。但香港比較專業，提供服務很細，很有系統。基本上在香港島、九龍等等同樣自動提出來的幾乎很像，沒有很大的差距。按照政府的標準，只要民間團體做到水平，政府才會給。像台灣民間團體都可以自己籌款，但它可以做到非常精細，或非常爛都存在。香港基本上隨便選都是精細的，因為它的資源來源就是政府。」

他說：「讓媒體來監督公民社會，有些越來越透明，台灣大概2006或2007年已經組織一個自律聯盟，叫『公民團體自律聯盟』，可是沒有一個很好的規範標準。在台灣參加的團體很少，也沒有一套統一的規格。香港雖起步比較慢，但香港有規格，像『香港社會服務聯會』有一個網站叫『惠施網』（wise giving），它會教導捐款人如何明智的捐獻，他有100多個NGO參與，這些慈善機構按照同樣的規格報告去年的收入多少？支出多少比例？多少錢用在行政費？這些數據清清楚楚的公布在網站上。」他認為：「香港起步很慢，比台灣慢，可是香港現在好像超越了台灣；大陸

雖然起步較晚，大陸希望能拉動深圳，像徐永光是希望工程的創辦人，現在是『南都公益基金會』的秘書長，他建立一個基金會中心，把一群基金會的人連接起來，推動基金會要透明化，未來還要把這些資訊上網。台灣最多的籌款可能是慈濟，慈濟其實不透明，工作上很難監督。慈濟覺得信徒相信我就好，為什麼要給社會大眾監督？」此外，他認為：「公民性的問題，沒有完全跟上，整個領域的治理、水平、透明、問責等等，這些做得還不夠。香港基金會和台灣基金會還不夠透明，很多基金會還沒有把資料上網，主要是它不想給政府或社會大眾監督，中間問題很複雜。」

香港學者陳錦棠認為：「香港如果要發展公民社會：第一是要建立公民社會的概念。第二是政府在背後特別在中國政府它給多少空間。」，根據他觀察：「香港政府基本上它不支持，可是它也不打壓，社會慈善團體既然發展沒問題，要罵政府也可以隨便罵，香港政府都比較習慣了，罵政府也無所謂了。可是如果要發展一個健康的公民社會，媒體很重要。香港媒體也有它的政治立場的。媒體的中立性、公信度，也是很重要。另外，要看大陸政府給香港多少空間？如果空間不夠，大家可能發現香港有很多時候人們總是說：爺爺怎麼說！因為說了之後馬上有人看見，也會影響公民社會的發展，整體來說感覺還是沒辦法。」

他說：「特別對『圍船』事件，大陸十分敏感。像『諾貝爾和平獎』那個事件，一點空間都沒有，這個很明顯。政府怎麼去看，會影響這個民間社會、公民社會的發展。現在在大陸買手機，要登記的。像賣手機那個Sim卡（用戶識別卡）要登記的，以前無所謂，要買就買，現在政府很害怕。

還有『Google』這件事，Google說我不幫政府監管這種網路，最後還是要低頭妥協，我還是幫政府監督。相對的香港政府就沒有太強，政府不支持民間社會，可是我也不打壓民間社會，大陸就不是這樣。」

　　台灣學者陸宛蘋認為：「公民社會的發展上的困境與挑戰：「第一是台灣的中介性組織太少，在管理能力方面，雖然慢慢有一些重視，但還不是很充分；第二個台灣的挑戰其實是多元化這件事，台灣的公民社會或第三部門其實是非常多元，多元化是要怎麼看資源不被浪費，有一些綜效或整合性等等。」他說：「台灣的挑戰即是邁向另外一個境界，那境界即是中介性組織，台灣現在很多都是直接服務的組織，中介性組織相對較少，蕭教授一直很希望『喜馬拉雅基金會』能夠作為一個資訊的中介，但是喜馬拉雅經營得很辛苦，『聯合勸募基金會』還好，但它仍然在某一個限制，例如叫它去跟『慈濟』比，『聯合勸募』就傷腦筋了，而『海棠文教基金會』是從事人才跟組織發展的一個中介性組織，『自律聯盟』現在希望走責信，至於一些福利性的聯盟組織，如『殘盟』、『老盟』、『兒盟』等等但這些倡導型組織後來都變成服務性的組織。顯然這種中介型的組織，幫助資源更有效化，幫社會更透明化，幫這些愈有能力的組織，愈能發展中介型的組織。甚至於把台灣的非營利部門在國際聯結上面，其實我們還是很弱的，它需要有一些中介型來支持，這部分才是台灣發展公民社會接下來的挑戰。因為台灣太少這些，而且這些組織出來都不太容易得到支持，可是在一個NPOC的產業鏈上，需要有人做研發，需要有人找資金，需要有人訓練人才，需要有人去開拓市場，需要有人幫

助這些組織，就像經濟部可以幫助很多中小企業出來，但是就聽不到對非營利組織有些什麼樣的資助？」

　　作者綜合學者觀點認為，兩岸三地公民社會發展的困境與挑戰，在於政府的「治理」。換言之，即政府對公民社會發展所創造或給予的環境空間有多大。台灣從1987年宣布解嚴迄今逾二十餘年；大陸自1978年實施改革開放迄今逾三十餘年；香港於1997年回歸大陸迄今逾十餘年，兩岸三地分別在這些重大體制變革下，民間組織的發展，除香港比較不明顯外，台灣與大陸民間組織的發展在數量上皆呈現蓬勃景象。探其原因，台灣主要是受到政治民主化、自由化與國家控制力弱化的影響；大陸雖無上述因素，惟伴隨改革開放的洪流，民間組織在經濟連年成長帶動與經濟水平提升下，呈現一波波結社高峰。公民社會的目標之一是改變現代社會權力結構，促進窮人和社會弱勢群體福利的增進。但公民社會的發展需要政府政策的支持與健全的法制環境。此外，經濟成長、企業的支持，知識教育水準的普遍提高，是公民社會發展必備的條件之一。是故，政府的治理與企業的資助對公民社會的發展而言，猶如車之兩輪，鳥之雙翼，缺一不可，少了這兩項主要因素，將影響公民社會的健全發展。

Chapter 5
結語

在民主國家裡，結社的科學是一切科學之母，
結社的學問有進步，其他一切才有進步。
——Tocquevillev（托克維爾，法國政治思想家）

洛克在政府論次講提出「社會先予國家」的概念。認為原始的社會是沒有國家這個概念，國家是在人們放棄其權益，而將權力託付給國家以維護其生命與財產安全下的結果。托克維爾在其《論美國民主》一書中提到「在民主國家中，結社科學是一切科學之母，所有其他科學的發展都依附在其發展之上。」其觀察美國之所以成為世界強權國家，民主和結社自由是造就其偉大的主要原因之一。一個強而有力的公民社會並不保證國家與社會一定強盛與文明。但一個限制公民社會發展的國家，必也無法使一個國家強盛與文明。人民的權益必然受到國家權力的限制與企業的剝削，公平正義亦無法獲得伸張。

　　從歷史宏觀的角度析論，兩岸三地無論從血緣、傳統文化、風俗習慣及語言等有其不可切割的深厚淵源，由於受到近代歷史政治及社會環境重大變遷的影響，使得兩岸三地分別選擇不同的現代化歷史進程，從而發展出不同的政治與經濟局面。1980年代初，受到東歐劇變與蘇聯解體的影響，國際間掀起一股全球結社運動浪潮，席捲世界各個角落，同樣屬歐亞大陸板塊的亞洲諸國家亦無法置身事外，這股全球性結社浪潮引起各國政府的矚目與重視，一時間公民社會成為學術界熱烈討論的議題。本書旨在瞭解兩岸三地公民社會發展之現況，並從探討公民社會與非營利組織相關理論中，剖析兩岸三地公民社會之未來發展。

發現

非營利組織發展歷程

　　台灣非營利組織現代發展從1950年代末到1987年先後歷經慈善濟貧時期、國際援助時期、萌芽時期、發展時期等四個時期，其中非營利組織發展最為關鍵首推台灣於1987年宣布解嚴後，解除長達近四十年之久的許多禁令，如黨禁、報禁、集會及結社等等，進而引發一連串民主化改革運動，讓社會呈現嶄新的局面，朝多元開放發展，亦促成非營利組織從萌芽到蓬勃發展，這是民主化的必然結果，也成就了我國發展公民社會的契機與空間；大陸民間組織現代發展大致從1949年建政到1995年，先後歷經初始發展階段、停滯期、恢復發展時期、1995年至今等四個階段，其中1978年實施改革開放是一項重大關鍵，而1995年於北京召開的世界婦女年會，讓大陸官民首度見識到NGO對社會的影響力，從而激勵大陸民間組織如雨後春筍般的快速成長；而香港受英國殖民長達一個多世紀，深受英國文化的影響至深，在兩岸三地非營利組織發展中，香港社會福利服務組織成立時間，大部分始於二次世界大戰後到1970年代經濟起飛之前，以及1997年回歸前這段期間是香港社會福利組織發展的兩個高峰，九七回歸大陸後香港社會環境一夕間丕變，社會福利機構的發展較不明顯，2002年香港政府首度提出「第三部門」這個概念，可謂是一項新的突破，但受大陸政治體制的影響，公民社會的發展仍需視大陸中央給予的空間而定。

法規治理

　　1987年台灣宣布解嚴後，首先將民國31年公布的《非常時期人民團體組織法》於民國78年1月27日修正為《動員勘亂時期人民團體組織法》，民國80年5月1日政府宣布終止動員勘亂時期，《動員勘亂時期人民團體組織法》也在民國81年7月27日及82年12月31日兩次修正，更名為《人民團體法》後一直延用至今。期間雖有幾度修正人民團體法相關條文，惟人民團體法仍維持「職業團體」、「社會團體」及「政治團體」三類三制的規定，即職業團體採「強制許可制」；社會團體採「許可制」；政治團體採「備案制」，是目前台灣民間組織社會團體的主要法律依據。修法重點與幅度仍未考量到現實環境的需要與符合國際潮流，仍不失對人民團體嚴格的管理與限制。如申請成立社會團體仍應事先獲得政府「許可」；申請人數仍較先進國家門檻高；團體的資訊不夠公開及財務欠缺透明等等。而有關非營利組織的法規也不夠健全，如尚未通過《財團法人法》之立法程序，以及檢視修正與非營利組織有關，已不合時宜的法規，讓非營利組織能夠健全的發展。

　　大陸在1949年建政之後的1950年政務院就頒布了《社會團體登記暫行辦法》施行近四十年，在1989年10月國務院頒布《社會團體登記管理條例》，採「雙重管理」體制，1998年10月國務院又修正頒布《社會團體登記管理條例》，為現行規範社會團體登記管理主要依據。人民申請成立社團須先獲得業務主機關同意擔任社團之目的事業主管機關後，始能到政府部門登記為社團，但實際上人民欲獲得業務主管機關的同意並不

容易，這種管制限制了大陸全國性社團的發展。此外，大陸目前並無職業團體相關法規。香港社會福利機構主要是根據《社團條例》及《公司條例》註冊運作，甚至政黨成立亦可依據公司條例申請登記，嚴格來說，法規制度也不是很完備。兩岸三地在法規制度上的比較，台灣相對健全。但仍有待檢討修正。

與政府關係

政府握有極大的權力與擁有龐大的資源，可以主導與影響非營利組織的整體發展。因此，在戒嚴時期，台灣民間組織的自主性非常低，完全係「自上而下」的發展途徑。解嚴後，民主意識提高，民間組織「自上而下」的發展模式逐漸轉為「自下而上」的發展模式，不僅獨立性強，自主性也提高，同時增加了對公共事務的倡議，像台灣民間就有許多深具實力的大團體對政府政策具有舉足輕重的影響力，其建言甚至成為政府制定重大政策的重要參據，舉其犖犖大者，如台灣有六大工商團體（指中華民國全國商業總會、中華民國全國工業總會、中華民國工商協進會、中華民國工業協進會、中華民國中小企業協會、台灣區電機電子工業同業公會等）、四大國際團體（指國際獅子會台灣總會、國際同濟會台灣總會、國際青年商會中華民國總會、國際扶輪台灣總會等）、四大佛教團體（指慈濟、佛光山、法鼓山、中台禪寺等）、財團法人中華民國佛教慈濟慈善事業基金會、消費者文教基金會、紅十字會總會、中華民國老人福利推動聯盟、中華民國殘障聯盟、主婦聯盟環境保護基金會、台灣環境保護聯盟、勵馨基金會、創世基金會、金車文教基金會等等，其中財團法人中華民國佛教慈濟慈善事業基金會堪稱是國內

影響力最大的民間組織之一，其對政府的建言具有舉足輕重，該團體不僅在國內從事社會慈善公益事業著有績效，其慈濟的精神與行動聲名遠播國際。在香港就屬香港社會服務聯會[1]、樂施會、東華三院[2]等最具影響力，至大陸在以黨領政，中央集權制度下，除少部分由政府支持的社團外，如中華全國工商業聯合會、中國農業環境保護協會、中國共產主義青年團、中華全國婦女聯合會等，絕大多數的民間團體對政府與企業的影響力，相對為弱，僅少數著名的草根性組織，如自然之友、地球村、綠家園、愛知行等，其舉辦的活動及其著名的領導人後來都成為中國民間公益事業的先驅。

基本上，台灣民間組織與政府的關係，威權時代民間組織以配合政府政策居多，解嚴後，民間組織發展轉趨獨立、多元與自主，但與政府關係堪稱友好。大陸民間組織的發展仍然不脫與台灣早期相似，即「自上而下」的發展模式，改革開放後，大陸民間組織呈現出兩個階段三個高峰的發展，雖然也有草根性團體出現，但仍然以「自上而下」的發展模式居多，自主性低，依附性仍高，民間組織與政府的關係是上對下的關係（指登記立案團體），至草根性團體（指未

---

[1] 四十年代，第二次世界大戰結束，香港的經濟及社會環境產生劇變，加上大量難民由內地湧至，為了有系統地統籌及策劃各種福利服務工作，志願機構組成了「緊急救濟聯會」，由於福利機構的數目不斷增加，所提供的服務亦日趨多元化。在1947年，聯會蛻變而成香港社會服務聯會〔簡稱社聯〕，1951年正式成為法定團體。

[2] 東華三院（Tung Wah Group of Hospitals）起源於1870年代，是香港歷史最久遠及規模最大的慈善機構。東華三院包括了東華醫院（1870年）、廣華醫院（1911年）及東華東院（1929年），均由香港本地華人建立的。在1931年，在三間醫院組成了東華三院。意指服務廣東地區華人的醫院之意。一直致力為大眾市民提供多元化的服務，包括醫療服務、教育服務及社區服務。至2011年，東華三院在全香港設有超過200個服務單位，僱員人數逾一萬名，為全港市民提供服務。

立案團體）則是與政府對立的居多，但在大陸中央集權政體下，草根性團體相對保守，縱有，也僅侷限於零星，未成氣候；香港社會福利機構的發展，由於早期港英政府是採取「放任」政策，以致香港完全是由民間志願性組織的發展模式，但在回歸大陸後受到大陸政治統治的影響，社會福利機構與政府關係是呈現合作與依賴，主要係香港社會福利機構的經費相當程度來自港府的補助。

政府治理與企業資助

　　兩岸三地公民社會發展的主要關鍵在於「政府治理」政策與「企業資助」的程度，所謂「治理」簡言之，係指公共權威的行使。影響兩岸三地公民社會發展的關鍵因素，在於政府的治理政策的規範。台灣從1987年宣布解嚴迄今逾二十年，如前揭所述法規仍不夠健全，且民間團體公信力與財務透明度不夠，加以企業的捐助並非單純做社會慈善，有時是另有其他用意與目的。因此，對於捐助的意願並不是很踴躍與明顯；大陸自1978年實施改革開放迄今逾三十年，政府的治理態度，仍然由政府控制，人民向府申請結社並非十分容易，以至於草根性團體林立，且團體的經費來源主要還是仰賴政府的補助，少了政府的經費補助，民間團體的運作即受影響；香港於1997年回歸大陸迄今逾十年，法規亦不夠健全，主要也是受大陸中央集權的影響，社會慈善機構的經費大部分係來自華人社會的自給自足，但社會慈善機構一旦獲得政府的認同，即可獲得穩定的資金來源，讓機構得以持續運作。兩岸三地分別在這些重大體制變革下，民間組織的發展，除香港比較不明顯外，台灣與大陸民間組織的發展均呈現蓬勃

發展的情況。足見公民社會的發展除需要政府在政策的支持外，法制環境的健全及獲得社會的捐贈亦是關鍵因素。

社會運動的蛻變

　　政治民主、經濟發展、新聞自由、言論自由及教育水平提升等，讓台灣社會環境從解嚴後的社會轉型過渡到漸趨成熟的社會，亦間接促成台灣走向公民社會之路。這可從解嚴後一連串的民主運動獲得證實，其中較為人們熟悉的集會遊行活動，從早期的激烈抗爭到如今的理性訴求，在在印證台灣公民社會正朝著西方國家的民主模式趨近。如近幾年觀察發現，國內的社會運動有一種新的趨勢正接連發生，這種社會運動產生的背景與前提，與西方社會運動先驅亨利・梭羅的個人對政府的權利與責任的精神不謀而合，即人民因不滿政府的不當行政作為，所導致的社會秩序的不安定，轉換成集體行動向政府表達與批判，要求政府調整或改變政策的一種公民行為。以往國內社會運動型態歷經20多年的運作模式，已趨理性、成熟與常軌。但自2006年後，一場公民自發性參與的政治運動，為社會運動型態注入新的趨勢。以往國內社會運動的模式，大抵係由民間團體，包括：政黨、政治團體、社會團體或其他民間團體等所發起，這些活動的背後目的，有時是為了政黨利益的政治活動，有時係為了對某項公共議題，或對政府重大政策議題，如農民運動、反核運動、保釣運動、海峽兩岸經濟合作架構協議、兩岸服務貿易協議等等。發動人民集會遊行向政府抗議，表達對政府政策的不滿，這些活動的規模從數百人到十幾萬人都有，這類社會運動台灣社會早已習以為。但從2006年之後，台灣社會

運動似乎注入一股以往較為少見的新趨勢，即社會運動的模式係由一群人，這群人當中可能有政治人物，或公眾人物，或沒沒無聞的熱血青年，或事件關係人等，由於對政府的重大政策的不滿，或人民的權益被政府不公平的侵害，透過媒體網路的傳播，集結成一股巨大的社會力，較具代表性的新興社會運動型態。如2006年的「紅衫軍運動」；[3]2012年「士林文林苑都市更新爭議」；[4]而2013年有「廣大興事件」；[5]「大埔事件」[6]；及公民1985行動聯盟發起「白衫軍運動」等。[7]作者研究發現這些社會運動的運作模式與以往社會運動

---

[3] 紅衫軍運動。為2006年8月12日起，由前民主進步黨主席施明德於台灣發起政治訴求運動：要求中華民國總統陳水扁應為國務機要費案、其親信及家人相關的諸多弊案負責，並主動下台。

[4] 臺北市士林文林苑都市更新案，因為住戶不願納入建商劃定的都更範圍，而引發長期爭議，各界紛紛投入聲援行動，此案最後促成內政部提出都市更新條例修正案，立法院在很短時間內三讀通過修法。可謂：「文林苑條款」。

[5] 廣大興事件。發生在2013年5月9日在巴林坦海峽的台灣及菲律賓兩國主張之專屬經濟海域重疊區域上，菲律賓海巡署公務船與台灣屏東縣琉球鄉籍的漁船廣大興28號的衝突事件，造成廣大興28號船上漁民洪石成死亡。由於事後菲律賓政府對於該事件處理不當，造成中華民國與菲律賓之間的外交關係緊張。中華民國全國漁會集結台灣漁民至馬尼拉經濟文化辦事處前抗議，各地漁民亦有焚燒菲律賓國旗以示抗議的舉動。民間主動響應政府反制手段。包括：部分拒赴菲律賓旅遊、拒絕菲律賓勞工來台等。

[6] 大埔事件。是一起發生在台灣苗栗縣竹南鎮大埔里居民反對政府土地徵收與強制拆除房屋的抗爭事件。肇因群創光電在2008年4月正式向政府申請增地計劃擴建新廠房，開發案並獲通過。但隨後於2010年3月群創光電和奇美電子合併後，對外表示已經沒有蓋新廠房之土地需求。苗栗縣政府依舊進行徵收計畫，增加更多的住宅用地以便販售，來擴大財源。並於2010年6月9日強制徵收農地，在即將收成的稻田中開怪手直接破壞，經媒體報導揭露，引發後續一連串公民團體的抗爭與修法行動，抗議者多為外地人而非當地居民。

[7] 白衫軍運動。是台灣2013年洪仲丘事件發生後引爆的社會運動，由公民1985行動聯盟發起，可分為兩次遊行活動，第一次為2013年7月20日的「公民教召」遊行；第二次為2013年8月3日的「萬人送仲丘」晚會。「白衫軍」是台灣媒體取公民1985行動聯盟號召眾人穿「白衣」要求「真相大白」的概括性稱呼，運動參與者並不具太高的組織性。係一場完全由公民透過網際網路串連自主發起與參與的行動，為台灣史上最大規模由公民自發性的社會運動。

大多數係由民間團體，特別是政黨所發起的運作模式有明顯的不同。如（1）利用網路公開號召社會大眾參與，而非藉團體組織動員；（2）團體規模較小，且發起者背後無寬裕的經費奧援；（3）活動不為政治目的或利益，只訴求社會公與義；（4）參與民眾大部分係來自社會大眾自發行為而非團體成員，民眾甚至彼此間並不認識；（5）活動雖無組織，但參與者既理性，且守秩序，有一定的水平；（6）政黨與政客在活動中只是跟隨者或響應者，而非主導者；（7）參與民眾與事件本身不完全有直接關係。人民藉由對政府的某項公共政策、事務或一部分人民的權益的關注，透過網路的方式公開號召，集結幾千人到十幾萬人不等的人民參與集會活動，向政府表達人民意見。這種新興的社會運動模式逐漸引起輿論與社會的關注，只要運作得法，不被政黨或政客所利用，未來不排除這種社會運動模式會成為一種常態，即平時隱於民間社會，一旦有適當的活動議題，即可迅速透過媒體網路號召，即能形成一種讓政府無法掌握參與民眾人數的巨大社會力。為政者不可不加以重視這個現象背後所產生的政治與社會意義。因此，從人民勤於結社及社會運動新趨勢的崛起觀之，政府必須理性正視其存在的意義與價值。

結論

　　公民社會是志趣與理念的結合，是為了保護人們的權益不被政府侵犯或剝奪的一種自力救濟的方式，它形成的目不是為了用來對抗政府與企業，甚而取代政府及抵制企業，除非這個政府貪腐無能，喪權辱國，這個企業壟斷消費市場，

漠視消費者權益，甚至剝奪勞工權益，在正常情況下它和政府與企業之間的關係是發展成一種合作與互補的夥伴關係。因此，政府如能設計出一套周詳而有效的治理與監督機制，不僅可以促進民主發展，經濟繁榮，安定社會，公民社會亦可以扮演政府與民間，企業與民間之間的仲介者，這對政府推動重大施政有正面的助益，既可讓民間與企業發展出正常化關係，提高彼此的信任，也不致形成無能的政府與失控的社會，影響整體公共利益、社會秩序與國家發展。

　　整體而言，無論從政治民主化、經濟自由化、社會多元化、公民參與、社會運動、人權關懷、媒體網絡自由、教育水準、社會開放、國際化等等，台灣的表現比大陸與香港都來得出色，在價值與影響層次，可謂與歐美發達國家的價值與影響相近，發展成為公民社會的可能性也最高；香港居次，主要是香港因為歷史因素西化最深，經濟發展與國際化程度高，公民社會在公民參與的廣泛性、公開透明、提供社會服務滿足社會需求方面較台灣與大陸好，但香港在回歸大陸後，公民社會的發展端視大陸中央政府給予的空間而定；大陸由於採中央集權統治，不論是公民社會組織的聯盟與網絡、媒體自由、公民參與、政治與法律空間、國家與公民社會的關係等方面皆不足，在兩岸三地裡大陸發展公民社會的可能性相對為弱，即便大陸在改革開放經濟成效最為顯著與引以為傲，但一觸及公民社會議題，在牢不可破的中央集權政治統制下，欲突破此一鴻溝，並非是件容易的事。

　　儘管台灣在兩岸三地公民社會發展條件最為理想，但大陸在經濟持續高度成長的推波助瀾下，政治統治與社會環境這些年來多少亦受到一些在大陸工作的外國文化因素的

影響，多少有些改變。這可從2010年11月25日在廣州深圳召開的「中華慈善百人論壇」上窺出端倪，其中深圳市政府率先提出建立現代公民社會，這是大陸首次由官方將公民社會建設寫入政策規劃當中。不難發現大陸有關當局對改革開放後，所面臨的社會結構轉型問題的重視，後續發展值得觀察。至於香港除民主化外，均具備與台灣發展公民社會的各項條件，只要大陸中央給予適當的發展空間，其可能性並不亞於台灣現況，主要是香港在兩岸三地裡國際化程度均高於台灣與大陸，而國際化程度高低也是影響政經環境與社會環境的重大因素，加上香港近幾年來屢屢有群眾遊行陳情事件發生，雖然影響有限，亦相當程度反應出香港居民欲向港府與大陸中央傳達其嚮往民主與自由的心聲。因此，香港走向公民社會之路，頗值觀察。

建議

　　西方學者約翰‧奈思比（John Naisbitt）說：「世界唯一不變的就是變」。眾所皆知，政府制度對一個國家的經濟競爭力和社會發展具有重大的影響。美國學者策略大師麥可‧波特認為現在政府要實施的優先政策太多，無法同時推進這些效率；而適宜的政府政策和優先順序隨著國家本身的變化而變化；且國際局勢也在變化。在這些複雜性的前提下，政府應努力思考如何讓政府運作既可減少失靈，又能提高行政效率，爭取人民的支持，以因應環境的變遷與挑戰。政府必須在政策上與制度上為公民社會建構一個良好的發展環境，使民間組織能夠健康發展，才能讓國家與社會的發

展。反之，政府如果仍然因循苟且，無法體認環境的現實與人民的需求，仍採取靜態治理模式去治理國家與社會，不僅將錯失在兩岸三地競爭的優勢，甚至可能被超越，影響國家整體的發展與國際競爭力。

首先，建構完善的法規環境。台灣於1999年發生921大地震後，民間組織發揮極大的組織力與動員力，自動自發投入救災行動，讓政府與國際有目共睹，但現行人民團體法仍有太多行政管制，影響民間組織的發展。像鄰國日本於1995年發生阪神大地震後，短短三年的時間制定相關法規與制度，於1998年通過《特定非營利活動促進法》，以鼓勵非營利組織的發展。但台灣九二一大地震發生已逾十年，政府的法規仍然在原地踏步，未積極檢討研修不合時宜之法規。因此，政府必須全面檢視人民團體法等相關法規，將不符合時勢潮流與社會環境的需要，予以大幅鬆綁或簡化，使之與時俱進。甚至制定《非營利組織促進法》或《社會團體法》或《結社法》作為人民結社之基本法，以取代具有濃厚「戒嚴時期」色彩的《人民團體法》，讓結社朝簡易、公開、透明、自主等。同時讓職業團體依其各別法規運作，將政黨及政治團體納入《政黨法》中規範，並在稅法上予以立案團體賦稅上的優惠，為社會注入新氣象，以促進公民社會的發展。此外，台灣社會欠缺捐款風氣，導致非營利組織要進行募款相當困難，不利團體的健全發展。民國95年公布施行的《公益勸募條例》雖填補了這個問題，但該法在歷經幾次重大天然災害，對於勸募團體的募款管理機制是否已經出現漏洞或缺陷，有能力募款之團體寥寥可數，絕大多數團體均募不到款，僅集中在極少數的團體，造成社會資源分配

不均，應即檢討修法之必要。此外，為協助非營利組織健全發展，應讓非營利組織資訊公開及財務透明，接受社會大眾的監督，鼓勵企業與社會大眾捐贈，稅法上的優惠與減免亦應配合檢討放寬。

其次，成立專責單位，統一事權。依人民團體法第3條規定，本法所稱主管機關：在中央為內政部；在直轄市為直轄市政府；在縣（市）為縣（市）政府。但受到戒嚴的影響，人民組織團體受到嚴重的抑制，非經政府許可不得成立，根據內政部統計資料顯示，解嚴前全國社會團體僅七百多個，在團體數與業務量少之前提下，在中央主管機關並未成立一個專責單位負責承辦該項業務。而將其置於主管社會福利的社會司下分科辦事，直轄市、縣（市）政府社會局（處）更是以兼辦人力辦理該項業務。但解嚴後，人民團體數量呈現45度仰角成長，從內政部統計資料顯示，短短20幾年間臺灣從中央到地方的社會團體發展，自民國76年解嚴的1萬多個發展到102年4.1萬多個，20幾年間成長約4倍。

若從地方政府所轄地方性社會團體數觀之，依據內政部統計資料顯示從民國68年的3265個至民國101年的2.9萬個，地方性社會團體成長近10倍；若就中央政府所轄全國性社會團體數來看，依據內政部統計資料顯示，自民國66年的486個發展至民國76年解嚴前的734個，成長近一倍，而從民國76年解嚴後至民國102年6月底全國性社會團體數為1.1萬多個，約佔全國社會團體總數的三分之一，成長高達15倍之多，尤其是全國性社會團體從民國97年起每年更以近七百個社團申請成立，顯示人民籌組全國性社會團體，提升組織層級，擴大組織範圍，強化組織影響力的意願高於

地方性社會團體。這可從民國100年及101年全國性社會團體申請設立更連續兩年突破一千個，這些不僅僅是數字的變化而已，進一步言，實肇於台灣實施政治民主的一種體現，加以社會開放、自由、多元發展、經濟水平提高及教育普及等因素下加速催化此一民主成果，顯示在政治民主及社會開放下台灣人民對結社的重視與需求，深具意義。

　　民間團體的蓬勃發展，在型態上也呈現多元化與多角化，但依序仍以社會慈善類、學術文化類、經濟類、宗教類、醫療衛生類、體育類等六大類為最，約佔九成。社會團體不僅蓬勃發展，其對社會的影響力與功能也與日俱增，正所謂質與量的增加，意指團體影響力不斷的增加，相對的政府管理弧度亦為之擴大。但作者研究發現，政府並未在政策或制度上適時調整，以符合時代潮流及回應民間的需求。而值政府組織改造，政策上政府雖已決定在行政院內政部下設立一個專責單位，惟名稱上卻捨「公民社會司」或第三部門司」或「民間組織司」或「民間團體司」或「社會組織司」或「社會發展司」等，既宏觀也符合國際潮流的治理單位，而就「合作及人民團體司」此一狹隘格局的名稱，殊為可惜！（目前大陸是於國務院民政部下設立「民間組織管理局」統一管理事權）並將目前分散在中央各個部會為主管機關的財團法人（指基金會）業務予以納入該新成立單位輔導管理，以收事權統一之效。畢竟基金會之業務在中央各部會大多數係依附在機關內部的某一單位兼辦，這樣的安排，顯非妥適！

　　第三，培養專業人力，理論與實務並重。如前述，政府並不重視民間組織蓬勃發展的事實，加上非營利組織在台

灣社會無法像西方發達國家蔚為一個就業市場，以至無法獲
得學術教育機構的響應，培訓專業知識與人力，導致非營利
組織不僅欠缺專業人力，在工作不穩定，待遇少，又無相關
福利保障下，雖然民國98年5月1日起，人民團體之工作人
員適動基準法，看似多了一些保障，其實是不夠與不足的，
故工作人員的流失率偏高，導致民間組織出現諸多會（業）
務運作上的問題，影響團體的發展與和諧；反觀，在政府機
關內部負責的人員儘管累積豐厚的實務經驗，惟專業知識不
足，在組織內部又被邊緣化，無視業務與人力配置的不當，
影響政府行政效率，而組織成員欠缺政策規劃能力與不具宏
觀的視界，難以提高服務品質及政府形象，不利於公民社會
的發展。

　　第四，培養公民性，建立合作與互補關係。公民社會
是各種人際關係、團體之間的關係，以及它與國家及市場的
關係的一種集合，這些皆屬外顯方面。然而，這些關係所賴
以建立的價值，主要藉由內在的培養所促成的，這個內在的
英文Civility被譯為「公民性」、「公民習性」或「公民精
神」，主要包括兩個意義，一是指個人的修養。二是指社會
集體的價值。它的內涵是由日常中培養的禮讓習慣擴及為共
同的集體自我意識。在這方面作者觀察到台灣社會雖然已
經實施政治民主二十多年，社會開放並朝多元發展，但民
眾對於民主的素養並未隨之提升，尤其對於「自由」的真
諦，更常被輿論形容為自由過度，缺乏自律，還好台灣社會
是一個「感性大於理性」的社會。是以，並未對社會構成
嚴重的威脅與影響。至於香港受殖民因素的影響，較具國
際化，公民性也較強；大陸由於長期受到中央集權統制的

影響，加上教育並不普及，公民性的培養仍有很大的努力空間。

　　公民社會的目標之一是改變現代社會權力結構，促進窮人和社會弱勢群體福利的增進，並非為對抗政府與企業。公民社會的發展需要政府的重視與一套健全的法規制度，使非營利組織得以健全發展。少了這項關鍵因素，公民社會將不可能實現。無論如何，具有主體性的公民與倡導性的多元化公民社會組織，如能與國家與企業建立獨立而平等的合作夥伴關係，是公民社會發展的目的和方向，也是讓國家走向強盛與文明之鑰。

後記

唐代黃檗禪師「上堂開示頌」《宛陵錄》：「塵勞迥脫事非常，緊把繩頭做一場。不是一番寒澈骨，爭得梅花撲鼻香。」對一個學術門外漢的個人而言，這種經驗既是全新，也是一種嚴峻的挑戰！這種滋味與感覺，如人飲水，冷暖自知！

　　本書係在個人的論文基礎上加功修改出版。為了將論文改寫成書，個人重新反覆思考如何豐富內容，使其具有可讀性與學術性。經逐一檢視內容後，除略作刪修外，再增加許多新的文獻於其中資料，以增益其參考價值。

　　本書所以能順利付梓。首先最要感謝的就是我的論文指導教授淡江大學中國大陸研究所張五岳所長的肯定與鼓勵。張五岳教授是國內研究兩岸關係的專家，也是政府訂定兩岸政策諮詢的學者，由於張教授一席鼓勵我出書的話，燃起我對出書的驚奇，也就在這個驚奇下，決定走向出書圓夢。此外，在唸研究所期間，承蒙趙教授春山、許教授惠佑、郭副教授建中、楊副教授景堯、潘副教授錫堂、李副教授志強等，無論是在專業知識的傳授，觀念的啟迪，對兩岸問題的精闢解析，以及課業的協助與指導，讓個人獲益匪淺；其次，要感謝的是當決定將論文改寫出書後，多虧中華港澳之友協會秘書長仕賢兄從旁的協助，彌補個人對出書全然沒有概念與經驗的不足，以及將此書付梓的秀威資訊科技股份有限公司的工作夥伴們；其三，出書一事定調後，個人即想到要請在職場上曾提攜過個人的前考試院院長許水德先生及前內政部部長，現任中央選舉委員會主任委員張博雅女士幫忙寫序。一方面表示未銘忘長官的栽培；一方面讓長官分享部屬的好事，因為沒有他們就沒有今天的我；其四，個人也要

非常感謝中央研究院社會學研究所所長蕭新煌教授、國立政治大學特聘教授江明修教授、國立政治大學特聘教授顧忠華教授、國立政治大學徐世榮教授、謝香港中文大學陳健民教授及香港理工大學陳錦棠教授等階不棄，答應為我寫序。這些學者不啻在專業領域各有擅長，在學術界具有舉足輕重的的學術地位與影響力，同時更是研究兩岸三地公民社會的佼佼者，是個人撰寫論文時訪問的重要臺、港學者，難得這些學者的不棄，願意給個人一個鼓勵與機會！個人深感誠惶誠恐！

最後，最要感謝的應該是已經高齡九十五歲的母親，無論個人在人生上的陰晴圓缺，母親始終一路相挺，她一聽到我要出書的事，心中甚表欣悅！另外，也要感謝內人素慧及兒子昭宇、女兒麗宇從旁鼓勵與支持，讓個人心無旁物，得以專心寫作，居功厥偉。這些榮耀的加持，頓時之間，擔子加重許多！深怕有負期待！以及感謝內人臺大同窗摯友居住在香港的劉玉霞女士，在個人造訪香港訪問學者時全程陪同，始能完成這項學者訪談任務。總之，要感謝的人很多，沒有他們，就沒有我，也就沒有這本書的出臺。理想與現實，實然與應然，宛如太陽與月亮，各擁一片天，

雖然彼此相互交替，但永遠有著距離。寫書過程儘管歷經反覆的修正，但作者才疏學淺，非朝夕之間即能達到一定的水準，書中定有許多疏漏與不足之處，懇請讀者朋友體恤，不吝賜教！

蘇佳善
2013 年 8 月于臺北

參考書目

一、中文部分

A.專書

文軍、王世軍著，2004。《非營利組織與中國社會發展》。雲南：貴州人民出版社。

王名主編，2008。《中國民間組織30年——走向公民社會》。北京：社會科學文獻出版社。

王名編著，2008。《非營利組織管理概論》。北京：中國人民大學出版社。

王英津著，2009。《港澳特區政府與政治》。臺北：博揚文化事業有限公司。

王振軒著，2006年。《非政府組織的議題、發展與能力建構》。臺北：鼎茂圖書出版股份有限公司。

王紹光著，2009。《民主四講》。北京：三聯書店。

王輯思總主編，2007。《中國學著看世界——全球治理卷》。北京：新世界出版社。

丘昌泰著，2010。《公共管理》。臺北：智勝出版社。

丘昌泰主編，2007。《非營利部門研究——治理、部門互動與社會創新》。臺北：智勝文化事業有限公司。

古俊賢主編，2001。《中國社團發展史》。北京：當代中國出版社。

司徒達賢著，1999。《非營利組織的經營管理》。臺北：天下遠見出版股份有限公司。

石路著，2009。《政府公共決策與公民參與》。北京：社會科學文獻出版社。

朱浤源主編，2007。《撰寫博碩士論文實戰手冊》。臺北：正中書局出版。

汝信、陸學藝、李培林主編，2003。《2003年中國社會形勢分析與預測》。北京：社會科學文獻出版社。

江明修主編，2008。《第三部門與政府跨部門治理》。臺北：智勝出版社。

江明修主編，2009。《公民社會理論與實踐》。臺北：智勝出版社。

伍俊斌著，2010。《公民社會基礎理論研究》。北京：人民出版社。

何增科著，2007。《公民社會與民主治理》。北京：中央編譯出版社。

吳新葉著，2010。《城市草根政治的治理邏輯與展開》。上海：上海
　　人民出版社。

呂大樂著，2010。《凝聚力量──香港非政府機構發展軌跡》。香
　　港：三聯書店。

李惠斌主編，2003《全球化與公民社會》。廣西：廣西師範大學出
　　版社。

周耀虹著，2008。《中國社會中介組織》。上海：交通大學出版社。

易君博著，2006。《政治理論與研究方法》。臺北：三民書局。

林淑馨著，2008。《非營利組織管理》。臺北：三民書局。

俞可平主編，2009。《國家治理評估──中國與世界》。北京：中央
　　編譯出版社。

俞可平等編，2002。《中國公民社會的興起及其對治理的意義》。北
　　京：社會科學文獻出版社。

俞可平著，1999。《社群主義》。臺北：風雲論壇出版社。

俞可平著，2008。《思想解放與政治進步》。北京：社會科學文獻出
　　版社。

施啟揚著，2005。《民法總則》。臺北：三民書局。

范麗珠著，2003。《全球化下社會變遷與非政府組織》。上海：上海
　　人民出版社。

唐娟著，2006。《政府治理論》。北京：中國社會科學出版社。

唐晉主編，2009。《大國策──公民社會》。北京：人民日報出版社。

孫本初編著，2010。《公共管理》。臺北：智勝出版社。

徐雪梅著，2009。《網絡經濟中政府與非營利組織關係研究》。北
　　京：中國社會科學出版社。

徐正光、宋文里合編，1996。《台灣新興社會運動》。臺北：巨流圖
　　書出版印行。

馬慶鈺主編，2006。《非營利組織管理教程》。北京：中共中央黨校
　　出版社。

高丙中著，2008。《民間文化與公民社會》。北京：北京大學出版社。

高丙中、袁瑞軍主編，2008。《中國公民社會發展藍皮書》。北京：
　　北京大學出版社。

康曉光主編，2011。《非營利組織管理》。北京：中國人民大學出
　　版社。

張勤著，2008。《中國公民社會組織發展研究》。北京：人民出版社。

張茂桂、鄭永年主編，2003。《兩岸社會運動分析》。臺北：新自然
　　主義股份有限公司出版。

郭道暉著，2009。《社會權力與公民社會》。南京：譯林出版社。

陳武雄著，1997年。《人民團體輔導與組織》。臺北：臺北市志願服
　　務協會出版。

陳健民著，2010。《走向公民社會──中港的經驗與挑戰》。香港：
　　上書局。

陳瑞蓮，汪永成著，2009。《香港特區公共管理模式研究》。北京：
　　中國社會科學出版社。

程昔武著，2008。《非營利組織治理機制研究》。北京：中國人民大
　　學出版社。

黃建榮等著，2005。《公共管理新論》。北京：社會科學文獻出版社。

黃世明著，2006。《台灣全志卷九──社會志·社會多元化與社會團
　　體篇》。臺北：國史館台灣文獻館。

溫艷萍著，2008。《民間非營利組織的社會與經濟效應研究》。上
　　海：上海人民出版社。

趙可金著，2008。《全球公民社會與民族國家》。上海：三聯書店。

趙鼎新著，2007。《社會運動與革命──理論更新和中國經驗》。臺
　　北：巨流圖書公司印行。

劉蜀永主編，2009。《簡明香港史》。香港：三聯書店。

鄧正來著，2008。《國家與社會──中國市民社會研究》。北京：北
　　京大學出版社。

蕭新煌主編，2007。《非營利部門──組織與運作》。臺北：巨流圖
　　書出版印行。

蕭新煌、官有垣、陸宛頻主編，2009。《非營利部門──組織與運
　　作》。臺北：巨流圖書出版印行。

蕭新煌、顧忠華主編，2010。《台灣社會運動再出發》。臺北：巨流
　　圖書出版印行。

戴東清著，2006。《中國大陸國家與社會關係1989-2002以鑲嵌之社會團體自主性為例》。臺北：秀威資訊科技股份有限公司。

瞿海源、顧忠華、錢永祥主編，2002。《法治、人權與公民社會》。臺北：桂冠圖書出版有限公司。

羅中樞、王卓著，2010。《公民社會與農村社區治理》。北京：社會科學文獻出版社。

顧忠華著，2005。《解讀社會力》。臺北：左岸文化出版。

B.譯著

Samuel P.Huntington著，劉軍寧譯，民國89年。《第三波二十世紀末的民主化浪潮》。臺北：五南圖書出版公司。

王浦劬、萊斯特‧M. 薩拉蒙等著，2010。《政府向社會組織購買公共服務研究──中國與全球經驗分析》。北京：北京大學出版社。

弗朗索瓦‧巴富瓦爾著，陸象淦、王淑英譯，2010。《從休克到重建──東歐的社會轉型與全球化》。北京：社會科學文獻出版社。

安東尼‧紀登斯著，李康譯，2009。《社會學》。北京：北京大學出版社。

安東尼奧‧葛蘭西著，葆煦譯，1983。《獄中札記》。北京：人民出版社。

托馬斯‧雅諾斯基著，柯雄譯，2002。《公民與文明社會》。遼寧：遼寧教育出版社。

托克維爾著，董果良譯，1988。《論美國的民主》。北京：商務印書館。

托克維爾著，朱尾聲譯，2007。《論美國民主》下卷。北京：中國社會科學出版社。

彼得‧杜拉克著，余佩珊譯，1996。《非營利機構的經營之道》。臺北：遠流出版公司。

彼得‧杜拉克著，周文祥、慕心編譯，民國87年。《巨變時代的管理》。臺北：中天出版社。

林南著，林祐聖、葉欣怡譯，民國94年。《社會資本》。臺北：弘智文化事業有限公司。

法蘭西斯·福山著，劉榜離等譯，2002。《大分裂——人類本性與社會秩序的重建》。北京：中國社會科學出版社。

約翰·洛克著，葉啟芳、瞿菊農等譯，民國75年。《政府論次講》。臺北：唐山出版社。

珍妮特·V·登哈特、羅伯特·B·登哈特著，丁煌譯，2010。《新公共服務——服務，而不是掌舵》。北京：中國人民大學出版社。

哈伯瑪斯著，曹衛東、王曉珏、劉北城、宋偉杰合譯，2005。《公共領域的結構轉型》。臺北：聯經出版事業股份有限公司。

約翰·基恩（John Keane）著，李勇剛譯，2012。《全球公民社會》。北京：中國人民大學出版社。

唐納德·凱特爾著，孫迎春譯，2009。《權力共享》。北京：北京大學出版社。

格羅弗·斯塔林（Grover Starling）著，常健等譯，2012。《公共部門管理》。北京：中國人民大學出版社。

許烺光著，黃光國譯，2002。《宗族、種姓與社團》。臺北：南天書局有限公司。

萊斯特·薩拉蒙著，田凱譯，2008。《公共服務中的夥伴》。北京：商務印書館印行。

萊斯特·薩拉蒙，沃加斯·索可洛斯基等著，陳一梅等譯，2007。《全球公民社會非營利部門國際指數》。北京：北京大學出版社。

萊斯特·薩拉蒙等著，賈西津、魏玉等譯，2007。《全球公民社會非營利部門視界》。北京：社會科學文獻出版社。

黑格爾著，范揚、張企泰譯，1961。《法哲學原理》。北京：商務印書館。

愛德華·卡耳著，江政寬譯，2009。《何謂歷史》。臺北：博雅書屋。

詹姆斯·麥格雷特·伯恩斯等著，吳愛明、李亞梅等譯，2007。《民治政府——美國政府與政治》。北京：中國人民大學出版社。

詹姆斯·S.科爾曼（James S.Coleman）著，鄧方譯，2008。《社會理論的基礎》。北京：社會科學文獻出版社。

戴維·赫爾德著，李少軍、尚新建譯，2002。《民主的模式》。臺北：桂冠圖書股份有限公司。

羅伯特 D·帕特南著，王列、賴海榕譯，2001。《使民主運轉起來：現代意大利的公民傳統》。江西：江名人民出版社。

羅伯特 D·帕特南著，劉波、祝乃娟、張孜異、林挺進、鄭寰等譯，
　　2011。《獨自打保齡：美國社區的衰落與復興》。北京：北京大
　　學出版社。

C.專書論文

官有垣，《台灣與香港第三部門現況的比較分析——以福利服務類非
　　營利組織為探索對象》，（行政院國家科學委員會專題研究成果
　　報告，民國95年10月），頁50。
張學鶚，《人民團體輔導制度之研究》，（內政部委託研究，民國87
　　年9月），頁1-2。

D.期刊

王名，〈中國NGO的發展現狀及其政策分析〉，《第三部門學刊》，
　　第8期，2007年9月，頁5-12。
麥克爾·愛德華茲，陳一梅譯，〈公民社會〉，《中國非營利評
　　論》，第二卷，2008年7月，頁113。
賈西津、孫龍，〈公民社會測度指數及其本土化探討〉，《中國非營
　　利評論》，第二卷，2008年7月，頁74。
馮燕，〈從部門互動看非營利組織捐募的自律與他律規範〉，《臺大
　　社會工作學刊》，第4期，頁203-241。
蕭新煌、魏伯樂、關信基、呂大樂、陳健民、丘海雄、楊國楨、黃順
　　力等，〈臺北、香港、廣州、廈門的民間社會組織發展特色之比
　　較〉，《第三部門學刊》，創刊號，2004年3月，頁4-35。

E.研討會論文

高承恕，民國70/5/29。〈歷史對社會學理論與方法的意義〉，「社
　　會科學理論與方法」研討會。臺北：中央研究院民族學研究所。
　　頁123。
陳弘毅，民國90/11/28-29。〈市民社會的理念與中國的未來〉，「公
　　民與國家」學術研討會。臺北：中央研究院中山人文社會科學研
　　究所。頁14-34。

F.雜誌

格里・斯托克：〈作為理論的治理——五個論點〉，《國際社會科學雜誌中文版》，1999年，第2期。

G.網路資料

《中華人民共和國國家統計局》，<htt http://www.stats.gov.cn/ >。

《內政部統計資料》，<http://www.moi.gov.tw/>。

《立法院網站》，<http://newcongress.yam.org.tw/legislator/legislat.html>。

《財團法人台灣民主基金會》，<http://www tfd@taiwandemocracy.org.tw/>。

二、英文部分

・專書

Ellis, S.J.& No, yes, K.K., 1990.By the People; A History of Americans as Volunteers. San Francisco, California: Jossey-Bass Publishers.

Levett,T. (1973) The Third Sector: New Tactics For a Responsive Society, New York:AMACOM.

Wolf,Thomas.Managing A Nonprofit Organizition (New York : Simon & Schuster,1990), p.6.

Shils, Edward,1997, The Virtue of Civility; Seleeted Essays on Liberalism, Tradition,and Civil Society, edited by Steven Grosby, Indianapolis; Liberty Fund, p.322.

Ibid.,pp.338-339.

民主推進器──兩岸三地的公民社會

附錄
兩岸三地學者訪談記錄

訪問日期：2010年10月29日下午16時至18時
訪問單位：國立臺北大學公共事務學院
訪問地點：國立臺北大學公共事務學院研究室
訪問對象：林淑馨　副教授　　　　　　訪員：蘇佳善

Q1：請問公民社會的概念？

A ：每一個社會裡的個人都是一個公民，公民有他的權利
　　　義務，他的權利事實上受到憲法的保障，他的核心價
　　　值比較有現代性的自由，平等，屬於獨立的個人，譬
　　　如說他在經濟上面是一個獨立的消費者，有消費者主
　　　權，在政治上有公民權，在選舉時有平等、秘密投票
　　　的權利，也是主權在民，在社會組織上具有結社自
　　　由，及反應權益的自由。這是現代社會的一個基本的
　　　條件，對於公民社會的核心價值就是自由、平等，也
　　　可以加博愛，形成一個共同體。

Q2：請問公民社會與市民社會在概念上有何差異？

A ：這是在翻譯上面我們有一些不同的偏重，市民社會在
　　　西方社會比較強調是一種資產階級，資產階級在中文
　　　裡面就會被翻譯成市民階級，公民社會，這個翻譯比
　　　較強調說不是某一個都市的市民才有權利，而是普遍
　　　的，大家都是有公民權的。市民社會感覺上好像還有一
　　　點階級性，而公民社會比較強調一個普遍的公民權。

Q3：請問非營利組織、非政府組織、第三部門及民間組織概念上的差異？

A ：非營利組織、非政府組織、第三部門和民間組織，基本上它從不同的面向來看，非營利組織相對的是營利組織，非政府組織相對的是政府組織，像聯合國就比較會用NGO，他除了強調政府參與之外，還有非政府的部門，非營利組織主要是在美國的學界，他們是從市場來考量說，有些不是營利的組織他在社會裡面有提供很多公共服務，所以是相對的面向不同。

第三部門也是在美國發展出來的概念，他從政府、企業跟民間的非營利組織，各自的活動領域不同，強調第三部門的重要性，民間組織看起來又是跟政府官方有一點區隔的，每一個是相對性的概念，在核心上其實都是類似的。

Q4：請問兩岸三地公民社會與政府及市場的關係？

A ：公民社會和政府跟市場關係，是一種協調的關係，應該不是零和，有一點分工的關係，大家身分上面都會重疊，比如說公務員下班後也是消費者，或是說去參與非營利組織，在企業上班也一樣，下班後可能去參與非營利組織，所以說在關係上面，這是一個現代社會的分工，分工就有合作，所以也很強調夥伴關係。

Q5：請問公民社會崛起後對政府公共政策及市場經濟的影響與作用？

A ：公民社會崛起後，政府的施政其實是要接受更多公民
社會的監督和檢驗，市場經濟，比如說消費者保護，
這個都是公民社會很重要的一種功能，所以基本上公
民社會也是一種公民在保護自己的權益，在監督這個
公共政策的品質，甚至是市場提供的服務的品質，所
以公民社會也算是一種消費者自我保護的力量。

　　此外我覺得倡議型團體，從另外一個角度想它可
以有點像是逼迫或許是督促政府去解決政府沒有去忽
視到，沒有去正視的議題，讓政府更加的正視這個議
題，畢竟民眾在那邊說說，其實民眾的需求沒有辦法
很準確的傳達到政府那邊，如果透過這些倡議型的團
體，它們有組織的去運動或是推動的話，比較能吸引
媒體或政府的注意，只要媒體注意，可能會比較容易
喚起政府的重視。

Q6：請問促成兩岸三地公民社會發展的關鍵因素？

A ：促成台灣公民社會發展的關鍵因素，在我看起來是一
些基本權利，中國大陸它還是要對一些基本的人權，
必須要尊重，香港它現在雖然是中國大陸的一部份，
不過它因為自己過去有殖民地的經驗，香港的公民意
識還算是蠻發達的；相對台灣而言，在政治上面的參
與，可以有民主的直選，算是最完整的。因此，民主
政治跟公民社會還是有很直接的關係，相對來講我覺
得台灣的公民社會發展是比較全面的。

　　公民社會還是回歸到每一個個人，從自由主義的
角度來看，香港它的個人主義還是比較強，台灣其實

在很多傳統的思維，可能因為過去戒嚴這樣的一個經驗，有些地方反而公民意識是相對的薄弱一點；中國大陸最差，它只有在經濟上面是快速的崛起，但是整個公民權這方面我覺得還是很受壓抑。香港是因為有法治在後面做後盾，台灣是有民主，這是兩個地方比較大的特色，也是它的差異，中國大陸這兩個都沒有，它還是一個比較專制的社會，專制社會對公民社會還是一個壓抑的，好像在談中國的公民社會，理論好像可以談很多，但是在實務上面他們還是受到很多限制。

　　像我去和大陸的學者談，他們對公民監督國會聯盟就會很感興趣，因為他們會覺得這個就是民主，你還可以去監督這些選出來的民意代表，他們是連自己選民意代表好像都還沒有，在這上面台灣好像走到一個比較前面的階段，這個也是人民自己組織，有充分的自由，他就會有各式各樣的不同的自願性團體，這個對於公民社會來講，我覺得還是最核心的一種力量。

Q7：請問兩岸三地在公民社會的發展上的困境與挑戰？

　　我們的法制其實還是很不健全，中國現在他們在思考法治的時候還是太多的管理和控制；香港他們過去就是習慣於這種比較自由放任的方式，只是在回歸以後還是多少受到中國這種政治的影響。

訪問日期：2010年11月1日上午10時至11時30分
訪問單位：國立政治大學社會學系
訪問地點：國立政治大學社會學系研究室
訪問對象：顧忠華　教授　　　　　　　　訪員：蘇佳善

Q1：請問非營利組織、非政府組織、第三部門及民間組織
　　概念上的差異？

A　：對於非營利組織、非政府組織、第三部門及民間組
　　織，或是公民社會與市民社會並沒有很明確的去定
　　義，一般都是混合使用。

Q2：請問兩岸三地在公民社會發展上的異同或特徵？

A　：我覺得我們在921以後，就非常的蓬勃發展，而且我們
　　的範圍很廣很多元，這倒是還滿可喜的吧，從某種角
　　度來看。教育文化、學術、醫療、經濟比較多。在特
　　徵上就是我們還滿多元的，可能跟我們現在的社會有
　　關。可能他是比較偏向零和，但是也有很多都不是。
　　譬如倡議型的團體。

Q3：請問兩岸三地公民社會與政府及市場的關係？

A　：大部份會看那個組織本身的性質！譬如像倡議型團
　　體，可能在這個議題上，是跟你對抗的，可是可能在
　　下一個議題上它是支持的，因為一個議題結束後，
　　他不可能一直倡議一個議題。所以應該沒有永遠的零

和，他會根據他的發展階段去做修正。我覺得應該說大部份其實都是非零和的，只有少部份因為特殊的議題，可能會有所謂的零和模式，但就整個現況來看，在台灣應該是非零和模式比較多占多數，零和模式還是占少數的。公民社會其實不是要跟政府對立，其實是發展一個和諧的模式。

其實政府的角色，我不覺得政府一定要去監督你，我只覺得說你換個角度，政府不是要來管你的，其實我知道你在做善事，但是我輔導你，怎麼樣走向正向或更好，避免說以後發生什麼糾紛或什麼，這會影響社會大眾對第三部門或非營利組織的觀感會，但如果換個角度去思考，好像就不會那麼的排斥政府對我的輔導。另外，像日本政府與民間雙方在交流，比方說公部門的人到非營利組織去，非營利組織的人到公部門去。我覺得真的這是一個很好的一個措施，可以互相瞭解，對第三部門的運作是有幫助的，政府也可以瞭解第三部門他需求是什麼？我覺得我們台灣真的還需要做。

Q4：請問促成兩岸三地公民社會發展的關鍵因素？

A　：台灣民間組織發展的關鍵應該是解嚴，然後是921大地震的影響，讓台灣民間組織朝多元化發展。

Q5：請問兩岸三地在公民社會的發展上的困境與挑戰？

A　：公民社會多元發展的好處它就是他提供多種服務，跟滿足不同的需求，但是他的困境就是，因為目前我們沒有一套比較完善的制度。多元的結果，也沒有辦法

去規範到所有的，我們是很期望公民社會是朝正向發展，但是如果沒有一套比較完善的制度去讓他們有依循的準則的話，其實難保說，在這麼多元發展的情況下，會不會出現一些問題？政府也沒有辦法去解決，因為他涉及的層面很廣，假如說以社會司來說，他恐怕不是所有的層面他都了解，當你遇到問題的時候，譬如說醫療，你怎麼去解決他，所以我覺得說，這個可能是多元下，政府可能未來會遇到的問題。沒有那麼多政府部門，也沒有這麼多的專業去輔導，或者是去監督，這個以後可能會產生一些問題。

訪問日期：2010年11月5日下午16時至18時30分
訪問單位：國立政治大學第三部門研究中心
訪問地點：國立政治大學地政學系系主任辦公室
訪問對象：徐世榮　教授　　　　　　　　訪員：蘇佳善

Q1：請問公民社會的概念？

A　：公民社會是介於國家與市場之外的另一個重要的一個部
　　　門，它是比較追求社會公益價值這部份，市場或是資本
　　　可能比較追求利潤和效率，所以彼此間有不一樣的價值
　　　取向，在英文的意義上「公民社會」具有「文明社會」
　　　的意思。

Q2：請問非營利組織、非政府組織、第三部門及民間組織
　　　概念上的差異？

A　：沒有很大的差別，非營利組織可能對於商學院的學生，
　　　非營利組織可能比較對應於政治學這樣的理念，基本
　　　上沒有很大的差別。我覺得不要用「非」這個字，這樣
　　　感覺比較不好。因為我自己有自己的主張，自己的一個
　　　領域，好像不是非營利、非政府！這樣好像很空泛的感
　　　覺，我不太同意這個看法。

Q3：請問兩岸三地公民社會發展上的異同或特徵？

A　：台灣公民社會在發展上一個的特徵就是說因為台灣實
　　　施民主化，使得公民社會得以「由下而上」的發展；

相對於大陸改革開放後民間組織大部分還是「由上而下」的發展模式居多，這是很大的不同，香港跟台灣比較接近。

Q4：請問兩岸三地公民社會與政府及市場的關係？

A　：任何一個公共政策不僅來自於市場的意見，其實也來自於民間社會或公民社會的一個介入監督。那是一個零和，你贏我全輸，倒也不是這樣子。比如說我們把第三部門分為兩大類，一個是社會服務型的，一個是倡議型，依經驗法則倡議型大概佔10%-20%，福利型大概80%-90%，社會服務型大部份都是協助政府，所以基本上不會有什麼零和，倡議型有時候會跟政府對抗，但有一些組織有時候是倡議型，有時候又是服務型的，所以未必倡議就不會轉變成服務型，而變成一個互助共生的角色。以前聽一個學者講過，第三部門不是為了去打倒政府，而是要去拉攏政府，讓政府來接受我們的意見，讓政府多支持我們第三部門的看法，我覺得從這個觀點來看，並不是那麼零和。

對公眾我一直認為是一個動態的均衡，就像我剛剛說的，有些力量是來自於市場，有些力量來自於公民社會，所以政府就是在這兩股力量求得一個均衡，當然有時候會產生一些衝突，公民社會形成一種決策互動的關係，我覺得這是兩邊的力量，共同折衷之後才產出我們所謂的公共政策。

Q5：請問兩岸三地公民社會發展上的困境與挑戰？

A ：從資金層面觀察認為，台灣的第三部門向來資金不足，加上籌措經費的能力有限，影響組織的發展。團體成立後，沒有經費是很難依據成立宗旨去推動公益的，這部分要靠募款、政府的補助或是企業的捐助、其中比較有可能是靠募款的部分，但是這部分法制面要變的更周全。

訪問日期：2010年11月11日下午16時至17時30分
訪問單位：中央研究院社會學研究所
訪問地點：中央研究院社會學研究所八樓所長室
訪問對象：蕭新煌　教授　　　　　　　　　訪員：蘇佳善

Q1：請問非營利組織、非政府組織、第三部門及民間組織
　　概念上的差異？

A　：現在我們通常有三個概念，非營利，非營利組織只要他
　　是非營利就叫非營利組織，他是針對企業而言，另外
　　就是非政府組織，只要不是政府部門的，他就可以，是
　　針對政府而言，那另外一個新的概念，不是新的概念，
　　叫作第三部門，那也沒關第三部門，一二三，那意義也
　　不大，那現在意義最深的、最難的、最有意義的就是所
　　謂公民社會，或者以前我們叫民間社會，他必須是自主
　　的，第二它是非營利、非政府的，第三，他有一個明確
　　的組織的目標，而這個目標是什麼呢？他想改變它跟政
　　府的關係，也就是說他要替社會說話，來改變社會跟政
　　府的權利關係。

　　　　有NPO，有NGO，有civil organization，有民間
　　團體，不等於就有公民社會，公民社會一定有權利關
　　係想改變，改變不一定用暴力改變，改變不一定用激進
　　的，任何方式，要有改變的企圖，我覺得這個是最重要
　　的，從這個觀點來講，台灣終於做到了，香港也做到
　　了，它可以兒童福利政策，它可以交通政策，他現在要

救這個花博，多少也有點想改變，而不是只有聽話，在中國，我看很難很難，所以要做這個比較，發展這個三條路真的是很不一樣。

Q2：請問兩岸三地在公民社會發展上的異同或特徵？

A ：社會運動屬於公民社會的一部份，有些他不是社會運動，他是溫和路線，有些是做服務可是又帶有社會運動像勵馨基金會，他是先抗爭，先改變，然後再服務，現在還是繼續，殘盟、老盟都一樣，我們明年的研討會就叫作服務與倡議，台灣第三部門研究的新方向、展望，兩個要兼顧，你如果要做社會運動的研究，那是很明確了，那就是倡議，而且社會你必須要比較格局大一點，我們最近編了一本書叫作《台灣社會運動再出發》，那個是10種，1980就有的，三十年後又還有的，那有新的像公民監督聯盟我們把它納進來，這個的確是要透過改革，社會比較大規模的改革，很多法令要改革，很多制度要改革，等等要改，如果要做社會運動比較當然就是另外，那社會運動沒有錯他屬於公民社會的一部份。我們國內的社會運動以1987年520農民的那次運動是最激烈的，那個時候的時空狀況不一樣，我在立法院，噴水我還看到。

　　從廣義來講，社會運動組織是不是NPO或NGO？當然都是！像信誼基金會，是做學前服務，是服務型的，他可能不是社會運動組織！他做純服務，像出版，他有沒有一點倡議的色彩？也有！他曾經有過倡議修法，像勵馨、主婦聯盟和台灣環保聯盟等都是。我覺

得，不必太在意怎麼歸類，至少服務型的NPO、NGO或第三部門，倡導型的NPO、NGO或第三部門，嚴格來說社會運動型的NPO、NGO或第三部門組織才算是公民社會。嚴格定義，有它的好處，很多人目前可能也不這麼嚴格定義，但是民間團體要知道自己在探討的是什麼東西。像梅花基金會，他一開始也是，雖然活動不多，但是進入到這個組織內部，我們組織其實還是又小又窮。但是像最大的慈濟，如果要比較這三個，如果談公民社會不能夠不談政治，政治的脈絡一定要談，但是如果談NPO、NGO的組織，治理，就不一定要談到政治，但是行政是有的。

Q3：請問促成兩岸三地公民社會發展的關鍵？

A ：我覺得政治是關鍵，台灣的民間團體真的是自主、挑戰，從某個角度政府也讓步，這是聰明的讓步！因為成熟度也夠，加上我們還有一個很重要的反對黨，我覺得有了反對黨會讓當權政府知道他不是政黨，還有一個第三部門，是民間的，他有退步。中國大陸哪裡有反對黨？他是怕這些民間團體將來會成為政黨，政黨是非常重要。

我最近寫了一篇文章，就探討中產階級、公民社會還有民主，台灣的中產階級和公民社會是息息相關，是促成第三部門或公民社會的存在，而且是中產階級主導，這個連結是存在而且有意義的；其次是民主，這個連結也是有意義也是存在的。中國連中產階級是不是有，都是學術上、現實上很大的問題，公民

社會存不存在也是問題，所以根本連不起來。現在國際上有些人就是太樂觀，當然中國很喜歡你樂觀，他說你看我們有中產階級，因為我們有這些有錢人，我們也有民間團體，所以你急什麼？我們遲早會，大家如果這樣誤以為信，對不起！你根本沒有連，台灣是花了30年才連起來，所以我們還不那麼完美！

像大陸1989天安門事件，事實上不是我們現在講的公民社會運動或是倡導，他是一種「政治運動」，「政治事件」，最近發展出來了，因為有錢了，而且有點閒，有錢有閒他才能夠產生NPO、NGO組織，這個都是有他特定的背景，台灣就是這樣子，台灣如果講50、60年代，那根本沒有，所以我們真的是80年代，台灣的組織四分之三其實都是80年代以後才成立的。

另外，我覺得經濟，我覺得經濟的成熟，要有一些中產階級的產生，心有餘力，願意去做社會改革，還有社會服務，這很重要，喜歡做社會服務的一批中產階級，他就會投入服務型的NPO、NGO；喜歡改革的，想改革的就投入到倡議型的或社會運動型，我覺得這個是非常重要的，當然民主的鬆動。至於香港公民社會的興起，跟1997的大限有關係，香港人發現香港的前途應該要人民來決定，應該讓不是財團的，不是官員的來決定，那個是一個很大的關鍵，現在回歸後，這些倡議型組織就被壓抑了！他們現在是投入環境保護，所以環境運動是他們的出路。他們對於這個海灣！對於這個環境運動他們就起來，其他幾乎沒有。台灣是繼續成長，各類，現在有十類，繼續在發展中。

2
4
3

Q4：請問兩岸三地公民社會發展上的困境與挑戰？

A ：我們還是繼續倡議與社會運動，三十年前，三十年後還有新的，至於中國呢？中國經濟發展，民智也稍微開一點，他們也覺得自己可以，政府也會在社會生活上放鬆，就是底層放鬆，政治抓緊，我覺得這個很重要，最近他們看到很多，研究這個中國的一些事，他認為這個底層社會的確是有鬆動，然後也提供了一些生活上、社會上、行動上的自由，但這些屬個人的行為自由，或者組織行為跟所謂我們期待中的民主化、自由化，是有是隔緣的，是一個隔緣體。我們台灣，公民社會法如果促成民主化，中國隔緣的，可不可以造成民主化，我並不樂觀，我問了很多真正在地做研究的學者，他們都避談，大陸學者都談這個，他們說做服務，做好事，在做善良！是做善事是沒錯，外國的學者也看到說，能不能夠就促成中國的自由化、民主化，他說現在就是大問題。

訪問日期：2010年11月19日下午16時30分至18時

訪問單位：國立中央大學客家學院

訪問地點：國立政治大學研究室

訪問對象：江明修　教授　　　　　　　　訪員：蘇佳善

Q1：請問公民社會的概念？

A ：公民社會概念曾經歷了從國家和社會的二分法向國家、市場經濟和民間社會三分法的歷史演變。按照這種三分法，公民社會之概念是指相對獨立於政治國家與市場經濟組織的公民結社和活動領域，包括個人私域、非政府組織（志願性社團、非營利組織）、非官方的公共領域和社會運動等四個基本要素。

Q2：請問公民社會與市民社會在概念上有何差異？

A ：其實，兩者在概念上是很相近的，也有人把他們視為同一個概念。在古典市民社會理論中，「市民社會」、「政治社會」、「文明社會」三者之間沒有明確的區分。「Civil Society」一詞既可譯為市民社會，又可譯為公民社會，還可譯為文明社會，它本身也包含有這樣三重意思。

　　　　在當代政治的概念範疇裡，公民社會或市民社會是指由自由的公民和社會組織機構自願組成的社會。在政治學中，是對國家與社會的關係的一種思考和理解。該理論的前提是現代社會中國家政權與市民社會

的二元分離，使市民社會在理論上獲得了相對於國家的獨立性。

Q3：請問非營利組織、非政府組織、第三部門及民間組織
　　基本上有何異同？

A ：在今日社會中，非營利組織有時亦稱為第三部門（the
　　third sector），與政府部門（第一部門）和企業界
　　的私部門（第二部門），形成第三種影響社會的主要
　　力量。公民社會也被譯為市民社會、民間社會，尤其
　　被建立在三分法基礎上的公民社會，又被稱為「第三
　　部門」（the third sector），它是指處於公共部門和
　　私人經濟部門之外的部門，或者處於國家和企業之外
　　的社會活動領域。第三部門在國外又被稱為「獨立部
　　門」（independent sector）、「非營利部門」（non-
　　profit sector）、「志願性部門」（volunteer sector）
　　等。公民社會組織或第三部門具有不同於政府組織或企
　　業組織的特徵，這就是它的民間性（非官方性）、非營
　　利性（不以營利為目的）、自治性（自主管理保持獨立
　　性）、志願性（進出自由和志願參與）、集體性（活動
　　宗旨和範圍超越了個人和家庭）等。概括來說，非營利
　　組織、非政府組織、第三部門及民間組織在概念上是彎
　　相近的，要看你運用這些概念在何種層次上，例如公、
　　私領域，政府，企業，第三部門，或是國家與國家之
　　間，聯盟與聯盟之間等。

Q4：請洽台灣在公民社會發展上有何特徵？

A ：大致上，台灣在公民社會發展大概有幾項基本特徵與表現：

(一)重人權——公民社會理論的基石。公民社會和國家是保護、增進個人的權利和利益而存在的。維護與發展人權是公民社會重要原則。

(二)多元主義——強調個人生活方式的多樣化，民間社團組織的多樣性，民間社團組織提供公民參與公共事務的機會平臺。提高公民參與公共事務的意願和能力，民間社團組織是公民社會的核心要素。思想的多元化。其內涵是基於寬容和妥協的社會文化。

(三)公開性和開放性——政治決策活動的公開，公共領域的開放，公眾在公共領域討論公共議題，並參與政治決策。

(四)法治——公民社會中強調法治的重要性，藉由法律來保障公民在社會中的自由，不讓國家隨意干預公民社會的內部事務，進而確保公民社會成為一個真正自主的領域。因此，公民社會強調，必須把國家的影響力，嚴格地限制在憲法和法治規定的範圍之內。

(五)社會運動：社會運動是對不滿現實的一種行動，尤其對理想社會的期望，藉助社會運動來爭取訴求，台灣近幾年對於社會運動的概念已經有所轉變，社會運動不一定都是激進的，也有柔性訴求的。

Q5：請問公民社會與政府及市場的關係？

A ：應該帶有兩者兼具的意味，公民社會並非僅是市場或
政府失靈的補救機制，三者間應該是能夠加以整合，
且密不可分的。例如，公民社會可透過一些志願集體
行動，使得政府擬定的目標加速完成或實現。另外，
雖然公民社會也是在市場中進行活動或交易，但並不
追求利益極大化，而是將效應反饋給社會。

Q6：請問公民社會崛起後對政府公共政策及市場經濟會產
生哪些影響與作用？

A ：公民社會不僅是公共政策失敗後的對策，也可積極影
響政策的制訂，而公民社會也可能接受政府的補助，
而在政策產出上更具效率。而公民社會雖然也接受市
場機制的運行，但也可能透過非營利活動，志願性活
動等讓經濟效益回饋到社會上。簡單來說，公民社會
興起之後，已經跳脫過去與政府之間那種由上而下的
權力命令形式，轉變成夥伴關係，進而對公共政策的
良窳造成影響，三者之間可說是種協力形式的展現。

Q7：請問促成台灣公民社會發展的關鍵因素？

A ：1970年代末期開始不斷出現的自力救濟抗爭說明了國
家機器已經無法完全控制民間社會，原因除了政治自
由化、國家控制力減弱、反對運動的政治資源挹注之
外，有些學者利用「民間社會」的概念來說明這些現
象，強調民間社會的自主性，他們認為民間社會力量
的不斷成長，是推動社會進步、拒斥外在束縛與壓迫

的有效憑藉，這尤其表現在政治上的反對運動對國家的抗爭。

先前以外銷導向工業化為目標的經濟發展，是以對勞工之剝削與環境之破壞、對都市、區域與土地政策的忽視，對婦女、原住民的壓迫與歧視為代價的。這些都成了日後台灣公民社會崛起的力量所在；伴隨著公共生活環境的惡化，公民社會在都市、環境、社區、婦女、原住民及客家等各種運動中浮現。

Q8：請問台灣在公民社會的發展上的困境與挑戰？

A ：台灣從經濟起飛且經歷長時期發展之後，另一項台灣原以為可以值得驕傲的民主化體制，也受到全球經濟的影響急遽變動，陷入國族國家歷史的尷尬情況中。國家的權力因全球經濟而日益空洞化，以中央政府為核心經濟發展掛帥的國家體制越來越無法以政策因應現實。同時，國內政治也因為環保與經濟發展的衝突及地方財政困境而形成國內政治的衝突。

然而，台灣城市區域治理的可能性當前仍然被限制在中心集權、單一國族國家意識形態建構，發展主義重構，以及民粹主義及操弄媒體的象徵政治下。地方行政區域的劃分及自主權能無法與全球競爭所需要的規模與權能相稱。

編號代碼：F

訪問日期：2010年11月22日下午20時至23時30分
訪問地點：YWCA臺北青年國際旅館
訪問對象：大陸學者　副研究員　　　　　　訪員：蘇佳善

Q1：請問公民社會的概念？

A　：公民社會的概念，從西方來說，也就是從上世紀八、九十年代開始，更多的公民社會可能會跟第三部門、非營利部門這個概念有一些重合的地方。

Q1：請問公民社會與市民社會在概念上有何差異？

A　：公民社會與市民社會的差別，我的理解是市民社會十七世紀、十八世紀，資本主義興起，形成資產階級，這個市民階層的形成，根據馬克思和黑格爾的分析。一開始也不是貶義，資產階級一開始是在城市裡興起，或者叫做第三階級，它對一個傳統的階級，封建等權的階級有種對抗，形成之後要爭取一些權利，開始可能是一些咖啡館、各種文學社，透過公共領域來表達他們的意見，來爭取他們的權利，這是一個資產階級、市民階級的形成，這時候我們稱市民社會。現在來說我們要擴展公民社會，就是一個整個公民所構成的一個社會，公民當然有他的權利，有他的責任，有他的義務，在這個意義上，我們說公民社會跟以前的市民社會的用法也不太一樣。放在現在來用，用市民社會好還是公民社會好？一個是從歷史的角度來看，古希臘的時候當然也可以稱之

為公民社會，但是當時的公民是不包括奴隸跟婦女的，在這裡頭是比較自由的，可以進行公開的討論。

Q3：請問非營利組織、非政府組織、第三部門及民間組織概念上的差異？

A ：其實有時候這幾個概念有時候會混用的，非營利組織強調他跟營利組織之間的一個區別，non-profit他會偏重於強調非營利；非政府組織？他可能會偏重於他跟政府之間的區別。雖然我們說非營利組織應該也是非政府組織，否則就是，政府應該也是非營利的，但是你不可以稱之為非營利組織，那麼非政府組織呢，也應該是非營利的，否則企業也是非政府的；第三部門這個概念相對來說比較大一點，主要就是為了區別第一部門政府，第二部門企業。土耳其有一個第三部門會長，還有一個很知名的教授，因為我們學會就叫國際第三部門研究會，那個教授就覺得第三部門不是最好，應該是公民社會，但是公民社會研究會，study of civil society，這個定義上好像不是很順，他認為公民社會可能會比第三部門好，因為公民社會後面有他的一套理論，而且有一個歷史發展過程，西方當然它有公民社會，他是怎麼演變過來？包括一個公民，一個citizenship，之間有一種關係在裡面，從歷史上來說也是有了市民，市民階層，然後再市民社會，現在又公民社會。至於台灣、中國、香港又複雜了一點。中國大陸的公民社會發展，我們只能說現在可能是有一些具象，也有一些苗頭，當然也有這個潛力，相對來說還是比較weak，不是那麼強。汶川地

震我們好像看出了一個能量的釋放，一個苗頭，但是過了之後好像沒有像大家期待的這樣，公民社會還有一段漫長的路要走。

Q4：請問促成兩岸三地公民社會發展的關鍵因素？

A ：1978年改革開放後經濟持續呈現高成長，以及1995年在北京舉行的世界婦女會論壇，讓民眾認識到非營利組織的作用，是促成大陸非營利組織蓬勃發展的重大關鍵。

Q5：請問兩岸三地公民社會與政府及市場的關係？

A ：公益社會跟政府的關係，如果是良性的互動我想是正合的一個關係。在一個局部上，它不可能整體上來看，如果我是一個公益社會，你是一個整體國家，它可能是某個組織或政府的某個部門，就公益社會的某一塊，在局部上會有衝突，如果衝突解決了，在整體上來說是產生一個正效應，它是一個緩衝劑，透過它來跟政府一個仲介的協調，它不會去取代它，取代它又會變成另一個政府。這也是我們說的三足鼎立的社會，跟人家穩定跟人家結合。

　　有不少組織，他的資金的來源比較單一，可能主要是來自一個政府的，除了這一塊，可能他自己需要從社會上募集資金，就會比較困難，這就會產生一些依賴性，我們希望，一個組織資金的來源應該是比較多元，這樣你就不會一直依賴政府。像上海也在設想建立一個公共的平臺，讓企業知道，他連接供方跟需

方，把工業組織的一個訊息，讓企業界瞭解，讓企業界能夠瞭解哪些公益組織在做什麼？這樣就起了一個橋樑連接的作用，再把這種訊息都公開化，爭取企業的贊助。現在像「聯想集團」他們都會把一些項目，一些工業找投標項目，工業創投的一些項目來委託它們做，因為知道它們能夠把這個事情做好，所以它現在就越做越大。就像汶川地震的捐增額一下子上升，這是不需要動員的，大家出於良心，救助他人的這種，自然而然就會，但是你要變成經常性，日常的行為，那可能還要有一個過程。

Q6：請問公民社會崛起後對政府公共政策及市場經濟的影響與作用？

以上海來說它經濟條件比較發達一點，公民意識也要強一點，現在在公民組織當中比較活躍的也是受過比較好的教育，本身他的一個職業地位，都比較高，他們這些人會成為一個國際組織當中的一些領袖，相對的，他們的意見也比較會得到政府的重視，對公共事務也許會有一些影響。

Q7：請問兩岸三地公民社會發展上的困境與挑戰？

A ：中國大陸的公民社會發展從目前來說，首先就是優化自我環境，公益組織有一個很好的環境，在政策與法規上給予支持，稅捐優惠，給它創造一個很好的條件，讓公民在這樣一個領域當中有這樣一個發展空間，讓他自願參加這樣的活動或者進行捐贈，在這個

組織中去做一些好事，逐漸形成公民意識，公民社會就會成長起來。另一方面就是公益組織本身的公信力、運作的能力，讓大家看到它可以把事情做好，這兩塊結合起來，老百姓就會信任，就願意把錢給捐出來，這樣做更加有效。

在中國有不少組織，他的資金來源比較單一，主要是來自政府經費補助。他如果需要從社會上募集資金，這一點比較困難。因此，對政府產生依賴性。但是逐漸的它們希望也能像基金會一樣，能夠募到經費，像台灣的基金會，不見得從政府那裡得到一些資金，也可以從私人企業，它有一個生態鏈，或者產業鏈。它要形成一個很好的一個系統，以前可能我們就是單打獨鬥會比較多一點，服務型的，運作型的組織多一點，但是很多可能靠著一個專業化程度，這些力量都很強，現在可能需要有一些自主性的組織，培育性的一些組織，像基金會其實也是一個自主性，他是透過基金來實現公益，培訓機構，是一種專業性的這種支持。如果民間組織具有很強的專業人力，它就能獲得企業的信任，讓他們相信這個公益組織能把這個事情做好，這對想回饋社會的企業家會具有吸引力，其他公益組織也是一樣，我有好的項目，能做好公益事情，企業家願意給予資助，結果也會讓他知道。像大陸的聯想集團，他們都會把一些投標項目，來委託好的公益組織做，因為知道它們能夠把這個事情做好，所以它現在就越做越大。

在企業方面，企業有了錢，如果只是用來消費是有限的，要怎樣讓花錢更加有意義，而是怎樣用得更加

有效。就像汶川地震的捐增額一下子上升，這是不需要動員的，大家出於良心，救助他人的這種，自然而然就會，但是你要變成經常性，日常的行為，可能還要有一個過程。像上海也在設想建立一個公共的平臺，能夠讓企業知道，由它連接供方跟需方，能夠把工業組織的一個訊息，讓企業界瞭解能夠瞭解有哪些公益組織在做什麼？這樣就起了一個橋樑連接的作用，再把這種訊息都公開化。我們希望，一個組織在資金的來源是比較多元，這樣你就不會一直受到政府的牽制或監控，也容易展現比較強的部份。對大陸民間組的發展而言，這些就是未來要突破的困境和挑戰。

┌─ 編號代碼：G ──────────────

訪問日期：2010年11月26日下午15時至17時
訪問單位：香港中文大學
訪問地點：香港中文大學崇基學院社會學系陳健民博士研究室
訪問對象：公民社會研究中心主任陳健民 副教授　訪員：蘇佳善

Q1：請問公民社會的概念？

A ：公民社會概念要求比較高，以前第三部門主要的概念
其實說是在政府與市場以外提供一些公共服務來補充
市場，像香港1970年代之前已經差不多都出來了。台
灣戒嚴之前它也開始有這樣的一些條件。可是公民社
會的理念是超越第三部門來補充政府市場的不足，其
實它有非常強的文化傳統，就西方來講它首先談的是
自由主義的傳統，自由主義傳統非常看重個人的自由
權利。如果有一個結構出來，它單單是非政府，如果
它沒有用權利的概念的話，它不能夠符合這個公民社
會的理念。可是在西方的公民社會理念除談權利自由
以外，它也很看重參與，參與精神是很重要，那個是
整個共和主義裡面很強烈的傳統。

　　第三個就是寬容，在公民社會裡非常強的對不同
的意見要有正視寬容，要容許不同意見的表達。它在對
話的空間是多元化的。又從這個文化角度來講的話，一
個這樣的領域它雖然是非政府，如果它沒有這樣權利
的理念、參與理念和寬容理念的話，可能也不是公民社
會。以中國傳統為例，如果我們看傳統的中國它有民間

社會，民間社會它很多是家族組織來產生出來的一個結果，當然它也會處理很多當地的農村的一些公事，可是可能對人的權利他不保護的。傳統的中國可能一個人在傳統中國裡，例如通姦，可能國家法令沒有要把它處死，可是那個地方可能把一個女人淹死，她的權利沒有受到保護。這樣情況之下，你可以說那是個非政府結構，它也可能提供一些服務來補充政府的不足，可是它可能不一定說它就是公民社會，連最基本的人的人權、人的自由權利它沒有去重視，它不符合那個標準。

　　例如公民社會這個理念，在背後是比那個第三部門用更高的標竿，它有一種文化的理念在背後。它要求對人的自由權利要保護，要尊重人一種積極參與，而且要鼓吹一種對話，對人們要寬容。這樣談的話連西方他們自己也會覺得他們的公民社會出問題。有位西方學者在哈佛大學他也會用社會基本概念去談一個社會為什麼能發展的好，社會資本上就是一個網絡把人連接起來，把有互信互相幫忙，他也會談現在我們西方也出問題了，因為太個人主義，每個人只看到自己，所以西方現在很強的一個運動叫社群主義（Communitarianism），社群主義它就要重新提倡共和主義，西方那種公民社會太強調個人自由，強調個人權利的時候，最後就沒有人去貢獻自己去為社群去做事情。如果沒辦法貢獻社會的話，誰來正視保護你的自由，因為自由理念裡面，誰最有可能懲罰我的自由就是政府。我個人是無法抵抗政府的，所以我要把人連接起來形成一個團體，集體力量我才能監督政

府，讓政府不會濫權，懲罰我的自由。所以自由主義理念就會退出來，我們一定要學公民社會，問題是當人只看到自己的權利自由的時候，不貢獻自己在一個社區裡就沒有公民社會，誰來保護你的自由？西方也覺得太過個人主義了，慢慢的出現社群也發覺越來越少人去參與社團，他們也提出一種警告，覺得不行，我們要重新建立這個社會資本，重新建立社群，所以弄這個社群主義。從這個角度來講，西方也不是完美的，對他們來講公民社會好像是一個理想狀態有標竿，現在他們要重新成長這個社會。

像德國的哈伯馬斯（Habermas）覺得在西方17、18世紀的時候，可能當時公共領域法更活躍更公共，反而覺得後來變化更大，慢慢深入，顧忠華老師也寫很多公共領域的問題，所以從這個角度來講，真的是沒有一個是完美。簡單說你在哪方面比較強，我在哪方面比較強，真的要用硬的指標還可以分出高低，現在我們的公民社會就評分，評分要很小心，我們從「環境」、「結構」、「價值觀」念還有「影響」，每個部份是0到3分去評分，評分的時候就針對這個問題去打，最後分數是不是要把這四個東西加起來作為總分，最後決定不要，因為把四個東西加在總分的話，每個部分都平反了這個重要性，可是可能有些會覺得不一定是平反，價值觀念為什麼和結構是一樣?所以沒辦法加權，我們就這樣評分就好，不加起來。例如這個社會可能比較重在理念上面，可能環境不太好；這個社會環境比較好，資源不夠比較窮，有重要的訊息沒有辦法來表達這個公民

社會，所以可能每個社會在公民社會發展上面都有它的弱處、也有它的強處。

　　有些社會的公民社會發展的好是因為政府太弱，例如：菲律賓、印度公民社會發展的很快，是因為政府太弱了，弱的根本沒辦法做事情。沒辦法做事情那我馬上要補充，可能單靠公民社會是沒辦法整個國家發展起來，所以不是說公民社會強國家就強，這是兩個不同事情。可是我會說如果公民社會真的是公民社會，他就是第三部門，這樣的一個社會，如果公民社會發展好，文不文明？有可能是文明，我覺得跟文明很接近。如果是說第三部門它只是提供服務，有可能大部分是窮人，很弱勢的團體。有一群慈善的人來幫你，這樣的話無疑是非常文明的國家，用的標準是它不單單是個獨立的政府結構，它還有這樣的理念在背後。

　　我寫一本書是叫《走向公民社會》，它一方面是以社會組織為主，它的理念一是有權利，第二是要參與，第三個是要寬容，它不會有什麼功能，功能方面我覺得是有三個功能。第一個功能就是傳統的第三部門就是提供服務，第二個是監督政府和監督市場，這個是自由主義的傳統，第三個就是當前台灣很多發揮社會資本，它不單單要提供給它希望把人連接起來，希望你們能夠有合作互信來解決你的問題。從這個角度來講，如果公民社會去用這樣的標準去談的話，一個國家如果公民社發展的很倉促的話，我會覺得那個國家算起來是零文明的，可是富強是另外一件事情。你不能說一個地方它不富強就不文明。像西藏、印度文化理念不高嗎？我覺

得很高，他有他的社會的理想，尤其是想富強。我覺得文明是用那個公民社會的標準才能做，所以社會發展出來對每個人權利會尊重會保護，我會關心旁邊人的參與，我要有寬容的心態，那種我覺得是一種人類現代文明。所以古代社會裡頭可能有他的文禮文制都是很精緻，很有禮貌，可是如果他對人的權利不保護，我覺得從現在的角度來講不文明。現代文明的話其實跟公民社會更接近，從這個字根來講，Civil Society它跟政府civility它是跟civilization文明這個字是通的，它跟城市這個字也是通的，從拉丁文來講，它的字根是一樣的，就是說公民社會這個字跟文明、跟城市是相關的，為什麼這樣？因為他會覺得人需要脫離這個土地，慢慢離開這個農村走到城市裡去，慢慢接觸其他不同的文化，從這個過程裡頭學習多元化的世界，然後再學寬容，那種才完成文明的這個過程。所以從這個字的發展來講，公民社會它跟城市化、跟文明是非常相關的，你看在美國一百五十年前有一本書是賣的最好的，那本書是說在「火車上面的禮貌」，火車上的禮貌為什麼當時賣的那麼好，因為一百五十多年前在美國開始城市化了，建鐵路了，火車來了，美國人開始乘火車去另外一個城市，坐在火車上面一大堆陌生人，從來不懂得怎麼這樣一群，你根本不懂得人不是親戚也不是朋友怎麼上去？坐在那裡要看著人家嗎？這樣去而已嗎？這些書都寫這些東西，這書在當時賣得非常好。所以這種禮貌文明的東西，是透過城市化過程裡，人開始跟不同語言文化的人在一起時要學，學習與陌生人相處、溝通能力

等。在這個城市化的過程中慢慢去學。所以我會說以前古代它有它的文明，它在某方面文明性是蠻高的。高水準、寫詩，它做的藝術品高文明，可能這個社會還沒有繼續。我現在對這個文明要求可能不單單是這樣。現在有法律，法律上面公不公平？可能對我們現在來講非常重要文明的標誌，就是說它公不公義？公不公平？可能前往社會文明沒有公平的理念。

公民社會概念定義，對我來講是多元開放的，民間組織與網絡所構成的一個公共領域，那個就是我講的公民社會。公民社會現在有兩種方法一種是非常寬的，怎麼寬，從廣義來說，公民社會就是公民組成的社會。在這樣的社會裡，國家要以法律及其他方式來保護公民的權利免受侵犯，而人民亦要實踐公民的責任與義務。這樣的公民社會就是公民組成的社會。公民組成的社會，看起來跟社會有沒有分別？公民組成的社會原本是由社會的公民組成的，其實不是這樣，分別就在公民這個體制上面。在很多社會裡，人不給人家看成是公民，國家不把你看成是公民，在大陸以前是人民。還有人民的敵人，在某一個當中誰是人民太重要了。誰是人民要拿人民來看一看，以前人民兵都是公民兵，沒有其他的，改革開放之後我看過一個人民兵印象很新的。他多了一個「人」多了個知識份子，我就說這個就是定義什麼叫作「人」？

香港以前也不用公民，而用居民、市民。為什麼用居民、市民？英語是（Citizen），可是當它用中文翻譯的時候，從來不用公民這個字，因為一涉及到公

民，一定要涉及到公民的權利，公民權利就包括了一般的公民權利，就是遊行、結社、言論，政治權利就是投票，給function的權利，社會經濟的權利諸法等等。一大堆東西就來了，所以不是每個社會裡把人看成公民的，大陸人民，香港是市民、居民。所以這個概念，先正視的部份，是因為他把每個組成的社會人看成一個公民，是憲法上面定義裡作為一個公民是怎麼樣的有什麼權利？這個是比較廣的定義的方法，它有它的意義。

　　一般學者不用這個，因為一般學者認為公民社會它最重點的地方不是以個人為主，是說Self organization自己組織，就是自我組織起來，所以他看重的是一種社會組織，他不是看重個人，他不是跟你談法律，法律寫得那麼好沒用。從自由主義角度來講，寫完之後政府不理，有沒有意義？沒意義。西方現在已經非常流行，現在英國，布萊爾（Tony Blair）他講要有compact協議，當時在Tony Blair當首相的時候，他制定一個跟公民社會的協議，就是政府跟你簽一個協議，跟公民社會簽協議，為什麼？他說公民社會不能好像以前一樣，當作傳統的公共服務，他說你還要發揮兩個功能。一個功能是「社會資本」，就是說你要建立社會資本，就把人連接起來；這三個東西是傳統公共服務以外，還有兩個，一個就是社會資本，第三個就是citizenship「公民性」，公民權利。所以在西方來講他會覺得我現在就擔心你們太軟弱了，對公共事務不關注，修法讓我覺得說你來參與，所以看什麼社會。

殖民地的香港他當然不願意用，非常政治化要求更高，中國大陸不會用，可是我剛剛從深圳回來我跟江明修去開會，深圳是第一個地方政府提出來，公民社會共同成長，就是說政府要與公民社會共同成長，政府來推動公民社會，連大陸都在開始改變。這一次是第一次提出來，公開場合講。他用標語去探討，他們現在是深圳政府的口號，這個是變化太大了。幾年前中國，第一個研究NGO清華大學也不敢用這個。我認為不是一個口號而已，而是已經跨出來。所以為什麼我去參加開會，因為我們參加覺得他們真的要做一點東西，然後當時有很多記者會問，政府談公益社會可能就是要合法、守法，文明、和諧是談這個，可是這群人不是這樣，權利我們現在已經要開始給公眾參與，我問有什麼具體的例子？具體的例子，即在深圳政府已經聘一個企業，這個企業做什麼事情？全國都沒有了，我會請他來香港演講，我過幾天會請他們希望能夠過兩個星期下來吧。

　　他做一個企業幫政府做公共參與，怎麼做公共參與？民意調查，有什麼政策看看老闆先怎麼看？辦公聽會，聽完之後寫個民間報告給政府，這個是深圳政府給錢去聘的一個公司，用企業的方式來作公共參與。所以這個不單單是守法，他現在已經開始正式談。後續發展絕對值得觀察。

　　在大陸要談公民社會需要更長時間，可是深圳因為他們要做創新或者定位，上海已經經濟發展那麼厲害，北京也那麼厲害了，深圳特區的地位已經慢慢下降了，他會想到說，我要在社會改革方面比他們超前，現

在中國大陸城市之間的競爭非常激烈，每個市長都要通過這個有爭執，所以他們在探索當中就會想到，我覺得社會創新方面要突破，透過這個過程，他會做一些真的事情，可是他體制限制太大。他只會在全國走的很前，可是真的從國際標準來講有一段很長時間。包括香港，這個說真的什麼工作參與，我們看見政府說要走進群眾當中，都是嘴巴說說而已。大陸對一些論文研究的產出也非常可觀，整個量太厲害，整個政治環境都非常爛，所以發展要很長時間，其實說是有心人投入。

Q2：請問公民社會與市民社會在概念上有何差異？

A ：公民社會與市民社會概念差別在哪裡？在大陸用市民社會的時候，因為他主要是有一個過程，他一出來的時候，不敢提供給社會，太敏感了，他從馬克思裡頭找一個概念出來，當時天津一位學者，就把這個字 commercial 當他翻譯到中文的時候，就用市民社會這個概念。因為當時他說馬克思寫的時候是談一個在歐洲出來的一個資產階級的領域，其實那個領域當初大陸翻譯是資產階級社會是負面，因為在大陸資產階級是負面的。所以他就說翻譯的中性一點，就用市民社會，其實他是利用馬克思的走筆給這個領域定一個位，這個是中性的，沒有好沒有壞，其實中性的領域。

　　之後就開始講市民社會這個概念，所以我剛講過全國第一個研究NGO的是清華大學「NGO研究所」，他出來的時候也不敢用公民社會，他用NGO這個突破了。第二個研究所是廣州中山大學和香港中文大學共

同成立的，是我創辦的。中山大學當時叫「華納民間組織研究中心」，即叫民間組織，穩定於NGO中華還是民間組織。第三個北京大學就突破了，北京大學夠大了，北京大學叫「公民社會研究中心」，它是在大學第一個這個名稱，成立比較晚，相對來講它是第三個，第三個公民社會研究中心。它改完之後中山大學也改名字，就改叫中山大學公民社會中心，現在叫中山大學「公民與社會發展中心」。在程序上面，也通過一個比較長的過程才能夠用公民社會這個字，它看起來是用市民，慢慢才走向公民這個概念出來。當然我一直不只是都用市民這個字，市民好像　只有在城市裡頭才有這個公民社會，從歷史上來講是對的。從現實來講，你看台灣有農協，日本也有很多農協，他不一定是家族組織宗教組織，就是說沒有紀念性的，他不跟傳統的民間組織是一樣的，還是比較自願的。從這個角度來看，農村其實也可以有貢獻，所以用市民社會這個字是對的。所以我們心裡頭是知道公民社會是比較好，在政治環境上比較難用這個字。

在台灣用民間，特別在解嚴之前動用民間要和政府對抗，所以在台灣民間這個字它有它的預警，是比較對抗性的，什麼都是黨外，什麼都是外面，台灣有它的原因。覺得這個國家這個政府不舒服，所以要用民間，慢慢的台灣也應該從這個人際氣候去發表，我覺得會慢慢用，預期會慢慢改變。公民社會就會這樣越來越多。像英國已使用公民社會，將來大陸會用這個，台灣會很落後。

Q3：請問非營利組織、非政府組織、第三部門及民間組織概念上的差異？

A　：非營利組織、非政府、第三部門其實是不同，營利部門強調非營利部門主要是跟市場分開；對政府強調非政府組織這個字；第三部門因為它是強調跟兩個部門不同，所以是相對的。為了跟第二部門分別出來，我說我是非營利；跟第一部門強調出來，我就說我是非政府。我要跟這兩個部門分別我就說我是第三部門組織。民間組織有很多時候其實跟非政府組織比較接近的。古代在中國來講比較喜歡用民間，為什麼？在中國來講傳統，民間有時候跟政府有非常多的連接，他也不會覺得不能用非政府，因為非政府好像跟政府有抗拒的感覺，所以傳統中國來講，全部在中國傳統的農村裡頭，你要治理整個地方，都是靠師生、家族組織、宗教組織來管理的，傳統中國到現在，中國大陸都是這樣，縣、鄉，村再上面就沒有政府機構，沒有基層政府，誰來管，都是這群來管。他們這些師生其實是連接的，這個中間地帶，把政府跟民間連接起來。

　　像黃中傑教授，他會覺得中國用的應該是叫第三域，傳統中國沒有公民社會，只有第三域，為什麼？中國的第三域跟西方的貢獻不同，因為中國的第三域從來就是官民一起來參與，沒有一個很清楚的說我這個是非政府的。所以民間組織這個概念，在整個中國傳統裡，不是跟官方有非常遠的距離，是非常接近很多互動的，他整個概念把非政府組織套進去的時候，很多人都覺得很不舒服，我是什麼什麼同鄉會，我跟

政府有很好的關係，為什麼叫我NGO？非政府組織它
有一個文化的預警影響。

Q4：請問兩岸三地在公民社會發展上的異同或特徵？

A ：從發展水平來講，公民社會起初研究結果是台灣的發展
最好，香港是在中間，大陸是最落後。可是有很大的
爭論，在當時那個研究台灣沒有用一個非常客觀的方法
作研究，所以沒辦法去比。我自己觀察是這樣的，香港
很多非營利組織在社會服務方面專業化是最早的，兩岸
三地，而且比較專業，相對於台灣來講，可能是更專業
的。因為政府提供非常穩定的資源，給他們能夠聘請專
業人士去做服務。香港的社會福利團體經濟來源其實是
由政府來提供，香港很清楚，如果是社會福利的話，
香港社會福利署它提供經費的，70%是我們的經費。教
育部門，香港學校90%都是NGO board做的，我們官
方做很少學校，中、小學都是大部份NGO做的，經費
90%政府提供的。醫院約50%左右是民間的醫院NGO
醫院，可是他們的經費很多是從政府來的，大概這三塊
已經掌握最重要的。社會服務、教育跟醫療這三塊是最
重要的。我們看見，也反映到政府對這塊的支持是比較
有系統，也比較穩定的。所以香港單看非營利組織做公
共服務，基本上它非常穩定，發展非常專業化；可是它
有它的問題，過份依賴政府，因為它覺得政府有那麼好
的資源給我，我不用想太多，和商界合作，商界也不用
說好。像台灣三千個這樣的基金會能支持很多方面的
服務，因為政府已經有支援了，為什麼商人自己要掏

錢，商人有錢就到大陸去投資，到大陸去捐款建立關係。香港就是這樣，因為政府太強。從資源來源而言，香港是比較依賴政府；可是從提供服務來講，主要是看NGO，那種跟北歐有點不同，北歐是政府提供資源以外政府自己也去做公共服務。美國是NGO做很多事情，可是民間的資源也是很大量，他不完全跟西方的、歐洲的福利國家一樣，過份依賴政府。我們有點像歐洲的福利國家，政府機關的介入，我們跟歐洲、北歐不同的地方，我們作事情是NGO去做，我們比較像是有獨立的這種，就是政府提供資源，做事情的是NGO，說是夥伴關係。

台灣比較像美國，民間籌款多很多，政府沒有這麼大量的資源，民間自己去做自己去籌款，所以單談社會服務上面有點分別，就是政府的角色不同，香港比較依賴政府；台灣民間的能動力比較強，可是因為既不是那麼穩定，有什麼事又不是那麼充分，所以要聘很多專業的有點困難。

大陸完全跟香港差距很大，沒有形成一種夥伴關係。基本上開始的時候我不理你，你不理我，可是我也不會給你空間去發展的很好。政府不提供資源給NGO去做事情，很多事情是政府自己去提供服務，他不提供資源給你。NGO怎麼籌措資源，一個就是民間自己出一點點，資源不夠的就往海外很多的基金會募款，可是募款政府又會懷疑你，覺得你受到海外勢力的影響，所以就處於很埋怨、很敵對的狀態。大陸政府慢慢開始在變，最近深圳跟上海就起步了，學香港，就開始說我來

購買服務，我來提供資源你們去做，現在剛起步這個部份。大陸就學香港，香港從來不用「募款」這個字，可是概念是一樣的。政府是資助，由政府來買單，你們去做。大陸用的語言就是「購買服務」，非常市場化的語言。可是這種購買服務有時候很恐怖，它不是「夥伴關係「是「夥計關係」，我給你錢，我是你老闆，是這樣態度。香港還沒有這樣，我們問這些NGO提供服務的社會服務團體，他很清楚自己資源很依賴政府，可是他們還覺得自己很自主，覺得怎麼做？要不要做還是NGO自己做決定，也沒有說政府要我做我一定要做。他們還自我感覺良好。香港的NGO感覺這樣的自主，可是他們也知道自己依賴政府。我們在外面看，依賴政府就沒可能絕對自主。有些事情不敢吭聲，所以我對他們是有批評。從店員來講，他們覺得我們還不錯，很自主。大陸不是這樣，大陸那種購買服務，給購買人的感覺不好，覺得他們跟本不是夥關係，他們就是政府是老闆給我錢，我們叫他夥計。

如果是沒有穩定提供比較多的資源，好像香港社會福利署，他們就有幾個很嚴謹的評估系統，一般來講香港都是這幾個系統的NGO，他們做很長的歷史，所以比較放心，也在香港培訓出來的社工，這群不會有太大的問題，香港有很好的評估系統。另外是一種我們有些基金會是政府在背後的，給你零散的，給你十萬，那種浪費的情況也很嚴重，而且他也不是長時間來提供經費，可能是一次幾個月散佈，這裡可能根本給的錢都做不來。還好主要的錢是在那種比較穩定，有歷史的，長

時間提供某種服務的這種佔大部份。基本上不是說政府每年給NGO一點點，好像一個長路一樣，我會一直支持下去。政府給NGO在當地開一個老人院，你可以想像一直做下去，出現很奇怪的情況下我才不支持你。當然是有一個非常好的評估系統去說明，這個系統是非常科學、非常客觀的，不管什麼黨派，都會應該認同這個專業。

香港比較安全，大的NGO他自己有籌款能力，政府基本上不撥款，他撥款是在每個社區做服務的。數量不是很多，可是加起來總量很大。可是他每一個拿了很難去批評他。如果說有一大筆錢挪到某個基金會很少像這樣紅十字會，他自己籌好了，香港都這樣籌款。台灣政治上面很多鬥爭時候，就挑這些東西出來，香港好像沒有。所以你們要進入委員會要評鑑，這個撥款要看著它要監督，評鑑委員會一定是由一群比較中立的學者，超越藍綠的，才能夠避免收討債。香港這個傳統他不是很重視，也還沒有民主化，所以政府在這方面受到挑戰不算，我們有個委員會是看著這個福利的。香港基本上每個領域都有一個基金委員會，委員會裡如果是負責社會福利，一定把重要的NGO代表放進去，我們有一個社會服務委員會，全香港四百多個NGO的聯盟機構代表都會進到這個委員會裡，連最主要的NGO的聯盟機構都同意這樣撥款的話，就沒有什麼好批評的！這個部分我覺得台灣是不夠的。我們在這個部分有八百多個委員會，全香港那麼小的地方，我們用八百多個，教育、交通、福利；教育裡還分課程發展委員會，又把NGO

代表放進去，學者、商人、專業人士、官員在同一個委員會裡去解決。那一套東西是政府設計出來的。因為政府不知怎麼管理華人社會，反正就覺得要對話，沒有民主他知道很難民主，所以只能用對話。香港那麼自由，沒有民主怎麼可能？他就透過這個方法。因為沒民主的話，這些很危險，我們言論自由、集會自由，只有這樣的平臺，把這些引進去，你們自己去談。在香港大量的服務社會團體，是宗教團體在背後，他不管你上面怎麼清查，他是非政治化的。我是做老人兒童慈善團體，很多有宗教背景，他在社會上有公信力，這群人都是好心做好事，不用懷疑他的，它有宗教背景，有教會等等。像香港有宗教這個力量，基督教、天主教等等。他們非政治化。如果能夠獨立於政治團體、政黨、議會、比較行政部門、跟慈善組織來處理這個領域，避免政治太多干擾，這個很重要。

英國人這套系統標示著公務人員是非政治化的。你可以去做一個政治上面的決定，在撥款大的領域，我要多還是少，英國保守黨可能決定要少一點，公民黨覺得要多一點，之後，後面的事情就交給文化官系統，我怎麼去分配，我們來做，你們不要太過干擾。香港的理念現在都會這樣，就是說我不管你現在議會怎麼樣，我都有很多民意代表，這個是你們只能管宏觀的部分撥款多少，至於去哪裡你們不能理。這個政府來，然後民間去做這個夥伴，專業化很重要。政府部門也好，民間團體，要非常專業化，避免政治干擾。我們可能沒有這個動員能力，我們夥伴關係也沒辦法動員，坦白說，這非

常專業，政府給我錢，我替政府服務，這錢也是老百姓的稅收來的，所以他也不會覺得你要我做其他事情是超出我的作業範圍，我絕對不聽。投票的時候根本不會聽你的。你可以說很理性，分割的很清楚，這個是我們專業。他很強調作服務要非政治化。

Q5： 請問公民社會崛起後對政府公共政策及市場經濟的影響與作用？

A ： 公民社會對公共政策的與市場影響，現在整個大的方向說我們要管理一個社會要談治理，談治理要「網絡治理」，沒有一個政府能單靠自己的獨立行政部門去解決社會問題。通常和市場合作，也有和公民社會合作。和市場合作就當成西方走的路，新自由主義。以前那種西方的社會福利太強了，又認為這個政府太膨脹了，既沒能力，又沒效率，解決不了問題，所以強調市場化，私營化，把很多公共服務交給市場去做，這個是其中一條路。另外一條路是跟公民社會合作夥伴關係像香港這樣，香港就說政府有些公共服務不要做了，我來請職員好了，所以香港學校90%以上都是NGO的，公共服務、老人、兒童等等90%都是NGO做的。醫院差不多一半，政府會覺得我跟你是夥伴關係就好，一定要從這個角度來解決問題。這是一個思路。從政府角度來講，這種互動慢慢產生一種在三個部門中間的新的東西慢慢走出來。例如公民社會與市場現在出現中間的地帶，市場因為受到公民社會影響、衝擊等等，監督他們，慢慢的他們自己也會來，我搞一個企業社會責任

（Commerce Social Responsibility，簡稱CSR）影響到企業因為吸收的公民社會理念，覺得我現在在生產、採購與銷售過程，我要保護環境保護勞工，然後增加社會價值，已經慢慢從這個原來是說三個部門互動，公義社會出來監督我變成我主動去產生一種我的能量去把我的企業做的更好，更有社會責任。所以企業社會責任、企業公民這個是一個兩個部門互動一個新的產品。

另外一個就是「社會企業」，NGO也越來越發現跟這個企業互動過程中，人家的東西其實也是好的東西，企業講效益、講效率、創新等等，現在很多公民社會組織越來越發現政府提供資源不夠，包括在西方他們要向公眾去籌款也很難的時候，發現自己要創造經濟價值。這個時候就會想能不能夠做一些比較社會企業，為了公益的原因而成立的企業，這種就是在兩種互動的過程中慢慢產生新的東西會走出來。我覺得這類都是新的東西可以走出來。政府跟公民社會最典型好像是英國的compact，英國政府覺得我們要不要夥伴？不能說NGO做NGO的，政府做政府的，反正是要大家一起來做事情。英國的compact很明顯，他說你要提供服務，你要創造社會資本，還有提高公民權利，政府會提供經費等等。可是政府也不會說你要做什麼？compact裡有一個協定就是說你要做商人的事情，重點是青年問題，或是老人問題等等，是政府訂定的。英國是這樣，政府要出資給NGO，政府應該要訂一個社會的政策。減低social exclusion（社會排斥），NGO就跟著政府走，由政治的決定。我拿了

權力了，我輪替了，我當選了，我就用排序，把社會問題排序，那個沒辦法避免。民主社會你要尊重這個當選的政府，可是做的時候你就跟著這樣去做。可是這時候我給你去做，你們是夥伴問題，他們是這樣一種關係。我剛剛講的三種都出來了，這個市場也會外包，香港原來的法務部門是政府的，慢慢的把他推到外面去，越來越市場化，用私人公司去管理，公共法務部、衛生等等。原來是政府部門的東西完全交給市場，這個是外包產生的結果，政府跟市場出現這種外判、外包等等，跟這個公民社會有這樣的夥伴關係。

公民社會市場出現這個社會企業，也有用新的東西就是說三個部門來合作的，我自己也在台灣做過演講，是看他三個部門一起來互動。例如挪威政府有這樣一個政策，就是政府鼓勵能聘請一些弱視團體，主要是一些殘障人士，殘障人士如果不能工作，政府要提供一些福利金給他很貴。反正他這樣鼓勵，如果有個機構企業聘一個殘障人士，1/3到1/2的工資是政府來付，他們有一套計算公式，企業另外付2/3或1/2，這個殘障者就可以找到工作做，用這個方式來鼓勵企業去承擔一些社會責任。那一州就會為這類的企業去找這類的殘障人士去提供給企業，政府就會配這樣的錢。新加坡也有一個很好的理念，新加坡每個地方有個議會，社區議會這樣的組織是政府蓋的，蓋一個結構，每個NGO如果你先找到一個企業做夥伴，企業捐10萬塊給NGO做服務，NGO就可以向政府蓋的區的議會平臺申請同樣的錢，這個是配對基金。換言之，

政府不會急著給NGO10萬塊做服務，首先要NGO去找一個企業給你10萬塊，你找10萬政府就給你10萬；你找到5萬塊政府給你5萬塊。

香港也有配對基金，平常都是緊急的情況下給你，等你找到另外捐款時我再給你配對，新加坡說你一定先找到才來找政府，找得到企業的話你來找我。香港還是大部份都是政府給錢，還有一些配的津貼一點點而已。這裡都是三個部門互動，像我這種思考越來越多，就是說以前就是靠市場和政府。第三部門出來衝擊，到出現新興的事務出來，社會企業、企業社會責任、夥伴關係、三部門互動等等，這裡的公司慢慢走出來。

Q6：請問促成兩岸三地公民社會發展的關鍵？

A ：市場的經濟發展，對公民社會發展很重要，像大陸所有的國營工廠、國營企業，以前經濟水平很低的時候，那裡有錢可以去捐款給慈善團體，那裡有空間可以去監督政府。從資源角度來講，從監督政府的能力來講，都一定要有一個市場積極在旁邊支持的。中國大陸很明顯，沒發展市場經濟之前，人根本沒可能做自由人，所有的資源給政府控制起來，不可能在政府結構以外產生社會的力量。所以市場力量是一定有的；但是台灣、香港很久就有這個市場力量發展起來，首先要有社會基礎的，有些資源在政府外面產生的。

在政治上面，在台灣很明顯在解嚴之後87年之後就往上走。大陸很清楚，在改革開放之後就出來。改革開放之前基本上沒有，比較清代，明初更少；香港

是很不同。香港沒經歷過台灣這樣的反抗，香港很穩定，香港很早已經在政治上面放鬆，沒有很威權的政府，我們在殖民地也不威權。但我們關注的是提供社會服務，倡導這類是我們公民社會最關注的。

Q7：請問兩岸三地公民社會發展上的困境與挑戰？

A ：第三部門走向公民社會，表示它超越了單純服務，他一定要提建議給政府，好像醫療改革基金會等等，好像台灣這類團體的方向，這樣的團體才是公民社會的團體。因為台灣沒有過份依賴政府。香港過份依賴政府，不敢倡導，所以也不會太多創新，因為政府有很穩定的資源，民間不要去想太多。所以每個地方有他的好處、壞處。但香港就更專業，提供服務很細，很有系統。基本上在香港島、九龍等等同樣自動提出來的幾樣很象，沒有說很大的差距。按照政府的標準，NGO只要做到水平，政府才會給你。因為來源又同一個資源，它要符合某個標準，它非常穩定。在台灣每個都自己籌款的話，我可以做到非常精，非常爛都存在。香港基本上隨便選都是精的，因為它的資源來源就是政府。

　　另外，讓媒體來監督公民社會，有些越來越透明。台灣是最早有一個自律聯盟，現在只有幾十個機構參與當中，台灣大概2006或2007年已經成立一個自律聯盟，可是沒有一個很好的規範的標準，叫「公民團體自律聯盟」。可能弄不起來，在台灣參加的團體很少，也沒有一個統一的規格。反正香港起步比較慢，我們有規格，你去到我們的「香港社會服務聯會」，我們有一

個網站叫「惠施網」（wise giving），它會教捐款人做明智捐獻的方式，他有100多個NGO參與進來，按照同樣的規格報告，我去年的收入多少？支出多少比例？我用多少錢用在行政費？你可以一看這個記錄是花35%在行政費，一看就看的很清楚。

其實香港起步很慢，比台灣慢，可是我們現在好像超越了台灣。台灣起的最早。台灣最多的籌款可能是慈濟，慈濟其實不透明，那麼大的慈善團體它不透明，工作很難監督。他覺得我是重要團體，為什麼要給你監督？我有我的信徒，信徒相信我就好，他們信任我，工作是不是要你們管？公民性的問題，沒有完全跟上。整個領域的治理、水平、透明、問責等等我覺得還不夠。香港其實也是起步很慢，單從比較NGO這個部分，香港起步比台灣慢，可是好像追上了，超過台灣。現在你要小心大陸雖然很晚才起步，有時候他會做的更厲害，像基金會，大陸現在由徐永光在他們當中建立一個基金會中心，他說我明年一定會把大部份基金會的資訊上網給你們看，財務情況，強迫他們一定要交給我們。最後可能兩岸三地從基金會角度來講他們可能最透明。我們香港其實是不行的，家族有錢人他為什麼要給你看？大陸他希望能拉動深圳，因為經政你做就給你做，我剛剛講徐永光是重要的人，他是希望工程的創辦人，現在是南都公益基金會的秘書長，他建立一個叫基金會中心，把一群基金會的人連接起來，然而推動基金會要透明化，明年他要把這些東西上網，在推動基金會中心。這種香港基金會都不行，台灣基金會還不夠透明，很多還

沒有把東西上網。它也不想給監督，中間也很多很亂的，有一大群基金會可能是一些企業洗黑錢。

訪問日期：2010年11月26日下午18時至20時30分
訪問單位：香港理工大學
訪問地點：香港理工大學應用社會科學學系陳錦棠博士研究室
訪問對象：第三部門教研中心負責人陳錦棠 副教授 訪員：蘇佳善

Q1：請問公民社會的概念？

A ：有關香港公民社會的概念，普遍公民社會的概念還是比較粗，我們有一批學者在2003年到06年，我們有一個項目當時跟國際有一個團體叫CIVICUS的組織，他設計了一套工具出來，就是把那個公民社會用四個不同的面向去分析。

　　第一個面向是「環境」，第二個面向是「價值觀」，第三個面向是「結構」，第四個面向是「影響」，從四個不同的維度去測量，它有不同的指標。當時我們就在研究，我們學者中間就有一個很大的討論，什麼是公民社會？當時的感覺是公民社會的概念很粗很寬，當時我們用一個概念就是：反正不是政府行為，不是政府，不是企業，當中就是可以開拓一個公民社會，所以公民社會比較可能包括不同主詞，還有一個是主詞有結構性的。可以包括這些行為，現在我們有很多公民社會的行為。他是沒有個主詞的，可以在網絡、很多平臺都可以有一個聯繫，當時我們是從一個比較寬的概念去理解公民社會的概念。

在香港我的感覺，公民社會的概念還是在97年之後開始比較蓬勃一點，大家比較能夠理解香港97年之後回歸了中國大陸，如果對香港前途還有一些擔心的，在80年代90年代就移民了，留下來一般來說反正我都不離開我都不走，我還是待在香港，我還是在香港生存下去，那種生根的感覺是比較強。所以香港的公民社會應該是在97年之後，反正待下來之後感覺我對那個地方我應該是有一種很重的感覺，這個公民社會的出現，基本來說就是從這個領域，如果說在我們那個討論有沒有很廣泛的討論？我想是沒有。因為香港政府不用這個概念。當時我們香港政府在2000年至2001年的時間，當時的特首董建華，他在他的施政報告，就提出第三部門這個概念。他說要發展香港社會，要發展就是蓬勃第三部門。當時他也沒有很清楚把第三部門還有公民社會什麼概念說清楚。總之，政府就是在政府跟企業中間找第三途徑就是第三部門。

當時政府委託我們香港理工大學做了一個研究，這研究就是我們當時還是按照那個Johns Hopkins（約翰霍普金斯）薩拉蒙的框架，從結構跟運作那個方向，我們就變成是有十多個不同類型所謂的第三部門。當時我們是沒有公民社會的概念，不能這個概念，我們研究報告在網上你可以看見的，就是在香港政府中央偵測組CPU你可以下載那個報告，我們就把12類變成14至16類。題目是「Landscape Study of the Third Sector in Hong Kong」即「香港第三部門面貌的研究」。就是把香港第三部門它那個歷史背景還有現狀，你可以看

見在2002至2003年香港都沒有用公民社會的概念。如果真的要把公民社會的概念變得比較成熟，應該是在2000年中期到後期，我們對環保特別是一種說保育，還有一些公民抗爭，現在有很多政府的政策，我們有很多不滿意，特別在董建華時期他的工作都感覺不好。有很多我們說公民抗命，就是感覺政府做的很差勁，特別是2003年SARS之後，香港的經濟不好，我們對政府感覺SARS政府做的這麼差。當時有好幾個研究報告都把這個問題說出來，可是沒有人要負責任，沒有人要下臺，民間就有一種抱怨。最後有兩個報告之後第三個報告，立法局就有一個報告說要有一些人要負責任。當時衛生福利局局長因而下臺，你可以慢慢看見，民間如果覺得不滿意，最後是要用抗爭。像媒體報導有一個年輕的一代，他就對政府有很多不滿意，像香港的房價很貴。年輕人畢業之後20多歲買不起房子，總是感覺政府控制屋價不好market failure市場失靈，地產商總是把屋價抬的這麼高，他們跑出來抗爭，罵政府。

公民社會的概念其實在2000年中期，往後慢慢出來。有一批人感覺我還是用公民抗命，我沒有用什麼體恤，反正現在上網網路，在網路有很多平臺，就是大家在網路上批評。叫sided group很厲害，他不是有組織性的，他是非正式，可是他影響力很大，加上現在媒體的發展，你說我們現在有沒有公民社會的概念？好像沒有太具體去說，可是這種型態我們就有。以前政府就是每天看報紙，看社論，現在不單單是看報紙、媒體，現在網路平臺更快，我不用寫給報紙，我自己在網上馬上

可以寫，這個影響力很大。公民社會的概念其實是慢慢卵起來，它根本是一種型態一種行為，我想這是這幾年一些學者，包括陳健民他在中文大學成立一個公民社會研究所，之前在香港大學也有一個公民社會研究所研究中心。在香港起碼有兩所大學的平臺是研究這個公民社會social society這個概念，你問兩個大學有什麼重點的概念，我想你可能會有一些啟發。

Q2：請問公民社會與市民社會在概念上有何差異？

香港很少說市民社會，我是在台灣有聽到蕭新煌老師說的有差距，特別是在公民權。在香港我們很少把公民社會和市民社會概念拿出來，在大陸公民社會和第三部門在非營利組織是比較模糊，因為大陸民間組織，從1978年之後才蓬勃發展，這也是開放改革之後，現在你也看見他有三個不同的法規，包括《社會團體登記管理條例》、《民辦非企業單位管理暫行條例》等法規都是1998年出現的，到了2004年制定《基金會管理條例》，他從法規來說沒有一個公民法規，在大陸來講他還是把那個第三部門、非營利組織這種比較有結構性的、組織性的，公民社會是一個沒有組織性的型態，大陸政府對公民社會怎麼想也不清楚，你說大陸政府害怕不害怕，可能有一點害怕，在2008年汶川大地震之後，從型態來講，四川地震發生後有一百多萬志願者從不同地方跑到汶川做一些救災的工作，有很多起碼超過一百多家從四川，從不同省跑過來，還有一些香港、還有其他台灣跑過去，志願民間組織。從這個領域來說，

有這麼多志願者，從公民社會的概念來看，他根本就是
公民社會的行為，為什麼有，因為他們說「一方有難，
八方支援」，我們公民社會不是就是講這個型態嗎？
我們講Capital社會資本，坦白說大陸政府不用這個概
念。礙於我們現在公民社會出身的，我想他也不用這個
概念。所以說在中國大陸公民社會有沒有這個概念？有
一些學者他們會把這些概念說出來，比方說在西方他們
講公民社會？可是在中國內地他有沒有積極發展出來公
民社會概念，好像沒有看太多。你說有沒有這種型態？
有！有沒有這種行為？有！可是這個是不是就是公民社
會，應該是沒有！公民社會這個概念在台灣有，可是在
香港、在大陸，好像沒有！現在講的開始多了，學術界
有社會學背景、政治學背景，講的比較多。

Q3：請問非營利組織、非政府組織、第三部門及民間組織
　　概念上的差異？

A　：如果把NPO、NGO、第三部門和民間組織概念做比
　　較，在香港最早叫voluntary organization（即志願團
　　體），它有它的歷史背景，香港有很多慈善組織有一些
　　屬宗教背景，有一些為國際救援組織背景，像說紅十字
　　會、救世軍等。香港以前需要這種慈善組織，這也是英
　　國的傳統。後來香港在1980年代開始，就把voluntary
　　organization的概念轉成叫NGO非政府組織，到現在
　　非政府組織還是主流。現在很多組織都說他是NGO。
　　可是你說你是NPO，我想NPO的概念在香港其實不太
　　普遍。香港有非牟利團體，可是說NPO非營利組織這

個使用性來說是比較少。如果是第三部門的概念，香港還是比較陌生。早在2002年當時特首說要發展蓬勃第三部門，坦白說他其實不知道第三部門是什麼概念，後來才委託我們做研究第三部門是什麼概念？我們當時用採用薩拉蒙對非營利組織的16種類型，再參酌香港社會民情加以分類，包括教育、慈善、福利、醫療、倡議、宗教、藝術、環境、社區及法律等等約14類。」我們把研究報告交給他。其實在官方而言，在制度應該有一個官方對第三部門的定義？可是在民間可能沒有人說得出來第三部門是什麼！有人說如果把NGO和NPO加起來就是第三部門，這種說法我想在香港不多。

如果三個要有一個比較，我想可以，第一從法律，香港沒有什麼法律，第三部門沒有法律，可是我們有一個操作，操作一些職業表說有沒有一個註冊方面？你先說註冊。香港很早時間有一個叫社會團體條例，像台灣人民團體法，最早是在公安局登記。為什麼用社團條例，他害怕黑社會。以香港電影為例，如果你向別人說我是社團，等於向別人說我是黑社會。社團他可能就是對社會有威脅的事，這批人在一起可能對社會有影響。後來就有一些壓力團體的概念，你在地下化，你對政府有沒有是威脅，就是這個概念。重點還是把社會安全放在一個很重要的維度，後來慢慢把概念轉過來，所謂的非政府組織，就是要向政府登記。第二我是公司條例，因為從公司條例來說，我們有兩種：一種是一般那種公司條例登記的商業組織，另一種雖然也是用公司條例登記，可是它是有豁免的by guarantee，和一般商

業公司有點不一樣。問題是為什麼政府要引用公司條例登記，他的想法是用公司條例登記比較嚴謹，如，必須有三個董事；要有公司的營運賬冊；要審計呈報告等三種。相對社團用公司條例才有利登記，政府對社團的組織意見比較有基本規範，包括成員、組織架構、章程及財務等？用公司登記的好處是，第一公司條例有這個基本的要求。第二、如果拿到登記後，在稅務方面因為我們很多非營利組織或是非政府組織都是做慈善工作，如果得到政府的撥款、捐款可以到稅務局拿到免稅。現在來說有13類可以拿到免稅的，如教育的、作慈善的、扶貧的等都可以免稅。所以界定非政府組織、慈善的組織，香港有兩個基本的要求，第一、看NGO是用什麼登記的？你可以比較傳統的就是這些社團條例登記的。第二、就是公司條例。另外就是從免稅，看社團是不是有慈善目標？在香港我們對非營利組織可以很粗的說社團是非營利的？非牟利團體？你有沒有免稅？如果社團是免稅，起碼稅務局去看過社團的目標，如果社團真的是非營利，稅務局已經給你免稅，政府就認定你是非營利組織。社會企業相對比較不可以免稅。

香港目前沒有社會企業條例，他不可以免稅，還要交稅。在大陸，人們還不敢說非政府組織，因為他們把非政府組織就是反政府組織，如果用他就是用英文NGO，可是他不說我是非政府組織，他用民間組織。大陸政府有一個「民間組織管理局」專門負責管理「社會團體」、「民辦非企業單位」及「基金會」業務。從這個維度來說，大陸很快就把不同類型放到同一個體系

裡，他是全新的單位。1978年才開始，1998年去談民辦非企業單位，2004年就出現基金會條例，他是用管理體系去處理。台灣有發展歷史，香港也有發展的途徑。台灣籌劃的體制和香港和大陸又不一樣，我當時做那個比較研究期間，要從法律作區分。台灣就是種個類型。這個表示中國人的社會，大家說公民社會、民間團體好像大家都不一樣。因為我們很多概念是從西方引進的，可是引進後要怎麼轉換到本土裡？我們也沒有很好的討論。當時香港政府要面對有很多發展考慮，沒辦法做一個廣泛的解釋，來定義民間社會，民間組織這個狀態是怎麼樣？

Q4：請問兩岸三地在公民社會發展上的異同或特徵？

A ：有關兩岸三地公民社會發展我們是用公民社會指數（Civil Society Index）的四個維度去研究成果來比較香港、台灣跟大陸。我們還跟香港大學及社聯等不同單位合作，我們用三年時間一起去做。在香港公民社會發展，

首先是環境。跟台灣應該是差不多，相對環境是香港政府在背後他不太支持可是也沒有打壓公民社會的發展；在大陸的環境，特別是你要登記為NGO時，就會很麻煩，而且要去找一個「掛靠」的單位，他是「雙重管理」，從環境這個維度來說，香港跟台灣起碼法律環境還有別的方面，比大陸活潑一點。

第二是組織結構。台灣和香港還是比較理想；在社福領域香港有「香港社會服務聯會」，這是一個比較大的平臺，他有三百多個會員機構。台灣好像沒有這樣

的團體？從公民社會組織平臺而言，台灣好像沒有一個很大的平臺，每個團體都是自己，比較零散。大陸基本上團體要報告他自己有一個系統，即團體「掛靠」的地方是怎麼樣？在大陸全國性的團體，都具有官方背景，是一個官構的組織，這個背景很強。如果團體是掛靠在福聯，公正團、公會還有社聯，還有四大組織，相對來說就比較安全。如果不是掛靠在這些團體，他可能要考慮一下。從這個領域來說，在結構性只有社聯這個平臺是比較大，其他領域沒有比較大的平臺。大陸來看，如果從結構，如果你是掛靠在四大社團就沒問題。如果是一般非企業單位就沒有，在大陸沒有登記比登記的還多。從這個結構來說，根本就是表示沒有這個結構。

　　第三是價值觀。在香港當時我們做公民社會指數的研究，他有一種要求，當時我們覺得這種價值觀是比較屬於西方的，比方說沒有暴力，這個都是看那個社會最基本的方向。相對來說，台灣可能比香港這個領域又高一點，香港還是一種殖民主義，相對是志願者，我們公民壓力很大，公民信念比較強。志願者不多！捐贈行為不多！但需要幫忙的數量卻不少，可是捐款數量很少。有時候團體每個禮拜六、禮拜三都是賣吃的來籌款。你說這種是不是一個慈善行為？從某個領域來說：是！可是從那個深度來說：不是！在台灣這種慈善活動比香港相對活潑。像宗教在台灣有好幾個是很厲害，慈濟她們動員的很厲害，籌款也很厲害。因為慈濟法師公信力很強。相對的香港就沒有這種，香港有基督教、天主教，但沒有這麼厲害，從民族的價值觀發展台灣是走

在香港前面。

第四是影響。在香港民間組織對政府政策有沒有影響？應先理解影響的本質？如果把社會問題變成是議題來討論：有！可是談了之後，真的有這個轉變？沒有！如果從不知道到知道！有！知道之後怎麼處理？有無影響？坦白說影響力不大！如果是大陸，要是看哪個時間？大陸它在公民社會的發展，其實有不同階段，一般來說公民社會應該是公民性的，可是為什麼把經濟性的團體也拉進來？大陸就是這樣，它把好的社會也拉進到非營利組織這個領域。從這個國家的角度而言，它現在是推廣在推好的社會，像零售業就成立一個零售業協會，旅遊就成立一個旅遊協會，它不是社會是協會，協會就是自己要設紀律行為，政府就是在發展這種。

對於社會性的團體現在來說發展不大，可是現在有一個很大的轉變，這轉變就是大陸建國六十週年，它們要把整個中國大陸的發展，前三十年和後三十年，最大的發展還是在後三十年。可是後三十年總括來說都是經濟方面的改革，1978年到現在2008年都是經濟的改革。現在經濟有一個很大的改善，它的GDP可以變「8」的成長率，現在有個代價就是建構和諧社會的問題。提出和諧社會，就是表示社會不和諧，社會不和諧，是因為經濟發展。貧、富差距很大，特別在一些沿海，上海、福建、還有廣東，你可以看見他們有錢，真的很有錢，窮的人還是很窮，你可以看見他們現在說「上訪」，上訪這個概念，好像我們看古代的電影，哪個大官跑到哪裡居民就跑到哪裡告狀，現在

大陸很流行，看哪個高官跑到哪裡有一批居民就跑到哪裡去找這些官員說我要投訴，我要抗議！上訪的行為現在很多，每天在北京不同部門的外面都有一批居民說我要告官。從這個領域來說，經濟發展好像很不錯，可是貧窮的問題很多，社會矛盾更多。現在大陸從2008年開始他們也理解到要和諧社會，如果和諧社會根本就是公民社會這個領域了，它們有一種說法就是把和諧社會作一些社會體制的改革，他們用這個叫社會管理（social management）的概念提出來了。社會管理就是要把一些經驗要重建，現在深圳他去年已經說：深圳是全國的實驗室，最早1978年要改開放經濟，深圳最早實施經濟改革，在三十年前他的歷史證物就是這樣。三十年後，經濟沒問題了，現在深圳開始在推社會體制改革，深圳說我要搞民間化，民間化就是以前沒有什麼NGO，沒有什麼社會團體，突然之間增加很多民間組織，還有政府要推改善效果，政府要購買服務，他用很多不同的購買服務去改善民生，他們想設立一個像紅十字會那種事業。可是在中國大陸還沒有人敢去具體說什麼公民社會發展。

　　台灣和香港可能公民社會是慢慢轉化出來，可是在中國大陸很明顯它是一個階段的經濟改革。至於要搞一種根本就是公民社會，希望可以增加很多和諧的關係與人民的關係，他不是要全國去推展，而是要先找出經驗，中間的經驗。對於公民社會大陸還在探索期。2008年說中國大陸公民社會，現在也沒有太大感覺，公民社會好像還是政府比較忌諱與敏感。

民間組織相對比較中立一點，因為公民社會就是有公民性，什麼叫作公民？公民就是公民權。講權在大陸比較敏感。從官方來說，他們比較喜歡用的是有中國特色，還有這種民間社會。

Q5：請問兩岸三地公民社會與政府及市場的關係？

A ：我的理解是看是哪一個領域？如果從香港來說，中間可能就是因為我們面對一些問題，因為在2004年期間我們有一個討論，這個討論就是官、商、民合作。當時有一個很重要，特別是有關民生方面的教育、醫療和社會福利方面，相對來說這種官、商、民合作的概念，比較強調的是「以人為本」的服務。香港從2005年開始到2007年，當時因為香港在2003年SARS之後，香港面對一個很大的問題就是失業率（unemployment）很高。當時生活經濟不好，政府就請一個扶貧委員會，處理貧窮的問題。因為這個問題不單是政府一個部門，也不單是社會福利處自己可以處理。當時扶貧委員會就說我要解決貧窮問題。2005年扶貧委員會就提出一個社會企業概念。

　　2007年曾蔭權連任期間，說自己是社會企業。可以看見重點就是官、商、民三個合作，政府在背後推，政府有資金，可是它不可以自己搞，他要找一些福利機構，福利機構就是那個公民社會組織。一個民間團體它在營運。可是在營運時間，社工，還有很多民間團體，他沒有社會背景，他可以跟一些商業、企業合作。所以官、商、民合作，在某一個領域，他就是一種正和，一

種模式，因為大家一起協作一起合作。所以現在政府有好幾個基金，其中一個社會投資風險基金CI I L，他是在社區，當時董建華說我要搞「社會資本」，所以籌了三億港幣，就是12億新臺幣。在推社會投資的概念，就是「創意消費資本」，所以在很多地區，解決一些問題。政府和企業要合作，民間組織跟企業要合作。我知道有一個區叫什麼「愛心村」，就是在這個小區，有一些民間組織，提供社會服務，他還把這些區裡面一些小店舖，他說是愛心商店。天氣冷的期間有些賣電氣的，用比較便宜的價錢賣電爐給一些老人家，老人家去的時間，有些在星期六或星期天可以減價給一些老人家，這是官、商、民合作的典型。政府當時有兩個大的策略，第一「社會投資」；第二是「官、商、民」三方合作，政府有一種很明顯的方案，就是在推官、商、民合作很大的一個平臺。

　　大陸他是強政府，官、商基本來說，沒有一個平衡的關係。政府是管理公民社會，可是政府跟企業的關係，他也在推CSR企業社會責任，台灣也在推。剛開始有一個比較明顯，就是成立慈善100論壇，C100就是慈善100，這是民政部在推的，他找徐永光，他是南都公益基金會的秘書長，還有顏圖安負責。他們在推這個慈善100。本來是慈善50，就是在內地找50個愛心企業，現在只要是有錢的企業家。去搭建社福的一個平臺，他們可以多捐款。後來有很多人也想參加，從50個增加到現在100個。現在100個的名額，有大概80多是內地的，大概有20個左右就是香港和台灣。

香港和大陸是政府時常跟企業關係開始卯起來，這個是最新的發展。像美國比爾蓋茲還有巴菲特跑到大陸說要「裸捐」，所有一切攜帶全部捐出來，在大陸也是提出一些討論，這個市場關係在大陸應該是比較密切，可是公民社會就可能不是一個平臺。像是香港比較明顯的是官、商、民的合作，在台灣，政府沒有一個很明顯的政策要推官、商、民，如果是這樣香港可能會走的更前一點。在香港宗教影響力比較大，香港以前是英國殖民地，所以重點還是天主教跟基督教，可是回歸之後也是慢慢是佛教，大陸也是，畢竟佛教是中國的宗教，在台灣可能是佛教影響力較大。

Q6：請問公民社會崛起後對政府公共政策及市場經濟的影響與作用？

A ：公民社會發展之後，香港政府並沒有太大的明顯。重點還是在政黨方面，香港現在有好幾個政黨，政黨在立法局就是要突破一些政策，要拿到資源的支持，從這個維度來說，他的影響力不是在公民社會，而是在立法局，它比較有影響力。像公民黨，他不是主流的政黨，可是他也說他在推公民社會。我們有民主黨。所以民間比較靠近中國大陸的，他現在影響力相對來說是比較大。從這個領域來說，當然你要拿那個投票時間，剛剛我們在討論就是那個選舉，那個特首就很危險了。本來民主黨不支持他就不能通過，後來就是在那個協調之後還是通過了。所以如果說公民社會，其實香港很反對，我們一直都說我們一定要一人一

票，民間聲音很清楚，我們上街說，可是政府不聽。如果說民間有這麼多聲音，政府應該馬上辦，可是最後，他有很多現成的一個工具。

　　從這個歷史可以看見香港的民間社會，在影響政府一些重要政策方面可能影響力不是很大。相對的在民生方面，可能有一點影響力。像青少年現在吸毒很厲害，如果民間組織向政府表達怎麼處理一些青少年吸毒的問題，這個政府馬上會聽。如果是不影響政府管制的問題，政府會聽。這個領域有一些影響力。像扶貧，我要創造一些就業，政府就不會聽。如果涉及管制的問題，香港政府後面還有一個我們叫上帝之手，就是中國大陸在處理。從這裡不難發現有些政策不是香港政府自己可以管，民生自己可以管；可是大的政策問題，還是要看大陸給的方向。

　　在經濟方面，民間組織說對很多重要政治的政策，影響不大。社會就屬企業家有影響力。像李嘉誠他可能有影響力！近年來香港有一個很大的問題，就是房子太貴。現在在民間特別是1984年出生的年輕人就跑出來說：我怎麼努力，都賺不到第一筆頭期款（down payment——即買房子要先付30%，其他就是給每個月貸款），根本我做幾年全部都拿來付這些錢，所以香港現在有一個狀態就是說：「仇商」，一般感覺」商」很討厭。現在民間對地產商有很大的抗拒，你說仇商那個情緒有沒有影響他們經濟方面？基本來說做上面的人都不管。他的概念就是我蓋房子，我賺錢應該的。早期香港政府的收入也是賣地，地產商發展房地產期間，他也

是用高低價去買地。對政府來說他有收入，如果太控制房價，他賣地的收入哪裡來？香港也不可以增加稅收，政府主要的錢還是賣地。當時在董建華控制下，香港馬上有新的飛機場。你說香港如果真的有很不穩定的，政府就出來做一些工作，政府說最早時間根本就是沒有很明顯，他出來一些政策之後房價也沒有掉，還在漲。公民社會對政府和企業影響力不是沒有，只是不大。除非真的有很大的不穩定，政府才會出來，如果真的沒有很大反對聲音，沒有很大的不穩定，政府還是一般就算了，在這些方面影響力不是很明顯。

Q7：請問促成兩岸三地公民社會發展的關鍵？

A ：要發展公民社會，首先居民的素質很重要。從民主的概念，公民社會其實是一種社會資本，還有我們在發展人跟人之間的關係。可是在香港、中國大陸和台灣要推公民社會，我不太去看個人的素質。第二是整個體制的問題。香港體制基本上比較寬和靈活；台灣也是比較靈活。可是大陸要發展公民社會，還是一個政府的行為，政府對公民社會的理解，還是比較有點不太放心，要發展很艱難。因為公民社會還是在那個領域裡，你要給它空間才能發展，如果你不給它空間，哪裡可以發展？香港基本上現在媒體有空間，電腦網路有空間，這種連接很重要，還有媒體很重要，媒體怎麼去報導，它有時很大影響力。像台灣的媒體很厲害，電視臺很多，它怎麼報導，怎麼去推？這個市場我想也是很大。相對在大陸媒體就不能隨便報導。

Q7：請問兩岸三地在公民社會的發展上的困境與挑戰？

A ：香港如果要發展公民社會，第一就是我們要建立公民社會這種概念。第二是政府在背後特別在中國政府它給多少空間？我的觀察是香港政府基本上它不支持，可是它也不會打壓，既然發展也沒問題，要罵政府也隨便罵，香港政府都比較習慣了，罵政府也無所謂了。媒體剛剛講，可是媒體，我想如果一個健康公民社會發展，媒體是很重要。香港媒體你要看他哪個立場，它也有政治立場的。你是左派？還是右派？還是什麼？我想如果要發展健康的公民社會，媒體那個中立性、公信度，這個很重要，可是這很難。另外，香港要發展公民社會，要看大陸政府給香港多少空間？如果空間不夠，你可能發現香港有很多時候我們總是說：爺爺怎麼說！因為說了之後馬上有人看見，也會影響公民社會的發展。

你看那個諾貝爾和平獎事件，很明顯一點空間都沒有。政府的態度影響這個民間社會、公民社會的發展。現在在大陸買手機要登記的。賣手機那個Sim卡（用戶識別卡）要登記的，以前無所謂，反正要買就買，現在大陸政府很害怕。像Google（谷歌）這個事情，Google說我不幫大陸政府去監管這種網路，Google說我不做了，我離開中國了！最後還是面對現實，我還是幫你監督。香港相對政府就沒有太強，我不支持你可是我也不打壓你，反正你既然發展就可以。大陸就不是這樣。

訪問日期：2010年12月06下午13時30分至14時50分
訪問單位：財團法人海棠文教基金會
訪問地點：財團法人海棠文教基金會執行長室
訪問對象：陸宛蘋　執行長　　　　　　　訪員：蘇佳善

Q1：請問公民社會的概念？

A ：所謂civil Sosity，就是公民社會組織，幾年前我們也有
用CIVICUS做檢測公民社會，香港和大陸也有做。一
般來說，在整個公民社會發展上面，不管是營利事業，
或者非營利事業，政府還是有基本建構那個法律框架，
及這個部門環境的責任，或者權利在它身上，尤其是法
律政策環境框架，馮燕老師整理的一個框架還不錯。這
個框架裡頭，政府在輸送對於企業或者是NPO，它都
一定會有法律的管制，還有輔導監督，它要建構法規環
境和監督，當然也會有稅法這部份。

Q2：請問促成兩岸三地公民社會發展的關鍵因素？

A ：公民社會或非營利組織的發展、第三部門的發展，它有
個基礎，必須建構在社會的民主化的基礎上，台灣因為
民主化，所以比較有機會發展公民社會，雖然我們的
公民社會是不夠成熟，可是至少我們有這樣的型貌出
現。政治民主是台灣最珍貴的，最了不起的地方，台
灣花了五十年，台灣人民的本質不再受政府管，這是
台灣最珍貴的，你要談公民社會，民主是最了不起，

最珍貴的，幾千年的中華民族歷史，沒有！台灣這五十年做到了。

　　在大陸不能亂講話，不能直言。我看2007年08年左右，大陸中央已經面對要有民間組織這件事情，大陸跟我們早期一樣，大概在1995年至1997年的時候，有一些國際性的組織進入中國大陸，像「福特基金會」、「世界銀行」、「世界展望會」之類的。大概是在1995年到2000年之間，他們提供很多的資源和培訓，觸發很多這樣的組織出現，開始衝擊到大陸原有的所謂NGO組織，它的組織型態大概跟台灣早期是有一點「GONGO」的性質，就是後面可能是跟政府是有一些關聯的，譬如說你看「慈善總會」、「宋慶齡基金會」、「殘疾人總會」等等，像中國青年發展基金會，跟台灣早期還滿像的。我們的婦聯會還不是這樣，後面都是大老闆。開始會有一些衝擊，因為國外的資源開始也願意給一些，所謂的草根，所謂的被扶植的一些像這樣的組織跟團隊，在這個部份，我覺得我們的國家還是有一些影響力，譬如這些組織，世界性的組織、國際性的組織，如果他是來自於美國或其他先進國家，當然比較大，我們台灣角色上就會有一些尷尬。因為我們有兩岸的問題，大概2000年之後我自己粗淺的觀察，開始看到有一些民間的組織出來了，有一些政府單位在談這些東西的時候，慢慢也感覺到，大陸改革開放之後，開始有一些交流的訊息是頻繁的，像沿海的城市，因為他們接受資訊的能力是比較強的，開始也在想，在上海，浦東區的發展局局長，現在好像是上海市民民政局副局

長，曾經跟我們討論過說，你們台灣都說可以委託民間經營，公私協力，他說：你告訴我，如果我們政府要放的話，有哪些民間組織可以來等等之類，其實我認為浦東區的區政府，認為浦東區是一個新興區，所以他比較有機會可以創新，用特殊的條例方式等等，所以開始有一些所謂培育草根組織、非營利組織的出現。

印象中應該在2000年至少應該2005年開始就有，2000年第十六大大會的時候，另外一個因素是那個和諧社會、社會工作的興起這件事情，那是中央在那時提出來的，應該是2006年的時候，中央政府就提出這個和諧社會的這個政策出來，所以開始就跟台灣一樣考社工師，可是考完社工師，這些社工他們不知道去哪裡，跟台灣早年是一樣。要建立社會工作制度，誰知道社工要去做什麼？正好2008年四川發生的512大地震，這些大批的社工，因為大家都覺得社工應該要進去做，開始有很多高校，大學有一些老師就帶著社工進去入災區去做，就有很多社工進去做這樣，到目前為止，我們知道兩年多了，災區有很多組織都退出了，因為沒有資源，所以社工就退出來了，據他們這次告訴我，大概有八、九成都退掉，我想我們921其實也有這個現象，前三年的時候有很多NGO進去，可是三年後到五年這中間很多都退出了。真正能夠留下來重新都是「在地組織」，或「在地化的組織」。我們發現目前大陸在奧運會時也動用許多社工，他們會覺得他們的公民社會，其實是跟志願者的參與是有關的。跟他們談志願者的這件事，志願服務這件事，我覺得他們OK，可是我在看，其實他

們志願者我覺得有某一個部份的層面有一點被動員的那種感覺，台灣以前也是這樣。

香港過去有九十九年將近一百年的殖民是在英國政府，香港跟澳門有很大的差異，香港是英國的，澳門是葡萄牙的，兩個在發展上其實差非常多，在香港你會發現大概服務性的組織占大多數，倡議性的組織比較少。台灣的倡議性的組織其實還滿多的。有些組織同時兼議倡議跟服務。很少組織純粹只有服務，某一部份他們都會做倡議，可是在香港服務性組織是比較多。這是香港在公民社會發展上的特徵。在大陸倡議性團體這個部份就更謹慎。

Q3：請問兩岸三地公民社會與政府及市場的關係？

A ：我覺得大陸過去以來一直是「由上而下」，雖然改革開放已經這麼多年了，政府的習慣性行為還是從上而下。可是另外一個我覺得還滿重要，最近我在探討這件事就是，中華文化不管五千年，或者我們在那邊看到有七千年文化，我們幾乎大部份的時間，打仗、戰亂時間我們不要講，大部份都是在那個君主的那種模式下，所以人民就是有點是君主「眷養」的，人民就是要服從政府。

可是在台灣我覺得我們只要是為社會好，就有非常多的可能性去對話，談一些東西，去參與公共的政策或是倡議。雖然有的時候也會罵得很難聽，譬如像「蘇花高速公路」，花蓮人也可以來抗議，專家可以說話，政府也可以表示，我們這麼多年的態度，每一任是怎麼樣，然後環保人士、環評人士你們也可以說。理性的思

辯。我一直覺得台灣在公民社會這點上面是我覺得我們超美麗的地方，超精彩的地方。民主與倡議。

　　台灣和香港、中國大陸，有沒有一些比較social movement的過程，就是社會運動的過程。如果以蕭老師來說，我們大概1970年代開始經濟起飛，大概80年代開始就是開放可以自由出國等等這些。當然也因為經濟起飛之後，台灣的國力比較強，我們早年出國留學開始回來，那時候經濟開始，政府邀請很多留學的一些台灣人回來，然後將他們開放，那個資訊開始交流之後，其實80年代是非營利部門發展的黃金時期，因為社會運動。農民到總統府抗議。還有大概八幾年時候婦女運動，去華西街救援雛妓，消費者文教基金會，主婦聯盟去戰那個麥當勞，其實我們有非常多的這個社會運動，崔媽媽夜睡忠孝東路；無殼蝸牛，睡忠孝東路；我們還有勞工運動，民主運動是非常強的，非常厲害的。香港97其實是怕他們原來的自由度被收回來。台灣發展民主化的過程，其實是非常有特色，而且非常珍貴。尤其在華人社區裡頭，台灣這一塊是非常了不起的。

　　相對的企業，對NPO、對政府，它也有一些要提供服務、輸送、影響政策倡導等等。這裡面有公共管理和公共事務政策，因為政府和NPO都比較是屬於公益，政府基本原則第一定就是公正公平，只要有一個政策符合的大家都可以來，第二個就是正義，對一些少數的權益，政府應給予維護其正義；第三個是公共利益，促進公共利益，對非營利組織而言，它的使命也是公共

利益。因為只有在企業是私人利益，其實社會責任，你也要對社會好，可是基本上他的法則，原則還是在私人利益這個部份！如果用這樣來看的話，政府在舖那個基本的環境面，包括政策或立法，甚至有一些資源，譬如說政府為什麼要去簽ECFA，就是幫忙環境面，舖的是一個比較有機會的，讓大家都比較有公共利益是可以去取得的，那NPO其實企業也有做倡導，他們也會去影響政府。然後NPO當然更會去影響政府，政府在對企業的部份，政府還是要取得那個公平正義，還有公共利益，否則就圖利他人。

　　NPO事實上它的倡導也是和政府希望能夠提升這三大部門，下面還有一個更大的部門，我們叫第四部門，它就是公民社會，家庭跟社區，你用這三個，下面再加一個底，叫第四部門，是公民社會，它一定落到家庭跟社區，你會發現NPO或者是政府，其他某一個部份是家庭功能失能的時候，我們去補它。你這個也是會對應到那裡，政府也是會對應到。像台灣在921發生之後，NGO開始跟社區做結合，非常社區化那種NGO組織出現了，像社區發展協會，文史工作室等等之類，越貼進社區的越來越多，所以我覺得是可以相輔相成，如果都夠民主的素養的時候，其實就可以了。

　　英國政府在2008年，民間志願部門，就組織了一個類似服務的聯合會，政府為了對應這些聯合會，他們也成立了一個辦公室，跟志願組織簽了一個covenant（盟約），政府的相關政策，都要跟它討論。香港以前是英國的殖民地，英國政府其實早就知道，遲早他們要

還給大陸，所以他們願意跟這些民間組織，尤其是慈善組織合作。在香港，這些組織很早就被培養，他們在早期的時候，譬如五年政策，這些組織是要被討論的，這些組織就會準備怎麼來跟政府合作，譬如我們現在不是在吵「平價國宅」，「社會住宅」的議題嗎？香港它有很多公宅，在公宅裡政府設置兒童中心，婦女活動中心等，從公宅裡面空出這些服務場所，且把裡面要服務的項目都已經清楚，這些組織都知道到了第幾年他們要培養多少人來服務。一切照表操課的進行，他們的民間組織很少吵吵鬧鬧，當然現在政府改變，他們以前經費有70%、80%、90%、100%不等都是由政府給，所以很容易做，像社工的薪資無論走到哪裡都是一樣的薪資，沒什麼差別。香港回歸之後政府就改變一種策略，現在改成我給你一筆錢，政府希望民間團體把這些事情做到，民間團體怎麼分配政府不管。所以現在香港有一些民間組織在跳腳，有一些就走社會企業，它的市場是非常蓬勃興盛的。台灣在發展社會企業這部分，雖然我們也有人去香港、日本和英國考察，但是我覺得台灣人比較厲害，我們不會「套用」而是「轉換」，這就是台灣的模式。台灣現在的發展，比香港和大陸都創新，而且我們在運用上非常有我們的獨特。

Q4：請問兩岸三地在公民社會的發展上的困境與挑戰？

A ：解嚴開放二十年了，台灣民間跟政府之間，像我們基金會教育部、農委員、衛生署很多部分合作，政府和民間合作這部分有進步，我覺得民間團體應該要讓政府對它

們產生信任，你也知道我的研究就是去翻法院判決書，因為真的有人做不好的事嗎，當然你會知道一有不好的事情被揪出來，所有的民眾就指向政府你是怎麼管的。如果台灣一直都是國民黨執政的，我同意這件事，可是你不要忘記，我們2000年的時候，先是有輪替過，而且你知道，1980年那個時候，1970年代的時候，從美麗島事件，中壢事件，當時的在野黨，它們是跟民間部門站在一起同步發聲的，如果他們沒有站在一起他們怎麼可以得到大多數民眾的支持？所以照理說，他們執政的時候應該更理解民間部門，第三部門。但是民進黨政府執政這八年，它們有沒有對第三部門的發展或促進做出甚麼樣的貢獻，而且從2000年之後第三部門沒聲音了，我發現兩件事情，第一個就是這些倡議的、很有領導力人，不是請你來當政務官，就是成立各種委員會讓他們進委員會去發聲，不要在體制外跟政府講，到體制內來講。第二個，因為倡議之後，福利的預算就會開始增加，開始外包，大家都有錢，通通閉嘴，我覺得沒有人去研究，到底這樣對台灣第三部門的發展示產生甚麼樣的影響，可是顯然的，政黨首次輪替這8年，其實沒有甚麼倡導的聲音。

我最想改的是民法，應該是公益法人跟營利法人，你不要去管那個人團不人團，基金不基金，機構不機構，你就是一個公益法人，你只要做公益按照指導模式運作，唯有民法上面修為公益法人跟營利法人，政府才有可能建構統一窗口管理。因為現在的人民團體法也沒有辦法去對抗各個財團法人監督準則，更沒有辦法去

對抗民法，如果將能民法裡的法人修成營利法人和公益法人，政府會比較好管理。

台灣不是只有民間的層次上來，像我們接觸的幾個政府部會都很不錯，像我們有機會跟教育部一起討論，和受衛生署邀請舉辦公聽會，我覺得現在政府的開放度愈來愈好，可以向政府倡議，會去想說哪些合理，哪些可能是真的沒辦法，政府一切還是要照程序來，像這樣的方式在大陸、在香港可能都不是那麼容易。

但是在管理能力這方面，政府雖然慢慢有一些重視，但還不是很充分。

台灣的挑戰其實是多元化這件事，台灣的公民社會或第三部門是非常多元，台灣的挑戰就是邁向另外一個境界，那境界即是中介性組織要出來，我們現在很多都是直接服務的組織，缺乏中介性組織，蕭老師一直很希望「喜馬拉雅基金會」能夠作為一個資訊的中介，但是喜馬拉雅做得很辛苦，然後「聯合勸募」還好，當時我們也希望他是一個中介，但事實上你會發現其實它仍然在某一個限制，你說叫他去跟「慈濟」比，「聯合勸募」就傷腦筋了，我們「海棠文教基金會」是做人才跟組織發展的一個中介性組織，我們現在也是小小的然後抓緊地做，「自律聯盟」現在希望走責信，可是你會知道自律也很辛苦。而一些福利性的聯盟組織，像「殘盟」、「老盟」、「兒盟」等等，事實上後來這些倡導就會變成服務性的組織，顯然中介型的，幫助資源更有效化，幫社會更透明化，幫這些人愈有能力組織愈能發展等等這些中介型的組織。甚至於把台灣的非營利部門

在國際連結上面，其實我們還是很弱的，它需要有一些中介型來支持，這部份是我們接下來的挑戰。因為你會發現台灣太少這類型的組織，而且這些組織出來都不太容易得到支持，可是在一個NPOC的產業鏈上，你需要有人做研發，你需要有人找資金，你需要有人訓練人才，你需要有人去開拓市場，你需要有人幫助這些組織，就像經濟部可以幫助很多中小企業出來，但是你有沒有聽到對非營利組織有些什麼樣的資助？

我那時候跟勞委會說，你看你們多元就業要給幾百個，中間承辦都是NPO組織，可是你們為什麼沒有輔導這些NPO組織，然後讓他們用這些多元就業還有經濟性跟社會性，你如何去保證他們就一定可以做好，這些組織的能力是不是已經足夠？他在政府資源的時候是不是已經是Ready的？政府在委辦的時候我想我們在福利性也是一樣，委辦的這些組織是否有足夠的能力來做？這樣的政府如何一起出現一些好的成效？其實組織它有一個生命週期，我們現在就是在幫忙這件事，可是你知道沒有了，組織可能就萎縮了或根本就不見了，可是我們現在中介性的一些組織，我們基金會還算好，我自己學管理，大概還可以守住資源可以怎麼來，怎麼去，我們的董事會怎麼支持我們，可是有一些組織到底是不是真的了解這些？

在日本豐田企業非常注重中介型的組織，從都、道、府、縣幾乎都設有NPO suppose center（推廣中心），其中有一部份是協助政府，一部分是協助民間。大陸他們也在學習，他們常常說好，就開放，但

不能出事，一出事馬上收回，他們很小心。大陸很喜歡用試點式的實驗，看看成果如何，然後在做一個典範慢慢去推。還有民間團體在做傳統的社會慈善時，不要跳到倡議那一塊，這樣他們比較放心。我常常和他們說，台灣地方小，如汲取台灣經驗，可能要去轉化跟運用，沒辦法直接套用台灣的經驗，香港這部份相對是有一點空間。

Do觀點06　PF0138

民主推進器
——兩岸三地的公民社會

作　　者／蘇佳善
責任編輯／鄭伊庭
圖文排版／楊家齊
封面設計／陳佩蓉

出版策劃／獨立作家
發 行 人／宋政坤
法律顧問／毛國樑　律師
製作發行／秀威資訊科技股份有限公司
　　　　　地址：114 台北市內湖區瑞光路76巷65號1樓
　　　　　電話：+886-2-2796-3638　傳真：+886-2-2796-1377
　　　　　服務信箱：service@showwe.com.tw
展售門市／國家書店【松江門市】
　　　　　地址：104 台北市中山區松江路209號1樓
　　　　　電話：+886-2-2518-0207　傳真：+886-2-2518-0778
網路訂購／秀威網路書店：https://store.showwe.tw
　　　　　國家網路書店：https://www.govbooks.com.tw

出版日期／2014年1月　BOD一版　定價／360元

|獨立|作家|
Independent Author

寫自己的故事，唱自己的歌

版權所有 · 翻印必究　Printed in Taiwan　本書如有缺頁、破損或裝訂錯誤，請寄回更換
Copyright © 2014 by Showwe Information Co., Ltd.All Rights Reserved

民主推進器：兩岸三地的公民社會 / 蘇佳善著.
-- 一版. -- 臺北市：獨立作家, 2014.01
　　面；　公分. -- (Do觀點 ; PF0138)
BOD版
ISBN 978-986-90062-9-3(平裝)

1. 非營利組織　2. 公民社會

546.7　　　　　　　　　　　102025523

國家圖書館出版品預行編目

讀者回函卡

感謝您購買本書，為提升服務品質，請填妥以下資料，將讀者回函卡直接寄回或傳真本公司，收到您的寶貴意見後，我們會收藏記錄及檢討，謝謝！如您需要了解本公司最新出版書目、購書優惠或企劃活動，歡迎您上網查詢或下載相關資料：http:// www.showwe.com.tw

您購買的書名：_____

出生日期：_____年_____月_____日

學歷：□高中 (含) 以下　　□大專　　□研究所 (含) 以上

職業：□製造業　□金融業　□資訊業　□軍警　□傳播業　□自由業
　　　□服務業　□公務員　□教職　　□學生　□家管　　□其它_____

購書地點：□網路書店　□實體書店　□書展　□郵購　□贈閱　□其他

您從何得知本書的消息？

　　□網路書店　□實體書店　□網路搜尋　□電子報　□書訊　□雜誌

　　□傳播媒體　□親友推薦　□網站推薦　□部落格　□其他_____

您對本書的評價：（請填代號　1.非常滿意　2.滿意　3.尚可　4.再改進）

　　封面設計____　版面編排____　內容____　文／譯筆____　價格____

讀完書後您覺得：

　　□很有收穫　□有收穫　□收穫不多　□沒收穫

對我們的建議：_____

_____

_____

_____

請貼
郵票

11466
台北市內湖區瑞光路 76 巷 65 號 1 樓
獨立作家讀者服務部　　　收

....

（請沿線對折寄回，謝謝！）

姓　　名：＿＿＿＿＿＿＿＿＿　　年齡：＿＿＿＿　　性別：☐女　☐男

郵遞區號：☐☐☐☐☐

地　　址：＿＿＿＿＿＿＿＿＿＿＿＿＿＿＿＿＿＿＿＿＿＿＿＿＿

聯絡電話：(日) ＿＿＿＿＿＿＿＿＿＿ (夜) ＿＿＿＿＿＿＿＿＿＿

E-mail：＿＿＿＿＿＿＿＿＿＿＿＿＿＿＿＿＿＿＿＿＿＿＿